中国工程咨询协会
CHINA NATIONAL ASSOCIATION OF ENGINEERING CONSULTANTS

Annual Report of
China Engineering Consulting Industry
Development

中国工程咨询行业发展报告

2023

中国工程咨询协会
China National Association of
Engineering Consultants

中国统计出版社
China Statistics Press

图书在版编目(CIP)数据

中国工程咨询行业发展报告.2023 / 中国工程咨询协会编著.—— 北京：中国统计出版社，2024.9.
ISBN 978－7－5230－0528－6
Ⅰ.F426.9

中国国家版本馆CIP数据核字第2024ZL9340号

中国工程咨询行业发展报告2023

作　　者/中国工程咨询协会
责任编辑/许立舫
封面设计/孙元明
出版发行/中国统计出版社有限公司
通信地址/北京市丰台区西三环南路甲6号 邮政编码/100073
发行电话/邮购(010)63376909 书店(010)68783171
网　　址/http://www.zgtjcbs.com/
印　　刷/河北宝昌佳彩印刷有限公司
经　　销/新华书店
开　　本/787mm×1092mm 1/16
字　　数/372千字
印　　张/23.25
版　　别/2024年9月第1版
版　　次/2024年9月第1次印刷
定　　价/168.00元

《中国工程咨询行业发展报告2023》

支持单位　（排名不分先后）

中国国际经济咨询有限公司
中国石化工程建设有限公司
中国气象局气象发展与规划院
上海投资咨询集团公司
北京市工程咨询有限公司
浙江省发展规划研究院
江苏省工程咨询中心有限公司
广东广咨国际投资咨询集团股份有限公司
北京市工程咨询协会
浙江省工程咨询协会
四川省工程咨询协会
陕西省工程咨询协会
上海市工程咨询协会
吉林省工程咨询协会
中咨协会建筑与城乡规划专业委员会
中咨协会建材专业委员会
中咨协会公路专业委员会
中咨协会地铁专业委员会
中咨协会石油化工医药专业委员会
中咨协会电力专业委员会
中咨协会林业专业委员会
中咨协会气象专业委员会
中咨协会电子信息工程专业委员会

序言

Preamble

在行业内外各单位的大力支持下,《中国工程咨询行业发展报告2023》公开出版,在此,我对有关单位和人员表示衷心的感谢!

中国工程咨询协会连续编制行业发展报告,是一项很有意义的重要工作。在国家发展改革委投资司的要求和指导下,2017年中咨协会编制工程咨询行业第一部发展报告,系统、翔实地梳理行业发展的历史脉络和有关政策,填补了行业空白。此后,中咨协会逐年开展行业统计调查工作,并在此基础上持续编制行业发展报告,报告的影响力不断扩大,成为中咨协会的品牌之作。

工程咨询是经济社会发展的先导行业,是优化供给结构的重要支撑力量。《报告》总结分析了2023年工程咨询行业服务高质量发展、推进中国式现代化的突出成效,多维度、多层面地展现了工程咨询行业砥砺前行的风貌。《报告》既有全景式的发展扫描,又有行业统计调查的数据分析,以及"一带一路"十周年经典项目和2023年菲迪克项目奖等案例,内容丰富全面。特别值得一提的是,《报告》继续加强行业重要政策、规范的宣传,推动了工程咨询规范化标准化发展。

中国工程咨询协会将继续加强和优化行业报告编制工作,努力提升报告编制水平,不断增强报告的权威性和代表性。协会将在中央社会工作部、国家发展改革委、民政部等部门的指导下，进一步践行“四个服务”，着力推动工程咨询行业高质量发展，愿与广大工程咨询单位和从业人员一起携手并进，为推进中国式现代化作出新的贡献。

中国工程咨询协会会长 肖凤桐

前言

Introduction

自2022年度行业发展报告经由中国统计出版社公开出版后，经过精心准备，《中国工程咨询行业发展报告2023》（以下简称《报告》）应约而来，与行业内外广大读者见面。

在工程咨询行业发展历史上，2023年也是不平凡的一年。这一年，中国工程咨询行业坚持以习近平新时代中国特色社会主义思想为指导，深入贯彻落实党的二十大、二十届二中全会和中央经济工作会议精神，发挥专业优势作用，积极落实国家战略，着力推动高质量发展。《报告》在综述部分，全面系统地总结了工程咨询行业有关工作，展现工程咨询机构砥砺前行的奋斗风貌。

这一年，国家发展改革委印发新版投资项目可行性研究报告编写大纲及说明，是投融资体制改革的巩固和深化，是新时期做好工程咨询服务的重要规范。《报告》坚持加强与行业发展息息相关政策解读的原则，将新大纲宣贯作为政策专题的重点内容，选编了有关方面解读文章和中咨协会培训授课相关内容，推动新大纲落实。

这一年，中国工程咨询协会召开第七届会员代表大会，选举产生新一届理事会，推动行业高质量发展成为新一届理事会工作的重中之重。我国菲迪克项目奖获奖数继续保持第一，实现了“十连冠”,体现了国际工程咨询界对中国工程咨询实力和服务的高度认可。“一带一路”倡议提出10周年之际,中咨协会与央视网“一带一路”频道联合制作的《一带一路 向阳而生》被国家广播电视总局确定为优秀网络纪录片节目;中咨协会召开行业高质量服务“一带一路”报告会,《中国工程咨询》杂志出版“一带一路”专刊。对这些振奋人心的大事件,《报告》作了集中反映和展示。

这一年,行业智库建设继续蓬勃发展,工程咨询行业智库联盟宣告成立。推动行业智库建设是第七届理事会的重要任务,行业发展报告将持续选编年度有分量的研究成果。《报告》选入工程咨询行业高质量发展研究报告(摘要),抛砖引玉,期望能够带来行业同仁更多的深入思考,共同推动行业高质量发展。

为提升行业发展报告的权威性,《报告》邀请地方工程咨询协会、重点会员单位、中咨协会专委会参与编制工作,从不同纬度展现工程咨询行业发展的成效和特点。

最后,感谢国家发展改革委投资司多年来对行业发展报告编制工作的指导和支持,感谢有关地方协会、会员单位和协会专委会的参与。中咨协会将持之以恒地做好行业年度发展报告编制和公开出版工作,也请广大读者多提宝贵的批评意见,共同将报告打造成为行业宣传体系中的有显著影响力的重要拼图。

中国工程咨询协会
2024年8月

目录

Contents

行业概况篇

政策解读篇

服务工作篇

专题研究篇

经典项目篇

附录

行业概况篇

本篇对中国工程咨询行业 2023 年度发展做了总体分析。行业发展规模、行业统计调查分别基于备案系统数据和 2023 年度统计调查数据，部分数据首次公开分析。报告继续坚持开门编制原则，在编制过程中得到了地方协会、协会会员单位和专委会的支持。报告选入部分地方协会、会员单位和专委会的有关报告，更全面地展示工程咨询行业发展年度情况。

工程咨询2023年度行业发展综述

(一)行业发展环境

1.国内经济环境

——经济总体回升向好。初步核算,全年国内生产总值1260582亿元,比上年增长5.2%。其中,第一产业增加值89755亿元,比上年增长4.1%;第二产业增加值482589亿元,增长4.7%;第三产业增加值688238亿元,增长5.8%。全年人均国内生产总值89358元,比上年增长5.4%。国民总收入1251297亿元,比上年增长5.6%。全员劳动生产率为161615元/人,比上年提高5.7%。

——新动能成长壮大。全年规模以上工业中,装备制造业增加值比上年增长6.8%,占规模以上工业增加值比重为33.6%;高技术制造业增加值增长2.7%,占规模以上工业增加值比重为15.7%。新能源汽车产量944.3万辆,比上年增长30.3%;太阳能电池(光伏电池)产量5.4亿千瓦,增长54.0%;服务机器人产量783.3万套,增长23.3%;3D打印设备产量278.9万台,增长36.2%。规模以上服务业中,战略性新兴服务业企业营业收入比上年增长7.7%。高技术产业投资比上年增长10.3%,制造业技术改造投资增长3.8%。电子商务交易额468273亿元,比上年增长9.4%。

——固定资产投资持续增长。全年全社会固定资产投资509708亿元,比上年增长2.8%。固定资产投资(不含农户)503036亿元,增长3.0%,其中,东部地区投资增长4.4%,中部地区投资增长0.3%,西部地区投资增长0.1%,东北地区投资下降1.8%。第一产业投资10085亿元，比上年下降0.1%；第二产业投资162136亿元，增长9.0%；第三产业投资330815亿元，增长0.4%。基础设施投资增长5.9%。社会领域投资增长0.5%。民间固定资产投资253544亿元，下降0.4%；其中制造业民间投资增长9.4%，基础设施民间投资增长14.2%。

——政府投资扩大国内有效需求。加快地方政府专项债券发行使用，全年各地共发行用于项目建设的新增专项债券3.7万亿元，累计支持项目超过3.5万个，带动扩大有效投资。2023年新增地方政府专项债券额度3.8万亿元，优先支持成熟度较高的项目和在建项目。提前下达部分2024年新增地方政府债务限额，支持重大项目建设，推动形成实物工作量，充分发挥地方政府债券对经济的拉动作用。

2.国内政策环境

——加快推动“十四五”规划102项重大工程实施。2023年2月24日，国家发展改革委组织召开推动“十四五”规划102项重大工程实施部际联席会议第二次会议，会议审议通过了推动“十四五”规划102项重大工程实施2022年工作总结和2023年工作要点。会议要求，进一步统筹发挥好中央、部门、地方组织机制协同联动作用，持续推动各类要素资源向102项重大工程项目倾斜配置，以尽快形成投资实物工作量为目标，加快推动重大工程实施。

——优化中央企业投资管理。2023年2月，国务院国资委印发《关于做好2023年中央企业投资管理 进一步扩大有效投资有关事项的通知》，明确2023年投资工作的总体要求，要求中央企业坚持稳中求进工作总基调，完整、准确、全面贯彻新发展理念，聚焦推进高质量发展，进一步聚焦主责主业、发展实体经济，突出做好稳投资工作，有效防范化解投资风险，实现投资质的有效提升和量的合理增长，助力经济运行整体好转。

——积极扩大民间投资。2023年7月24日，国家发展改革委发布《关于进一步抓好抓实促进民间投资工作努力调动民间投资积极性的通知》，提出各地应继续优化政策、减轻民营企业负担，继续优化营商环境，为民营企业参与重大科技创新项目、重大补短板项目、重大示范项目等提供有效路径，创造公平竞争的市场环境，不断激发民间投资活力。

——加强政策统筹协调。国家发展改革委会同有关方面，紧紧围绕高质量发展这个首要任务和构建新发展格局这个战略任务，坚持问题导向、强化统筹协调，打好宏观政策组合拳，重点做好三个“加强”：一是加强经济形势分析研判，把握好政策实施的时机、力度、节奏，精准有力实施宏观调控；二是加强与宏观政策取向一致性评估，防止出现“合成谬误”问题，维护好稳定可预期的宏观政策环境；三是加强央地政企联动，推动各地加快落实已部署的各项任务，因地制宜创造性开展工作。

3.国际市场环境

——全球外国投资继续呈下降趋势。联合国贸易和发展组织发布的最新《世界投资报告》显示，全球外国投资连续第二年下降10%以上。数据显示，2023年，流入发展中国家的外国直接投资为8670亿美元，下降了7%。其中，亚洲发展中国家下降了8%，非洲下降了3%，拉丁美洲和加勒比地区下降了1%。流入欧洲大部分地区和北美的外国直接投资分别下降了14%和5%。

——国际投资者加大投资内地债券。截至2023年末，共有1124家境外机构主体进入我国银行间债券市场。全球前百大资产管理机构中，已有近90家进入了中国债券市场。境外机构持有境内债券品种包括国债、地方政府债、金融债、公司债和同业存单等多种类型。国债由于信用等级高，收益稳定等优点，最受境外投资者青睐。

（二）2023年行业发展总体情况

2023年是全面贯彻落实党的二十大精神开局之年。中国工程咨询行业坚持以习近平新时代中国特色社会主义思想为指导，深入贯彻落实党的二十大、二十届二中全会和中央经济工作会议精神，强化党建统领，坚持稳字当头、稳中求进，发挥专业优势，服务加快实施“十四五”重大工程、加强现代化产业体系建设、有效防范化解各类风险、全面推进乡村振兴、积极推进“一带一路”高质量发展，深入落实区域协调发展战略，促进经济社会发展绿色转型，为推动经济运行整体好转，实现质的有效提升和量的合理增长作出了积极贡献。

——积极扩大有效投资，增强内生发展动力。工程咨询行业认真落实党中央决策部署，做好前期工作，发挥重大项目导向作用，为经济高质量发展提供“强引擎”。加快“十四五”规划落地。工程咨询单位着眼“十四五”规划实施，紧锣密鼓谋划实施项目，扩大有效益的投资。如天津国际工程咨询集团有限公司围绕落实天津市“十四五”规划，谋划储备项目85个，总投资1690亿元，策划发行天津市近20%的专项债项目，包括中东欧特色小镇产业园区建设等多个百亿级项目。推动重大项目实施。工程咨询单位聚焦能源、交通等领域建设需要，加快推进项目落地，巩固国民经济命脉。如中国电力企业联合会电力建设技术经济咨询中心开展“哈密—重庆±800kV特高压直流输电工程”核准评估、完成国网“张北—胜利100kV特高压交流输电工程施工图设计评审”等工作，全力推动能源产业发展、保障国家能源供应。优化服务促投资。工程咨询单位坚持守正创新，拓新拓宽服务方式和范围，助力扩大有效益的投资。如电力规划设计总院开展首个新能源项目资产证券化评估工作，实现投资评估业务突破拓展；安迅达工程咨询有限公司为政策性银行、国有商业银行和地方股份制银行提供城市更新、乡村振兴等金融产品的咨询工作，2023年仅邮储银行承接贷款项目近50项。

——贯彻落实国家战略，推动区域协调发展。工程咨询行业认真落实国家重大区域发展战略，更加主动地融入新发展格局，努力推动区域协调发展。提升区域协调发展研究水平。工程咨询单位在研究工作中注重前瞻性思考，为落实国家战略提供扎实可行方案。如青海省工程咨询中心有限责任公司聚焦生态文明建设、黄河流域生态保护和高质量发展等领域，以高质量咨询工作有力服务战略落实。大力推动区域联通。工程咨询单位积极推进区域通道、载体建设，提升互联互通水平。如中交水运规划设计院有限公司投身上海罗泾港区、浙江梅山港区、江苏通州湾港区、深圳至中山跨江通道等建设，有效降低区域物流成本，改善区域经济循环。加快区域经济转型。工程咨询单位为区域协同发展谋划新的经济增长极，推动产业结构优化和转型升级。如北京市工程咨询有限公司编制完成北京城市副中心《运河商务区发展三年行动计划（2023—2025年）》，系统性提出9大领域、共133条重点任务，提出“十四五”时期将运河商务区打造成为国际商务服务新中心、全球财富管理中心和国家绿色金融改革创新示范区。

——厚植绿色底色，促进经济社会发展转型。工程咨询行业加快推动发展方式绿色转型，坚持把绿色低碳发展作为解决生态环境问题的根本之策，加快推动经济社会绿色转型。支持传统产业升级。工程咨询单位做好传统产业绿色低碳技术改造咨询服务，推动传统产业向高端化、智能化、绿色化升级转型。如天津广正建设项目咨询股份有限公司开展绿色石化产业链项目谋划工作，谋划项目群76个，总投资约791亿元。创新能源技术。工程咨询单位深入落实“四个革命、一个合作”能源安全新战略，推动核能、大型风电、高效率光伏、光热等技术创新，巩固拓展新能源产业优势。如中国电建集团华东勘测设计研究院有限公司以总承包方式完成我国首个“核光储多能联合”互补滩涂光伏发电项目——中核三门滩涂光伏，是我国首个核电与新能源融合发展项目，将太阳能核能、电池等多种能源形式进行有机组合和优化设置，提高了能源的综合利用效率和系统稳定性。重视项目后评价。工程咨询单位开展新能源项目的后评价工作，总结经验问题，为优化绿色投资决策提供支撑。如江苏省工程咨询中心有限公司积极开展后评价，对项目实施过程、运营现状及其影响进行分析和回顾，为各类投资主体优化绿色能源项目建设和提高运营水平提供依据。

——坚持创新驱动，塑造和巩固发展新优势。工程咨询行业加快实施创新驱动发展战略，推动传统产业与新兴产业协同发展、数字经济与实体经济融合发展，构建现代化产业体系。积极服务发展数字经济。工程咨询单位聚焦数字产业化、产业数字化，为地方数字经济发展科学谋划路径。如中咨海外咨询有限公司完成《天津经开区数字经济发展三年行动方案》，以新技术、新产业、新业态、新场景全面引领经开区数字经济产业高质量、高品质、高效能发展。支持重大科技项目建设。工程咨询单位利用长期积累的项目咨询、设计、管理等经验优势，参与重大科技项目建设，为提升我国基础研究水平做贡献。如南京大学建筑规划设计研究院有限公司服务国家自然科学基金会批准的太阳望远镜配套设施建设，推动我国相关领域的观测研究进入国际先进行列。推进新型工业化。工程咨询单位重视以数字化推进新型工业化，把建设制造强国同发展数字经济、产业信息化等有机结合，为中国式现代化构筑强大物质技术基础。如机械工业第六设计研究院有限公司中标杭州蕙勒智能科技智能装配中心设计项目，建设自动化装配产线50条，建成后将年产高精度、高速度、高稳定性的大型化、智能化数控机床2000余台套。

——深化智库建设，积极服务党和政府决策。工程咨询行业深化智库建设，积极发挥党和政府的重要参谋助手作用。龙头型智库发展蒸蒸日上。经过一定时期的建设，工程咨询行业涌现出了一批龙头型工程咨询智库，发挥示范引领作用成为行业智库建设的中坚力量。如中国国际工程咨询有限公司积极服务国家重大战略决策,在中办直报点排名年度第一,在国办中央企业和金融机构中排名第二,成功树起“中咨智库”特色品牌;国家信息中心加大服务“两办”力度,被中办、国办采用的各类互联网信息及报告超过1000篇,其中获得中央领导批示超过100篇。加强经济趋势研究。工程咨询智库重视经济运行的规律性问题分析,为更精准地开展政策研究打好基础。如浙江省发展规划研究院举办2023年经济形势分析与2024年形势展望座谈会,深入研讨浙江省聚焦新质生产力打造高质量发展新格局。统筹发展与安全。工程咨询智库坚决贯彻党的二十大对推进国家安全体系和能力现代化、坚决维护国家安全和社会稳定做出的战略部署,肩负起主动防范化解风险的使命。如广东省国际工程咨询有限公司将风险评估作为智库建设的重点方向之一,累计承接了800余项决策风险评估咨询项目,在重大决策社会风险评估制度建设、方法探索等方面取得丰富成果。

——系统施策,推动“一带一路”行稳致远。工程咨询行业通过形式多样的务实举措写好共建“一带一路”大文章。持续提升行业服务“一带一路”的能级。授人以渔做好援外培训。工程咨询单位为“一带一路”共建国家培养管理和技术人员,广泛宣传介绍中国智慧、中国道路和中国方案,提升了我国软实力。如中国国际经济咨询有限公司成功举办了伊拉克国家发展规划研修班、全球发展倡议下投资与合作促进研修班、亚洲国家产业发展研修班等8期援外培训班,来自欧洲、亚洲、非洲和拉美地区20多个国家的199名官员参与研修班学习并顺利结业。重点发展清洁能源。工程咨询单位针对不少“一带一路”共建国家能源短缺的困境,着力开发清洁能源基础设施,点亮了共建国家的经济发展之光。如中国电力建设集团公司与泰国当地企业签署老挝色贡省1000兆瓦风电项目商务合同,项目将通过跨境输电线路向周边国家输送电力,为老挝打造“东南亚蓄电池”、促进中南半岛电力互联互通作出重要贡献。践行全球发展倡议。工程咨询单位将践行全球发展倡议与推进“一带一路”建设无缝对接,致力于推动共同发展。如上海投资咨询集团有限公司积极服务全球发展和南南合作基金项目立项评估,涉及老挝、巴基斯坦、埃塞俄比亚、乌干达、肯尼亚、津巴布韦等“一带一路”沿线重要国家,促进受援国减贫、实现可持续发展。

——聚焦重点，深化工程咨询模式方法创新。工程咨询行业坚持创新驱动战略，将数字化、全过程工程咨询作为业务创新主攻方向。数字化咨询工具广泛应用。工程咨询单位将数字化咨询作为业务创新的重中之重，数字化咨询工具和场景平台成为咨询质量提升的倍增器。如江苏中设集团股份有限公司成功上线基坑监测云平台，实现基坑监测数据“自动采集、自主计算、智能分析、分级发布”四大功能，可应用于城市生命线工程、公共安全、生产安全、自然灾害等场景。全过程工程咨询深入发展。工程咨询单位在全过程工程咨询市场上持续发力，大量中标重要工业、科技项目，深化拓展了全过程工程咨询实践。如国信国际工程咨询集团成功中标金龙（鄂尔多斯）新能源重卡总部基地标准化厂房项目一期工程（EPC模式）项目全过程工程咨询服务，助力鄂尔多斯市培育和构建零碳产业集群；中机中联工程有限公司中标西藏农科院国家农业科技园区功能提升与创新能力建设全过程咨询服务项目，推动青藏高原农业生物种质资源科研创新发展。推动数字化与全过程工程咨询贯通发展。工程咨询单位将两者有机结合，打破建设工程项目决策、实施和运营各阶段壁垒，充分释放高质量咨询服务的优势潜能。如东方经纬项目管理有限公司以数字化咨询赋能全过程工程咨询，打造全过程信息管理模式，大幅度提升项目信息管理集成度，助推项目顺利实施。

——着力服务乡村振兴，扎实推进乡村建设。工程咨询行业深入贯彻落实习近平总书记关于“三农”工作的重要论述，扎实推进乡村发展、乡村建设、乡村治理等重点工作，加快建设农业强国，建设宜居宜业和美乡村，为全面建设社会主义现代化国家开好局起好步打下坚实基础。加强乡村服务力量建设。工程咨询单位主动扛起全面推进乡村振兴的责任，统筹优化资源，在乡村振兴工作中争当排头兵和生力军。如中国联合工程有限公司召开乡村振兴研究院启动大会，总结和推广二十年来参与“千万工程”的实践经验，更好地担当使命、践行责任、服务乡村振兴战略；中联陆海集团有限公司成立乡村振兴战略研究院福建分院，在产业规划、项目策划、业务培训、技术服务等方面扎实有效开展工作。做好综合治理。工程咨询单位以产业韧性提升、人居环境整治和生态空间重构为突破点，有序驱动“三生空间”重构，推进乡村治理体系和治理能力现代化。如广东省国际工程咨询有限公司承办了《江城区乡村振兴与人居环境综合治理项目》，项目总投资约98.9亿元，主要建设内容涉及社会事业、农林水利、宜居城乡、乡村产业振兴、基础设施等工程，项目的实施，有助于全面落实党中央关于实施乡村振兴战略及提升农村人居环境综合治理的决策部署，推动江城区乡村振兴工作取得新进展。开展爱心帮扶活动。工程咨询单位统筹开展乡村振兴帮扶等活动，巩固拓展脱贫攻坚成果。如中国能源建设集团江苏省电力设计院有限公司赴泗洪县双沟镇双沟实验学校，捐赠助学金帮助孩子们更好地学习成长。

（三）挑战与机遇

2023年，工程咨询行业发展取得了一定的成绩，但是仍然面临一些问题和挑战，要增强忧患意识，做好系列重点工作：

——加快提升一体化咨询能力。大力发展全过程工程咨询、提供高质量的一体化咨询服务是摆在工程咨询单位面前的重要任务。相当部分的工程咨询单位还处在初期探索的阶段，面临着理念认识不到位、综合化人才储备不足、技术力量薄弱、业务拓展缓慢、外部竞争压力冲击等困难和问题，影响和制约了高质量开展全过程工程咨询。工程咨询行业要进一步优化整合咨询资源，加强战略型、综合型的专业人才队伍建设，将可持续发展理念、全生命周期理念、整体性咨询理念贯彻到咨询服务全过程中，切实提升一体化咨询服务能力，以高质量咨询服务高质量投资。

——加速推进数字化转型。数字化转型是全球经济发展的大趋势，也是工程咨询行业实现创新发展和提升核心竞争力的关键手段。目前，行业数字化转型面临诸多挑战，表现为缺乏顶层设计和系统规划、标准体系尚未构建、行业通用数字平台建设滞后、行业内数字化应用很不平衡、共享共建机制缺位、中小型机构数字化转型投入不足。要充分发挥政府、行业组织、工程咨询单位、外部数字平台等多方面的积极性，加强行业数字化转型的顶层设计工作，明晰战略规划、愿景设定，制定路线图与时间表，加快数字化标准体系建设，做好数据治理工作，积极开发工程咨询数字化工具，部署数字化应用平台，打造开放、共享、创新的行业数字生态。

——优化行业发展支持政策。工程咨询行业要实现高质量发展，还需要行业主管部门有针对性地加强政策支持，为行业创造更优良的发展环境。要完善行业管理法规体系，积极发挥制度鼓励和保护创新作用，保障行业健康有序发展。要加快优化完善投资项目前期工作机制，提升工程咨询服务价值。落实好促进工程咨询机构发展的财税、金融政策。建立多部门海外投资项目咨询服务联席支持机制，设立"一带一路"工程咨询基金，支持开展有关前期咨询工作，以前期咨询带动设计、施工、管理走出去。

工程咨询行业统计分析

（一）行业规模

1.备案单位数量

工程咨询行业管理体制改革释放了行业发展活力。2018年，在全国投资项目在线审批监管平台备案的工程咨询单位数量为11321家，到2023年，备案单位超过4万家（见图1）。

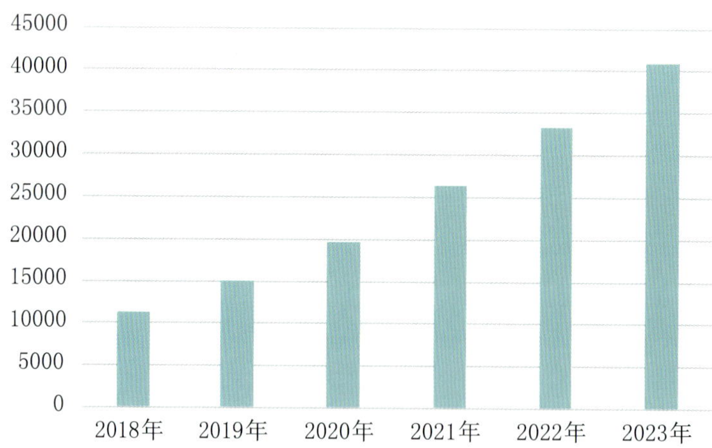

图1　备案单位数量（单位：个）

2.备案单位从业人员情况

备案单位职工数量，2019年为2305287人，比上年增长23.31%；2020年为2703767人，比上年增长17.29%；2021年为3333748人，比上年增长23.3%；2022年为3737604人，比上年增长12.11%；2023年为4265123人，比上年增长

14.11%(见图2)。

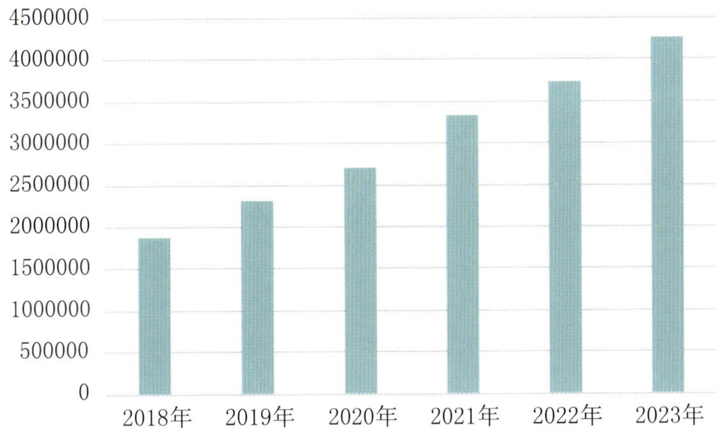

图2　备案单位职工数量(单位:人)

其中,备案单位咨询工程师(投资)数量,2019年为123725人,比上年增长22.01%;2020年为146968人,比上年增长18.79%;2021年为181137人,比上年增长23.25%;2022年为200214人,比上年增长10.53%;2023年为210862人,比上年增长5.32%(见图3)。

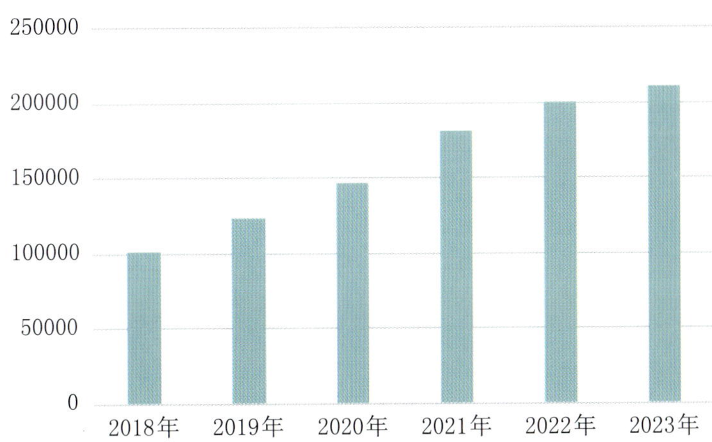

图3　备案单位咨询工程师(投资)数量(单位:人)

其中,备案单位专业技术人员数量,2019年为644757人,比上年增长17.07%;2020年为732809人,比上年增长13.66%;2021年为857734人,比上年增长17.05%;2022年为955673人,比上年增长11.42%;2023年为1050245人,比上年增长9.9%(见图4)。

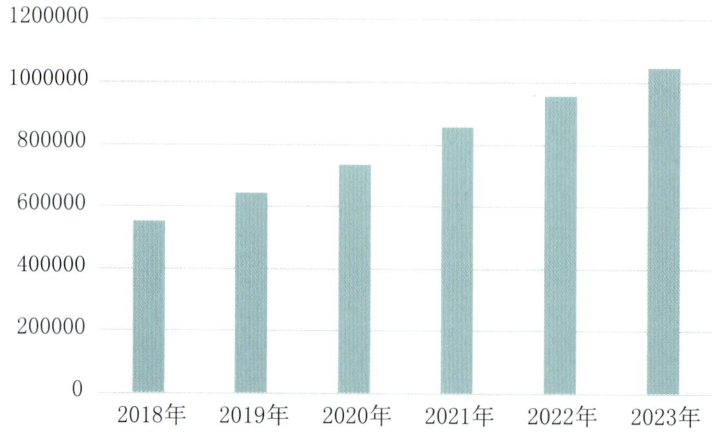

图4 备案单位专业技术人员数量(单位:人)

其中,备案单位高级职称人员数量,2019年为223986人,比上年增长11.45%;2020年为245296人,比上年增长9.51%;2021年为274409人,比上年增长11.87%;2022年为298434人,比上年增长8.76%;2023年为321761人,比上年增长7.82%(见图5)。

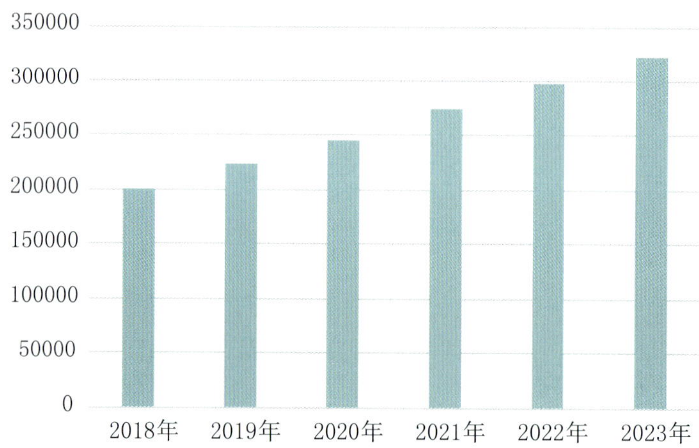

图5 备案单位高级职称人员数量(单位:人)

其中,备案单位中级职称人员数量,2019年为255691人,比上年增长18.83%;2020年为293481人,比上年增长14.78%;2021年为347055人,比上年增长18.25%;2022年为388136人,比上年增长11.84%;2023年为429063人,比上年增长10.54%(见图6)。

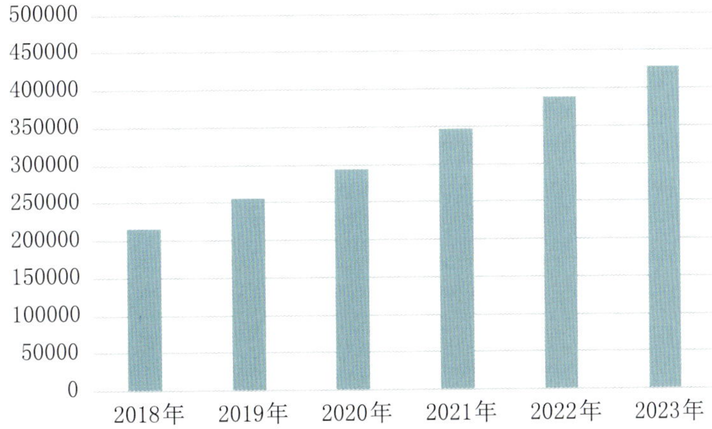

图6　备案单位中级职称人员数量(单位:人)

(二)2023年度行业统计调查分析

2023年度行业统计调查有5056家单位(未包括香港特别行政区、澳门特别行政区和台湾省)提供数据,这5056家单位组成统计样本(以下简称样本)。其中,甲级综合资信单位88家,占甲级综合资信单位总数的93.5%;甲级资信单位1643家,占甲级资信单位总数的83.8%;乙级资信单位2149家,占乙级资信单位总数的71.1%。甲级、乙级资信单位覆盖度高,其调查数据在一定程度上反映行业发展趋势。

本部分主要从地域分布、资信等级,以及所有制形式、单位规模等维度,分析工程咨询单位的人员数量、主要经营指标、创新能力建设、社会责任履行等有关数据,反映2023年度行业发展状况。

1.工程咨询单位结构分析

1.1　单位地域分布

样本中,工程咨询单位数量排名前5的地区是四川省、浙江省、北京市、广东省、山东省,数量依次为334家、320家、315家、287家、286家,分别占样本总数的6.61%、6.33%、6.23%、5.68%、5.66%(见图7)。

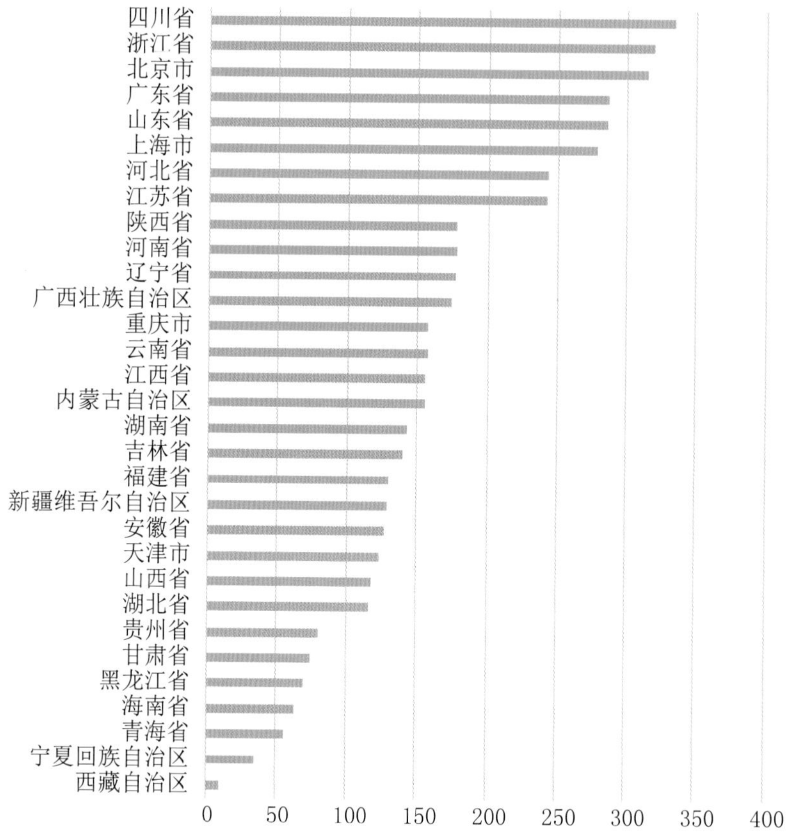

图7　工程咨询单位地域分布(单位:个)

从样本看,工程咨询单位数量与地区经济发达程度密切相关。四川省工程咨询单位数量较多,分析认为与四川地区水利、水电、新型基础设施业务需求较高等因素有关。

1.2 甲级、乙级资信单位地域分布

甲级、乙级资信单位是工程咨询行业的中坚力量,其地域分布也是各地区工程咨询行业发展水平的重要衡量标准。样本中,甲级资信单位数量排名前5的地区是北京市、广东省、山东省、浙江省、河北省,分别为180家、136家、104家、103家、96家。其中,北京市甲级资信单位数量位居首列,反映了北京市综合性工程咨询机构数量较多,行业集中度高(见表1)。

表1　甲级资信单位地域分布(单位:个,%)

地　区	甲级资信单位数量	占比
北京市	180	10.96
广东省	136	8.28
山东省	104	6.33
浙江省	103	6.27
河北省	96	5.84
上海市	82	4.99
四川省	80	4.87
江苏省	79	4.81
湖南省	55	3.35
河南省	54	3.29
陕西省	53	3.23
湖北省	51	3.10
辽宁省	49	2.98
重庆市	46	2.80
吉林省	45	2.74
安徽省	43	2.62
福建省	43	2.62
云南省	43	2.62
天津市	42	2.56
广西壮族自治区	35	2.13
新疆维吾尔自治区	33	2.01
江西省	33	2.01
山西省	31	1.89
甘肃省	27	1.64
内蒙古自治区	22	1.34
海南省	19	1.16
贵州省	19	1.16
黑龙江省	16	0.97
青海省	12	0.73
宁夏回族自治区	10	0.61
西藏自治区	2	0.12

样本中，乙级资信单位数量排名前5的地区是浙江省、四川省、山东省、广东省、河北省，分别为164家、128家、116家、111家、107家(见表2)。

表2　乙级资信单位地域分布(单位:个,%)

地　区	乙级资信单位数量	占比
浙江省	164	7.63
四川省	128	5.96
山东省	116	5.40
广东省	111	5.17
河北省	107	4.98
江苏省	106	4.93
内蒙古自治区	97	4.51
河南省	95	4.42
上海市	93	4.33
辽宁省	93	4.33
云南省	91	4.23
广西壮族自治区	78	3.63
江西省	77	3.58
北京市	70	3.26
吉林省	66	3.07
山西省	66	3.07
湖南省	64	2.98
新疆维吾尔自治区	59	2.75
福建省	57	2.65
陕西省	57	2.65
天津市	53	2.47
安徽省	46	2.14
重庆市	44	2.05
湖北省	40	1.86
贵州省	38	1.77
甘肃省	34	1.58
黑龙江省	31	1.44
青海省	24	1.12
宁夏回族自治区	22	1.02
海南省	20	0.93
西藏自治区	2	0.09

1.3 各资信等级单位数量

样本中，各资信等级单位数量，甲级综合资信单位为88家，甲级资信单位为1643家，乙级资信单位为2149家，乙级预评价单位为24家，无资信等级单位为1152家，分别占样本总数的1.74％、32.5％、42.5％、0.47％、22.78％（见图8）。

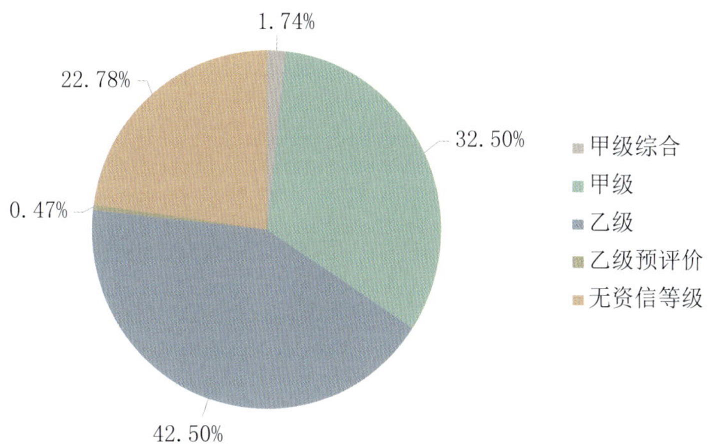

图8　各资信等级单位数量占比

1.4 各所有制单位数量

从工程咨询行业的发展历史看，早期阶段以国有企业和事业单位为主，经过改革发展，特别是党的十八大以来，民营企业异军突起，增强了行业发展的活力。在这次统计中，国有企业为1382家，民营企业为2808家，事业单位为

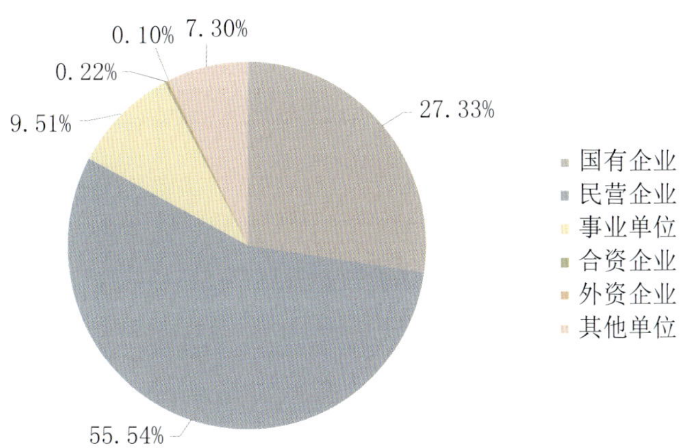

图9　各所有制单位数量占比

481家，合资企业为11家，外资企业为5家，其他单位为369家[①]，分别占样本总数的27.33％、55.54％、9.51％、0.22％、0.1％、7.3％（见图9）。

1.5 大中小微单位数量[②]

样本中，大中小微单位数量，大型单位为578家，中型单位为1133家，小型单位为2662家，微型单位为683家，分别占样本总数的11.43％、22.41％、52.65％、13.51％（见图10）。

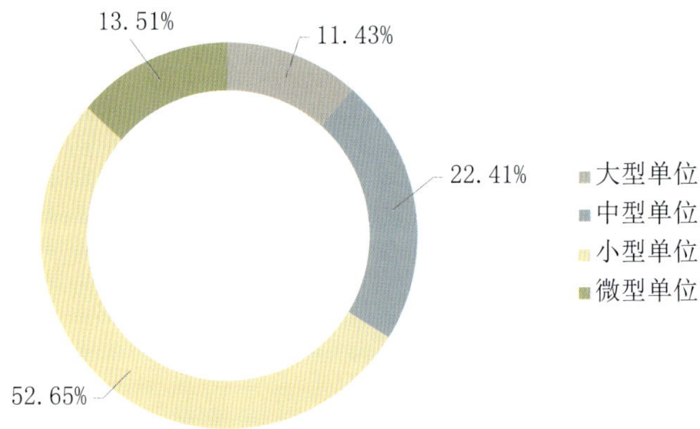

图10　大中小微单位数量占比

2. 工程咨询单位从业人员数量

2.1 从业人员地域分布

样本中，从业人员合计为1187217人（未包括香港特别行政区、澳门特别行政区和台湾省），数量排名前5的地区是北京市、上海市、浙江省、广东省、四川省，分别为142492人、105971人、97519人、89184人、75866人（见图11）。

---

① 中国工程咨询协会综合业务管理系统将单位所有制类型分为国有企业、民营企业、事业单位、合资企业、外资企业等，其他单位是指在系统中未更新类型信息的工程咨询单位。

② 单位规模的划分参考国家统计局出台的《统计上大中小微型企业划分办法（2017）》（国统字〔2017〕213号），即0—9人为微型单位，10—99人为小型单位，100—299人为中型单位，300人及以上为大型单位。

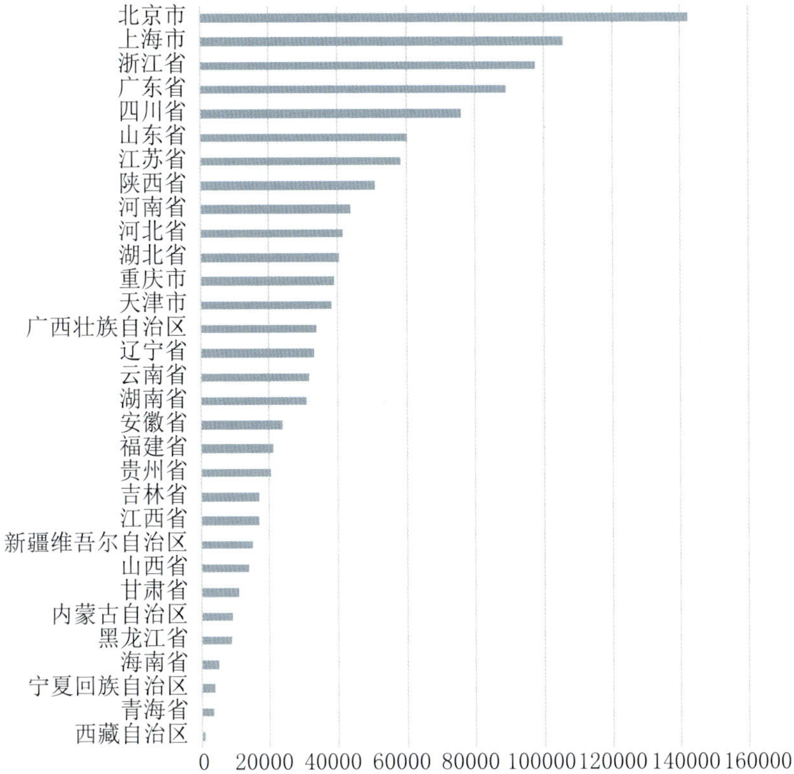

图11 工程咨询单位从业人员地域分布(单位:人)

2.2 各资信等级单位人员数量

样本中,各资信等级单位从业人员数量,甲级综合资信单位为96293人,甲级资信单位为659257人,乙级资信单位为300991人,乙级预评价单位为3459人,无资信等级单位为127217人,分别占样本从业人员总数的8.11%、55.53%、25.35%、0.29%、10.72%(见图12)。

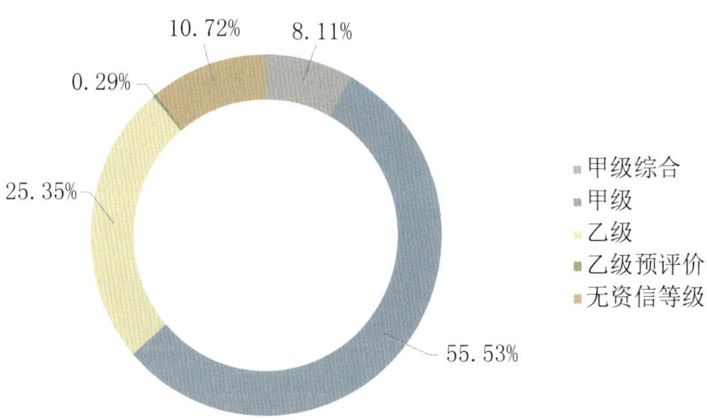

图12 各资信等级单位从业人员占比

2.3 各所有制单位人员数量

样本中，各所有制单位从业人员数量，国有企业为668872人，民营企业为353004人，事业单位为99173人，合资企业为2026人，外资企业为934人，其他单位为63208人，分别占样本从业人员总数的56.34%、29.73%、8.35%、0.17%、0.08%、5.32%（见图13）。

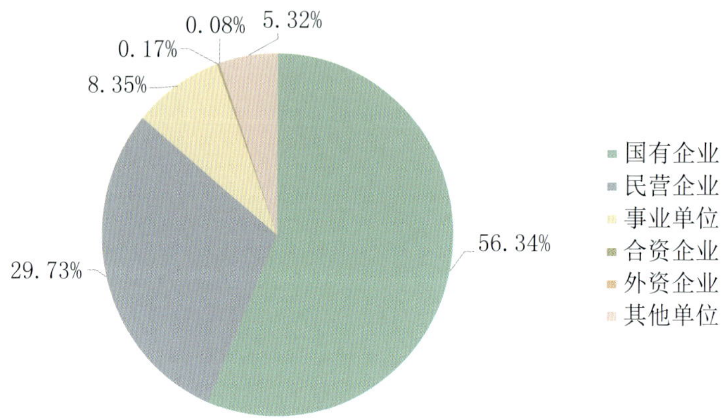

图13 各所有制单位从业人员占比

2.4 大中小微单位人员数量

样本中，大中小微单位从业人员数量，大型单位为689346人，中型单位为286146人，小型单位为187906人，微型单位为23819人，分别占样本从业人员总数的58.06%、24.1%、15.83%、2.01%（见图14）。

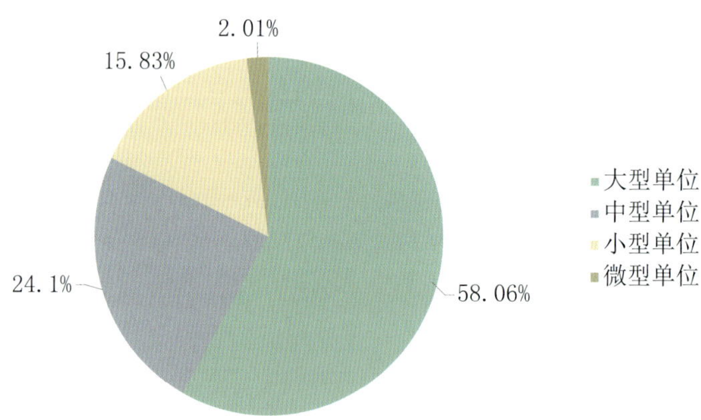

图14 大中小微单位从业人员占比

3.工程咨询单位主要经营指标分析

3.1 工程咨询业务新签合同额

样本中，各单位2023年度工程咨询业务新签合同额（3.1内简称新签合同额）合计数为6982.9亿元。其中，规划咨询业务为298.17亿元，项目咨询业务为1299.52亿元，评估咨询业务为226.94亿元，全过程工程咨询业务为928.03亿元，其他服务范围业务为4230.24亿元①，分别占新签合同额合计数的4.27%、18.61%、3.25%、13.29%、60.58%（见图15）。

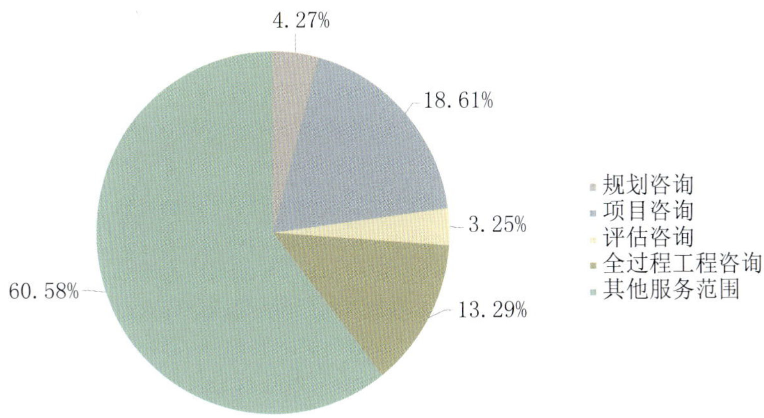

图15　各类业务新签合同额占比

其中，新签合同额合计数，按各资信等级单位统计，甲级综合资信单位为874.03亿元，甲级资信单位为3839.48亿元，乙级资信单位为1545.09亿元，乙

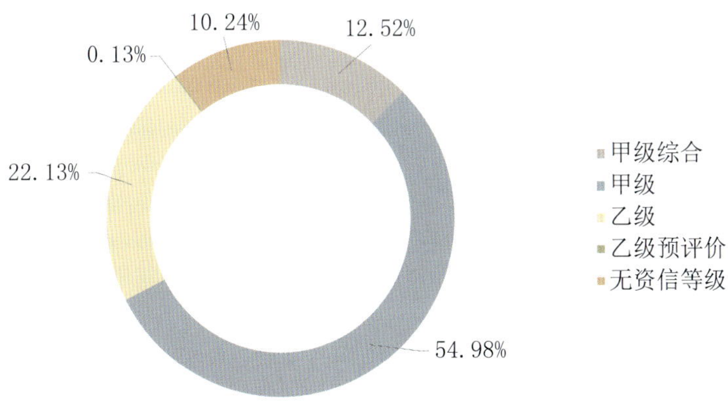

图16　各资信等级单位新签合同额占比

① 其他服务范围为除规划咨询业务、项目咨询业务、评估咨询业务以及全过程工程咨询业务外的其他工程咨询业务。

级预评价单位为9.18亿元，无资信等级单位为715.12亿元，分别占新签合同额合计数的12.52％、54.98％、22.13％、0.13％、10.24％（见图16）。

其中，新签合同额合计数，按各所有制单位统计，国有企业为3681.93亿元，民营企业为2201.39亿元，事业单位为567.73亿元，合资企业为13.23亿元，外资企业为4.74亿元，其他单位为513.88亿元，分别占新签合同额合计数的52.73％、31.53％、8.13％、0.19％、0.07％、7.36％（见图17）。

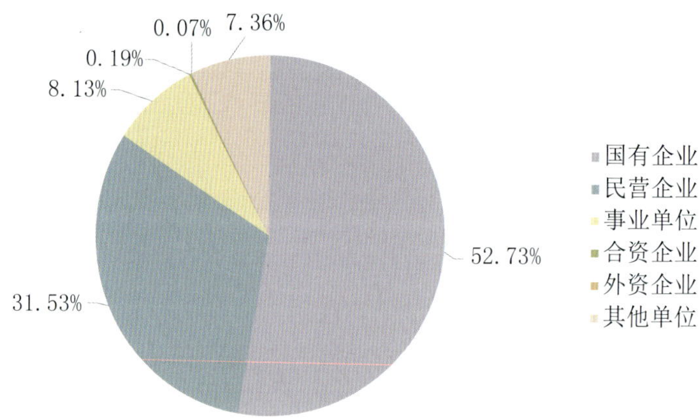

图17　各所有制单位新签合同额占比

其中，新签合同额合计数，按大中小微单位统计，大型单位为3545.36亿元，中型单位为1563.6亿元，小型单位为1408.86亿元，微型单位为465.08亿元，分别占新签合同额合计数的50.77％、22.39％、20.18％、6.66％（见图18）。

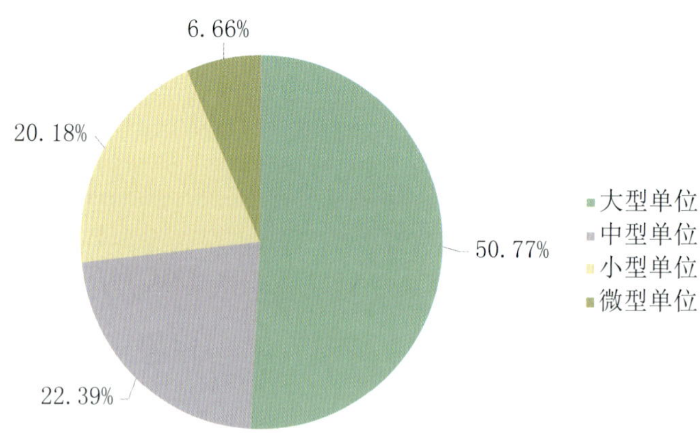

图18　大中小微单位新签合同额占比

3.2 工程咨询业务营业收入

样本中，各单位2023年度工程咨询业务营业收入（3.2内简称营业收入）

合计数为3758.67亿元。其中,规划咨询业务为214.75亿元,项目咨询业务为453.45亿元,评估咨询业务为115.77亿元,全过程工程咨询业务为454.85亿元,其他服务范围业务为2519.85亿元,分别占营业收入合计数的5.71%、12.06%、3.08%、12.1%、67.04%(见图19)。

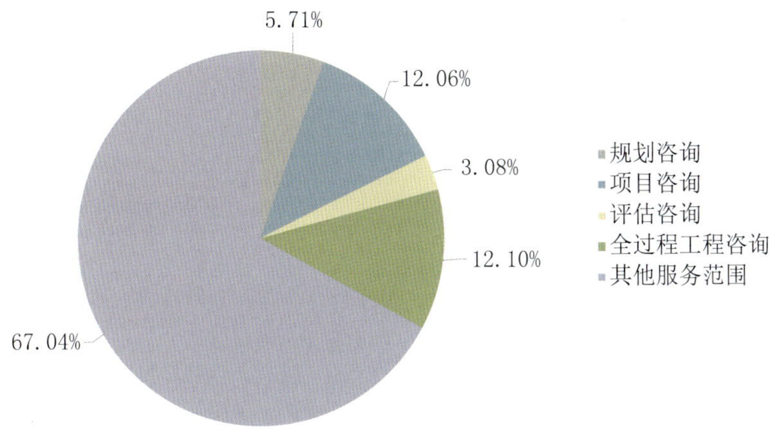

图19　各类业务营业收入占比

其中,营业收入合计数,按各资信等级单位统计,甲级综合资信单位为334.1亿元,甲级资信单位为2388.74亿元,乙级资信单位为707.49亿元,乙级预评价单位为8.73亿元,无资信等级单位为319.61亿元,分别占营业收入合计数的8.89%、63.55%、18.82%、0.23%、8.5%(见图20)。

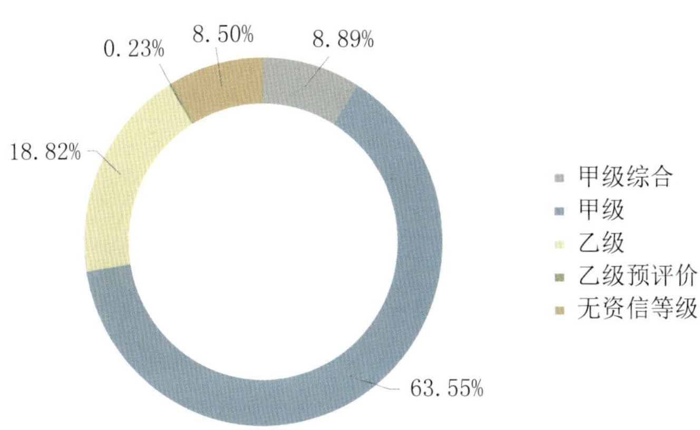

图20　各资信等级单位营业收入占比

其中,营业收入合计数,按各所有制单位统计,国有企业为2004.24亿元,民营企业为1176.96亿元,事业单位为356.56亿元,合资企业为7.39亿元,外资企业为1.36亿元，其他单位为212.16亿元，分别占营业收入合计数的53.32%、31.31%、9.49%、0.2%、0.04%、5.64%(见图21)。

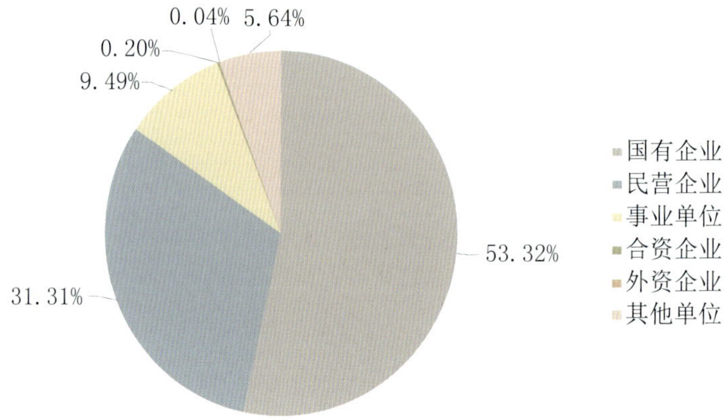

图21　各所有制单位营业收入占比

其中，营业收入合计数，按大中小微单位统计，大型单位为1949.02亿元，中型单位为1074.84亿元，小型单位为668.05亿元，微型单位为66.76亿元，分别占营业收入合计数的51.85%、28.6%、17.77%、1.78%(见图22)。

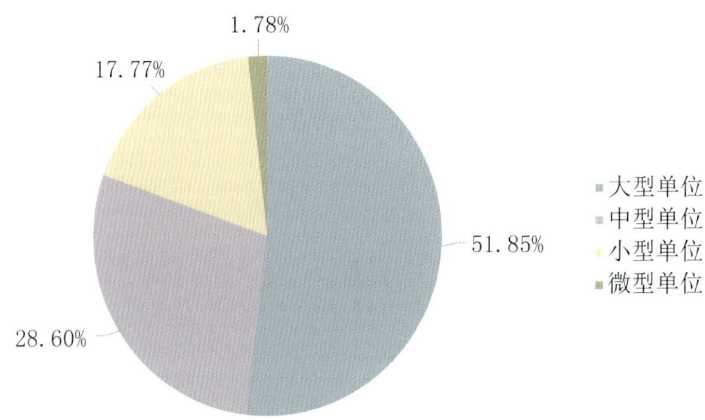

图22　大中小微单位营业收入占比

3.3 人均产值①

样本中，各单位人均产值按平均数计算为43.15万元。

其中，各资信等级单位人均产值，甲级综合资信单位为64.82万元，甲级资信单位为55.99万元，乙级资信单位为38.51万元，乙级预评价单位为29万元，

① 报告中人均产值为统计样本中各单位人均产值的平均数，各单位人均产值指当期单位总产值除以期末从业人员数。分析过程中剔除明显异常数据。

无资信等级单位为32.75万元(见表3)。

表3　各资信等级单位人均产值(单位:万元)

资信等级	人均产值
甲级综合资信单位	64.82
甲级资信单位	55.99
乙级资信单位	38.51
乙级预评价单位	29.00
无资信等级单位	32.75

其中,各所有制单位人均产值,国有企业为61.06万元,民营企业为35.01万元,事业单位为45.78万元,合资企业为47.89万元,外资企业为34.33万元,其他单位为40.14万元(见表4)。

表4　各所有制单位人均产值(单位:万元)

所有制类型	人均产值
国有企业	61.06
民营企业	35.01
事业单位	45.78
合资企业	47.89
外资企业	34.33
其他单位	40.14

其中,大中小微单位人均产值,大型单位为66.52万元,中型单位为56.92万元,小型单位为38.41万元,微型单位为22.03万元(见表5)。

表5　大中小微单位人均产值(单位:万元)

单位规模	人均产值
大型单位	66.52
中型单位	56.92
小型单位	38.41
微型单位	22.03

4.工程咨询单位创新能力建设

4.1 研究平台分布

样本中,工程咨询单位成立的研究平台,总数为4217个。研究平台数量排名前5的地区分别为北京市、江苏省、广东省、浙江省、上海市，依次为787个、297个、296个、255个、242个。北京市工程咨询单位研究平台数量居于领先地位，按平均数计算每家单位至少成立了2个研究平台（见表6）。

表6 研究平台地域分布（单位：个，%）

地　区	研究平台数	占比
北京市	787	18.66
江苏省	297	7.04
广东省	296	7.02
浙江省	255	6.05
上海市	242	5.74
湖北省	210	4.98
辽宁省	204	4.84
河南省	175	4.15
四川省	175	4.15
陕西省	174	4.13
山东省	168	3.98
安徽省	161	3.82
湖南省	154	3.65
甘肃省	107	2.54
天津市	103	2.44
河北省	90	2.13
广西壮族自治区	89	2.11
云南省	80	1.90
重庆市	73	1.73
贵州省	63	1.49
山西省	60	1.42
新疆维吾尔自治区	54	1.28
江西省	49	1.16
吉林省	37	0.88
海南省	36	0.85
福建省	33	0.78
黑龙江省	14	0.33
青海省	13	0.31
内蒙古自治区	12	0.28
宁夏回族自治区	5	0.12
西藏自治区	1	0.02

其中，各资信等级单位研究平台数，甲级综合资信单位为496个，甲级资信单位为2752个，乙级资信单位为675个，乙级预评价单位为4个，无资信等级单位为290个，分别占研究平台总数的11.76%、65.26%、16.01%、0.09%、6.88%(见图23)。

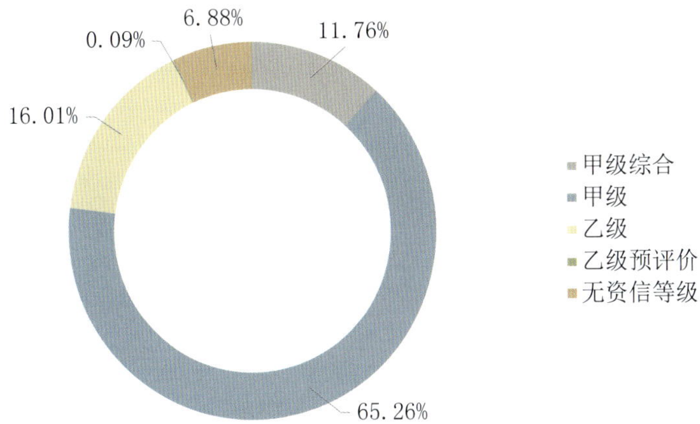

图23　各资信等级单位研究平台数量占比

其中，各所有制单位研究平台数，国有企业为2377个，民营企业为663个，事业单位为1013个，合资企业为2个，外资企业为0个，其他单位为162个，分别占研究平台总数的56.37%、15.72%、24.02%、0.05%、0%、3.84%(见图24)。

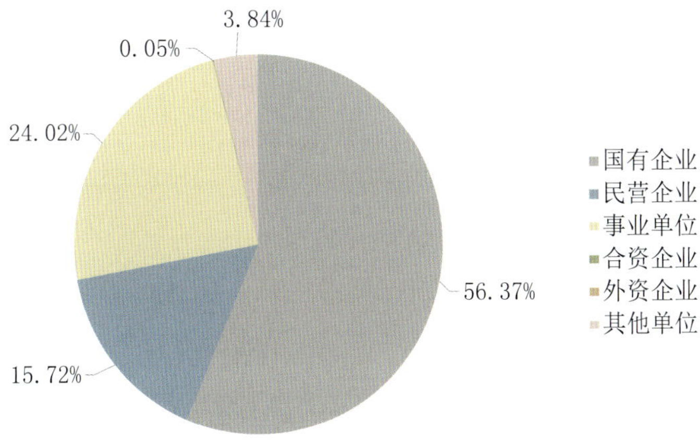

图24　各所有制单位研究平台数量占比

其中，大中小微单位研究平台数，大型单位为2501个，中型单位为1218个，小型单位为460个，微型单位为38个，分别占研究平台总数的59.31%、

28.88%、10.91%、0.9%(见图25)。

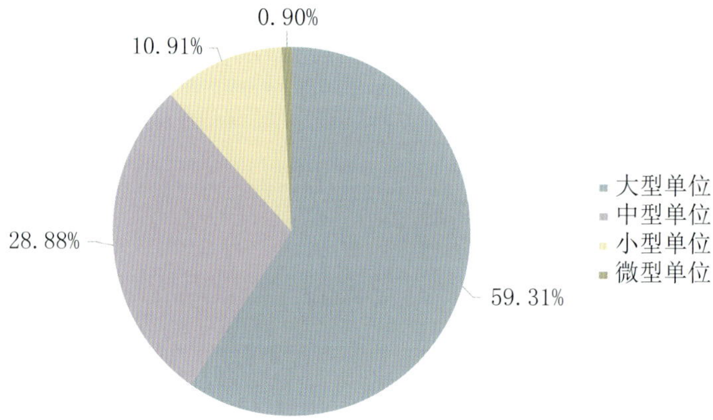

图25　大中小微单位研究平台数量占比

4.2 博士后工作站分布

样本中,工程咨询单位设立的博士后工作站,总数为308个。

其中,各资信等级单位博士后工作站数,甲级综合资信单位为27个,甲级资信单位为214个,乙级资信单位为50个,乙级预评价单位为0个,无资信等级单位为17个,分别占博士后工作站总数的8.77%、69.48%、16.23%、0%、5.52%(见图26)。

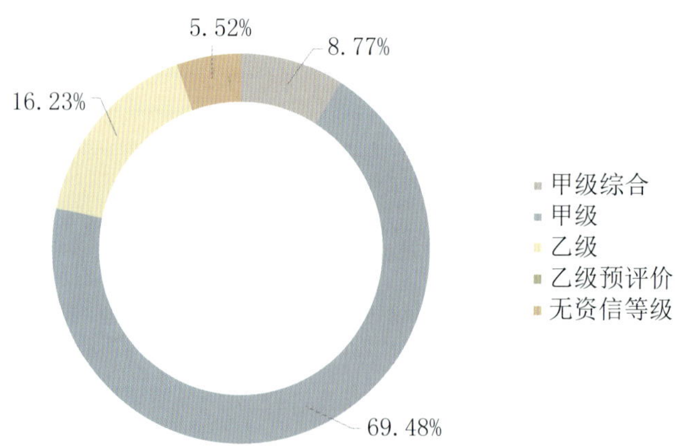

图26　各资信等级单位博士后工作站数量占比

其中,各所有制单位博士后工作站数,国有企业为169个,民营企业为48个,事业单位为76个,合资企业为0个,外资企业为0个,其他单位为15个,分别占博士后工作站总数的54.87%、15.58%、24.68%、0%、0%、4.87%(见

图27)。

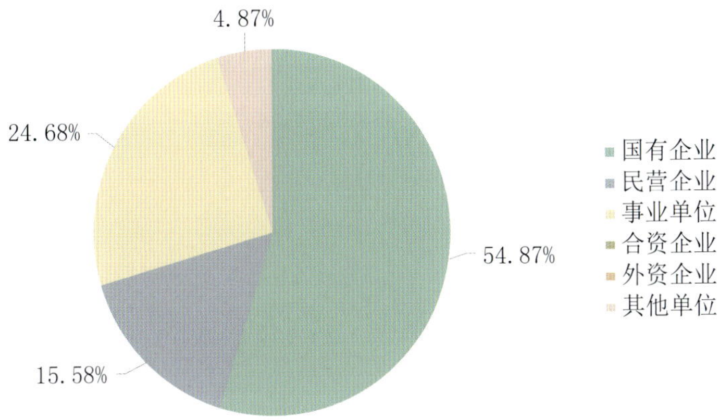

图27　各所有制单位博士后工作站数量占比

其中,大中小微单位博士后工作站数,大型单位为183个,中型单位为95个,小型单位为30个,微型单位为0个,分别占博士后工作站总数的59.42%、30.84%、9.74%、0%(见图28)。

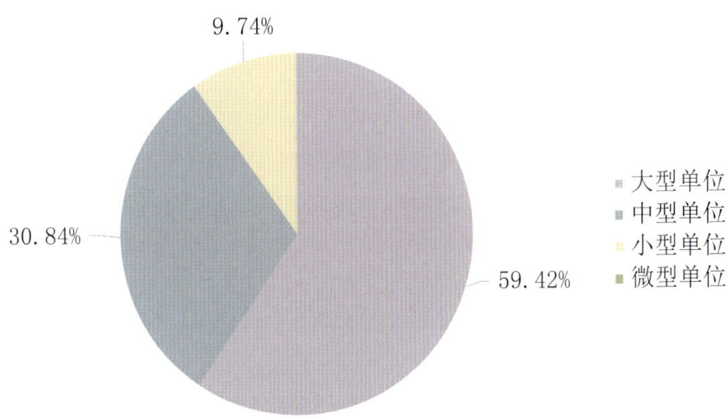

图28　大中小微单位博士后工作站数量占比

4.3 著作权登记数

样本中,工程咨询单位著作权登记总数为30952项。

其中,各资信等级单位著作权登记数,甲级综合资信单位为4526项,甲级资信单位为19313项,乙级资信单位为5001项,乙级预评价单位为39项,无资信等级单位为2073项,占著作权登记总数的14.62%、62.4%、16.16%、0.13%、6.7%(见图29)。

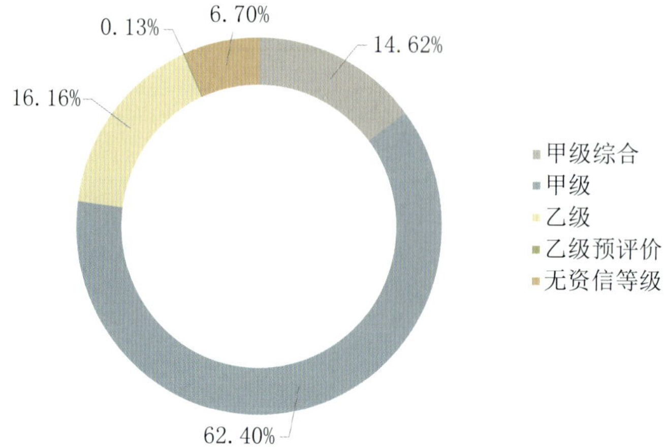

图 29　各资信等级单位著作权登记数量占比

其中，各所有制单位著作权登记数，国有企业为 19109 项，民营企业为 5235 项，事业单位为 5611 项，合资企业为 24 项，外资企业为 2 项，其他单位为 971 项，分别占著作权登记总数的 61.74%、16.91%、18.13%、0.08%、0.01%、3.14%（见图 30）。

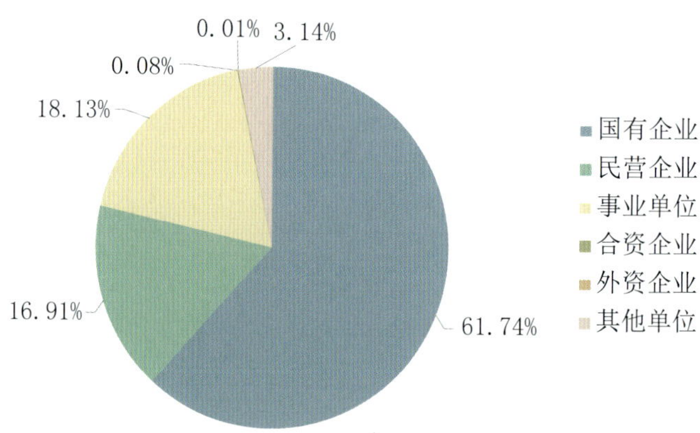

图 30　各所有制单位著作权登记数量占比

其中，大中小微单位著作权登记数，大型单位为 19493 个，中型单位为 7006 个，小型单位为 4112 个，微型单位为 341 个，分别占著作权登记总数的 62.98%、22.64%、13.29%、1.1%（见图 31）。

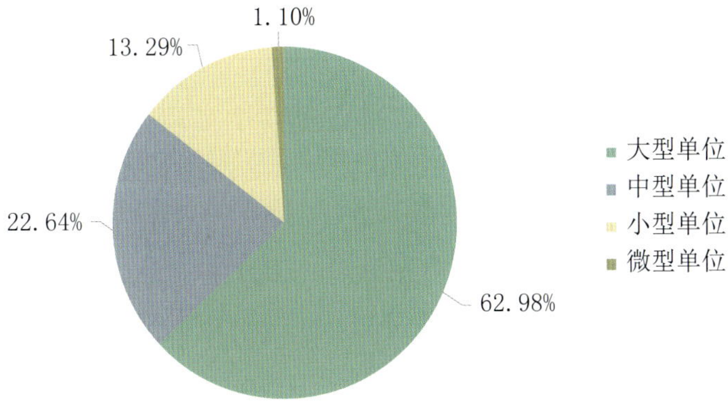

图31　大中小微单位著作权登记数量占比

5.社会责任履行

5.1 社会公益项目捐助数

样本中,工程咨询单位参与社会公益项目捐助数合计为4111个,数量排名前5的地区为浙江省、辽宁省、广东省、江苏省、北京市,分别为406个、400个、300个、288个、268个(见表7)。

表7　各地区工程咨询单位参与社会公益项目捐助数(单位:个)

地　区	参与社会公益项目捐助数
浙江省	406
辽宁省	400
广东省	300
江苏省	288
北京市	268
山东省	225
湖南省	221
上海市	194
四川省	186
河南省	160
河北省	149
陕西省	129
云南省	128
安徽省	122
重庆市	115
广西壮族自治区	104

续表

地 区	参与社会公益项目捐助数
湖北省	99
青海省	80
新疆维吾尔自治区	79
天津市	72
江西省	65
贵州省	55
内蒙古自治区	54
吉林省	52
山西省	47
甘肃省	43
海南省	24
福建省	21
黑龙江省	10
宁夏回族自治区	10
西藏自治区	5

其中,各资信等级单位参与社会公益项目捐助数,甲级综合资信单位为666个,甲级资信单位为1637个,乙级资信单位为1067个,乙级预评价单位为9个,无资信等级单位为732个,分别占参与社会公益项目捐助总数的16.2%、39.82%、25.95%、0.22%、17.81%(见图32)。

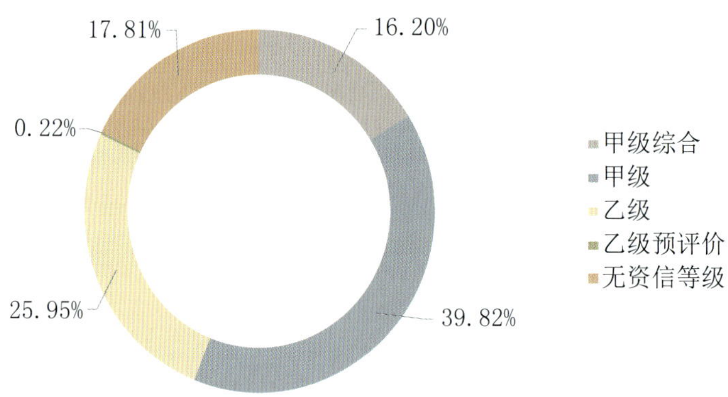

图32 各资信等级单位参与社会公益项目捐助数占比

其中,各所有制单位参与社会公益项目捐助数,国有企业为1344个,民营企业为2104个,事业单位为452个,合资企业为5个,外资企业为0个,其他单位为206个，分别占参与社会公益项目捐助总数的32.69%、51.18%、10.99%、0.12%、0%、5.01%（见图33）。

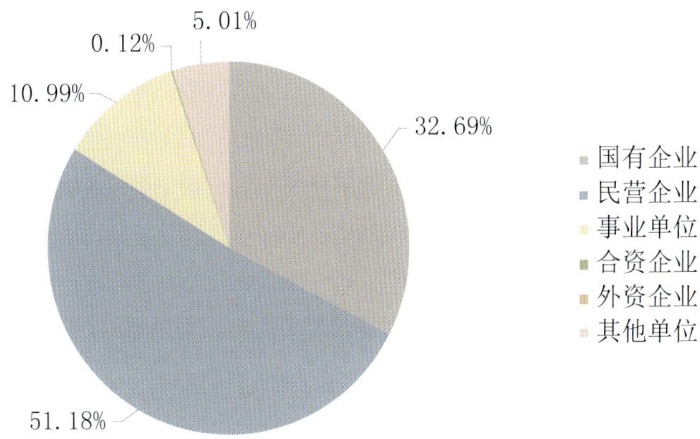

图33　各所有制单位参与社会公益项目捐助数占比

其中，大中小微单位参与社会公益项目捐助数，大型单位为1008个，中型单位为1189个，小型单位为1725个，微型单位为189个，分别占参与社会公益项目捐助总数的24.52%、28.92%、41.96%、4.6%（见图34）。

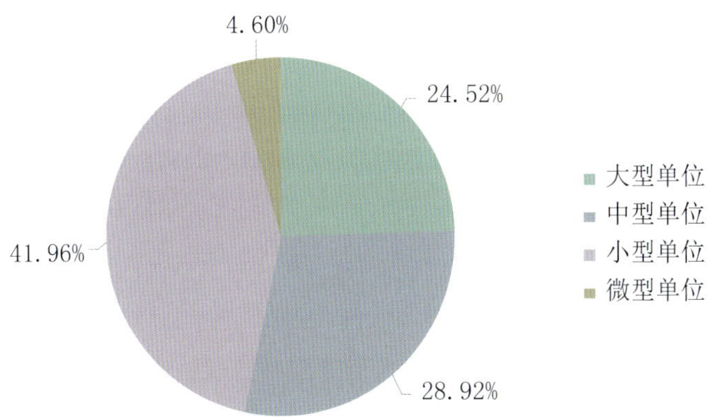

图34　大中小微单位参与社会公益项目捐助数占比

5.2 新增就业人员数

样本中，工程咨询单位新增就业人员合计为76762人。

其中，各资信等级单位新增就业人员数，甲级综合资信单位为7048人，甲级资信单位为43734人，乙级资信单位为16474人，乙级预评价单位为879人，无资信等级单位为8627人，分别占新增就业人员总数的9.18%、56.97%、21.46%、1.15%、11.24%（见图35）。

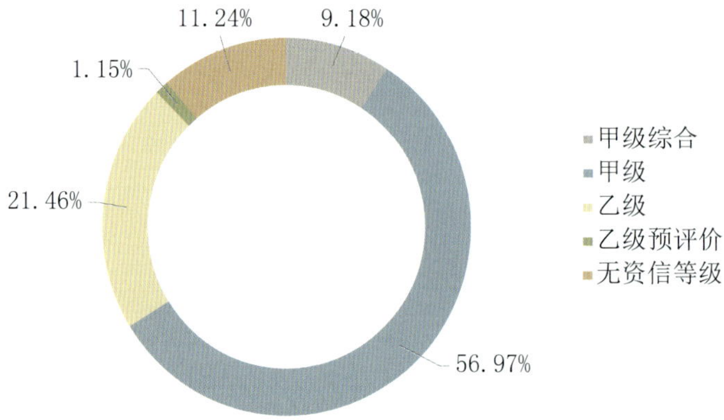

图35 各资信等级单位新增就业人员占比

其中，各所有制单位新增就业人员数，国有企业为40318人，民营企业为27678人，事业单位为5328人，合资企业为264人，外资企业为50人，其他单位为3124人，分别占新增就业人员总数的52.52%、36.06%、6.94%、0.34%、0.07%、4.07%（见图36）。

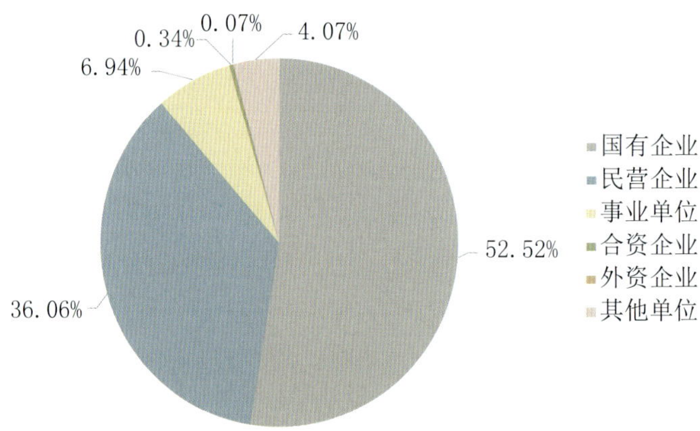

图36 各所有制单位新增就业人员占比

其中，大中小微单位新增就业人员数，大型单位为46866人，中型单位为19114人，小型单位为9737人，微型单位为1045人，分别占新增就业人员总数的61.05%、24.9%、12.68%、1.36%（见图37）。

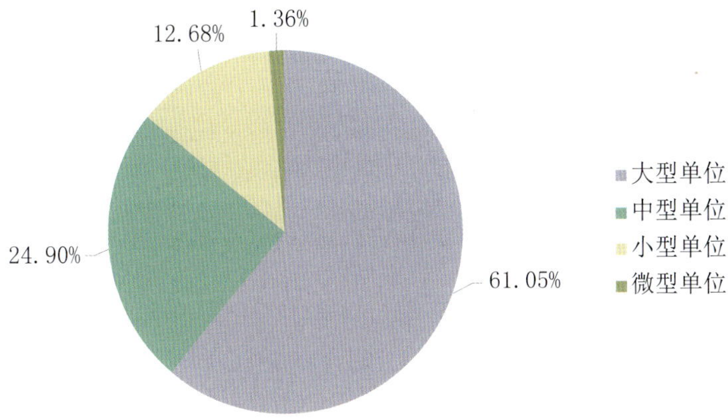

图37　大中小微单位新增就业人员占比

区域工程咨询行业2023年度发展报告

北京市工程咨询行业发展报告

北京市工程咨询协会

(一)行业发展现状

多年来,在首都城市建设与经济社会发展过程中,北京市的工程咨询单位为各级政府的投资决策提供了重要支撑,为北京城市建设以及经济社会发展作出了重大贡献。同时,北京市的工程咨询单位积极贯彻落实国家战略部署,为疏解非首都功能、推动京津冀协同发展的相关重大政策研究、规划编制、行动计划及项目实施管理提供专业服务和技术支撑,为中国式现代化的京津冀新实践贡献智慧和力量。尤其是面对北京市遭遇的“23•7”特大洪水灾害,北京市的工程咨询单位为灾后恢复重建工作提供全面的智力支撑,发挥规划咨询及水务、交通、建筑等领域专业咨询优势,保障重建工作有序进行。

总体来看,北京市工程咨询行业保持良好发展态势。中国工程咨询协会开展2023年度工程咨询行业统计调查工作,北京市工程咨询单位共311家提交了调查数据①。针对311家单位调查数据样本进行分析,截至2023年底,从业人员规模达到14.1万人,从事工程咨询的专业技术人员为11.9万人,工程

①北京市工程咨询协会数据分析时间早于中咨协会统计调查截止之日,实际上北京市有315家单位提交了数据。

咨询业务营业收入规模达到1837.7亿元，人均产值为130.3万元。与《北京市工程咨询行业发展报告（2022年）》相关数据对比，行业稳健发展。但人均产值出现明显差异，分析原因为本次统计样本中包含许多勘察设计业务，尤其是EPC业务纳入统计的情况下，营业收入规模明显增加。

在单位规模方面，参照国家统计局《统计上大中小微型企业划分办法（2017）》的划分标准，2023年北京市工程咨询单位中，大型企业（大于300人）75家，中型企业（101—300人）85家，小型企业（11—100人）137家，微型企业（1—10人）14家。其中，以中小型企业居多，占比约71.38%。

在从业人员方面，311家单位中，咨询工程师（投资）近8000人，占专业技术人员的比重为5.63%。中级及以上职称人数占专业技术人数的比重达到60.07%，具有良好的人才基础。由此也反映出现阶段拥有职业资格的专业人员与行业发展水平还不完全适应，仍有很大需求和发展空间。

在工程咨询资信方面，311家单位中，具有工程咨询资信等级的单位共计271家。其中，甲级资信单位212家，乙级资信单位123家，乙级资信预评价单位1家。

在营收结构方面，工程咨询业务收入以规划咨询、项目咨询、评估咨询、全过程工程咨询为主。从311家单位的营业收入数据看，项目咨询占比接近一半，为48.32%，全过程工程咨询占比为18.65%，规划咨询占比为4.28%，评估咨询占比为1.93%，其他业务为26.81%。

在营业收入规模方面，311家单位中，营业收入绝大部分小于5亿元，占比为80.7%，大于20亿元占比为7.4%。

在业务发展方面，311家单位2023年工程咨询业务新签合同额中，规划咨询在新签合同总额中占比为2.66%，项目咨询占比45.40%，评估咨询占比1.30%，与经营收入的比例基本一致，全过程工程咨询增长幅度较大，占比达38.83%。

（二）行业特点

北京市工程咨询行业呈现受外部环境和政策影响较大、大中小型企业并存、多业态协同发展、技术人才密集等特点。

行业发展受经济社会发展和政策影响较大。北京市工程咨询行业服务领域与固定资产投资领域密切相关，部分领域固定资产投资的变化也影响了北京市工程咨询行业的发展结构。近年来国家陆续出台的“优化营商环境”“实施城市更新”“推进设备更新”等一系列改革政策，以及北京市开展的重大投资项目规划谋划等改革举措，为行业发展赋予了新的生机和活力。

大中小型企业并存发展态势明显。北京市大中型工程咨询单位综合实力逐年增强，大型国有单位技术实力雄厚、业务协同配套能力较强，在行业内占据重要地位。在国家相关政策推动下，工程咨询行业民营企业数量快速增长，中小型企业占比较高，但市场认可度仍有待提高。

行业呈现多业态协同发展特点。从统计数据来看，全过程工程咨询服务市场需求增长较快，发展前景广阔，企业开展的单一专业领域咨询服务的经营模式已经难以适应当前工程咨询市场发展需求，打造具备多资质、服务多阶段的综合服务商已经成为工程咨询单位转型发展的方向。

服务新质生产力发展储备较好。工程咨询行业是典型的轻资产、重人才、高附加值的产业，专业技术人员是工程咨询企业发展的核心资产和关键资源要素。北京市工程咨询行业在人才队伍建设、业务技术创新、产业转型升级等方面具备较强优势，为服务新质生产力的发展奠定了良好基础，积极发展并应用BIM、GIS、大数据、云计算等新技术促进全行业的提质升级。

（三）行业发展经验

多年来，北京市工程咨询行业管理部门、行业协会和行业单位立足新发展阶段，全面贯彻新发展理念，深化体制机制和咨询理论方法协同创新，推动本市工程咨询行业发展规模持续扩大，发展质量不断提升。

政府部门持续深化改革，夯实行业发展基础。北京市各级政府部门按照党中央、国务院决策部署，立足首都城市战略定位，深化“五子”联动，融入和服务新发展格局。政府部门已经取消和下放了多项行政审批事项，努力探索服务业开放发展的新业态、新模式、新路径，持续优化营商环境，推出了一系列改革举措和行动计划，为工程咨询行业发展提供了更有利的环境。

行业协会着力优化服务，引导行业良性发展。北京市工程咨询协会充分发挥社会组织的桥梁纽带作用，着力提升服务能力。搭建行业交流平台，成功举办了全过程工程咨询论坛，为首都全过程工程咨询业态的发展提供了新的契机。积极拓展工程咨询领域专业技术人才职业发展通道，2021年4月起，协会力促工程咨询行业职称评审工作在北京破局，经过三年多的努力，2023年底，市人力社保局和市发展改革委正式印发《北京市工程咨询专业职称评价试行办法》，决定在北京市工程技术系列职称中开设工程咨询专业，为北京市工程咨询行业高质量发展奠定了更加坚实的基础。

探索数字化企业转型，推动行业智慧发展。北京市工程咨询单位积极适应外部环境变化和数字化发展趋势，不断应用新技术、探索新模式、拓展新市场，推动企业向全过程、综合性、数字化咨询企业转型，进一步提升本市工程咨询企业竞争力。如北京市工程咨询股份有限公司以数字技术推动传统业务模式变革，加强工程投资大数据、工程咨询报告智能编制、企业知识库、园林数字化管护、北京市节能潜力评估与节能量核证等平台的建设，积极探索培育数字化服务业态。如青矩工程顾问有限公司依托其二十多年的工程管控领域经验积累，自主开发了一套适合我国工程管理实践特点的项目管理成熟度评估模型，服务企业项目管理水平评价和改进工作。

全过程工程咨询方兴未艾，驱动行业融合发展。全过程工程咨询服务模式代表着工程咨询行业的发展方向。2023年6月，北京市工程咨询协会举办全过程工程咨询论坛，通过深入交流、互学互鉴，帮助会员单位了解全过程工程咨询的发展现状和存在的问题，推动首都全过程工程咨询业态良性发展。

（四）存在问题与不足

北京市工程咨询行业通过长期的改革发展，在服务首都经济社会发展、服务国家重大战略和重点工程项目落地，引领全国工程咨询行业高质量发展等方面发挥了重要作用。但是也应该注意到，工程咨询领域仍面临市场无序竞争较为突出、企业创新发展能力相对不足、高素质综合型人才较为缺乏、行业管理与保障能力有待加强等问题。

市场竞争秩序需进一步规范。全球经济前景仍充满不确定性，工程咨询行业将持续面临贸易紧张、地缘政治风险等因素带来的不利冲击，导致项目投资波动，直接影响工程咨询业务数量和规模。加之工程咨询市场竞争加剧，部分企业为追求短期利益，采用低价策略来争夺市场，严重扭曲了市场价格机制，破坏了正常的市场秩序，一定程度上造成行业服务质量下降。此外，缺乏规范合理的行业收费标准，咨询服务市场仍然沿用已废止的收费规定，影响行业单位优化服务、提升质量的积极性。

工程咨询单位服务能力仍有待提升。多数工程咨询单位业务范围相对单一，往往局限于特定行业、特定区域，服务同质化严重，缺乏跨行业、跨区域的业务拓展能力。咨询理论方法创新不足，特别是面向全过程工程咨询的新型服务体系尚未建立，咨询单位数字化和业务数字化进程比较缓慢。工程咨询单位在“走出去”过程中较为依赖我国对外投资项目，在市场开发、抗风险能力、服务质量等方面与国际一流工程咨询企业仍有一定差距。

高素质综合性人才较为缺乏。人才是工程咨询行业的核心要素。咨询行业向高端化发展已成为必然趋势，咨询的价值要从“服务投资决策”升级到“服务国家治理体系和治理能力现代化”，对高素质综合性工程咨询人才的需求更为强烈。而工程咨询行业的高端人才较为缺乏，尤其是缺少一专多能的高素质综合性人才和具有国际视野的国际化人才，咨询从业人员整体素质有待提升，难以满足日益复杂化的市场需求，制约行业的高质量发展。

行业管理与服务保障能力有待加强。我国工程咨询行业已经进入到高质量发展阶段，工程咨询涉及的行业领域、业务类型和服务产品也发生了新的变化，行业现有政策法规、标准规范体系有待进一步完善，需加强行业管理，做到行业发展有政策引导、咨询业务有规程可依，业务成果有标准可依、有规范可循。

（五）行业发展建议

政府部门加大支持力度。加强对全过程工程咨询发展的支持，推进全过程工程咨询相关政策与标准体系建设，支持和培育一批骨干型全过程工程咨询企业，带动行业整体发展水平提升。营造公平竞争、规范有序的市场环境，进一步规范工程咨询行业收费价格体系，建立工程咨询行业信用评价体系，营造守信激励、失信惩戒的市场氛围。引导企业积极走出去参与国际竞争，以“一带一路”为契机，鼓励国内工程咨询单位开拓国际市场，提升国际化资源配置能力、跨国经营能力和国际市场影响力。

推动工程咨询单位实现高质量发展。全面提升企业综合发展能力，鼓励大型工程咨询单位聚焦经济社会发展重大需求，通过资源整合向综合性咨询机构转型;支持中小型单位聚焦专业做精做细,并按市场需求推进技术、产品、商业模式等创新,形成独特的竞争优势。进一步加强咨询理论方法研究,推进学科交叉融合应用。积极运用新一代信息技术,推动数字化转型,推进传统咨询服务向高端化、智能化、绿色化发展。加强专业技术人才培养,完善人才激励机制,健全全过程咨询人才培训体系,培养跨学科复合型人才,促进行业持续发展。

进一步增强行业管理与服务保障能力。继续发挥好协会桥梁纽带作用,及时向政府部门反映行业发展问题及诉求,促进会员之间、兄弟协会之间、行业与政府部门之间的交流合作。推动行业产品和服务标准化建设,引导形成优质优价的咨询服务市场环境。加快规范行业发展秩序,完善行业自律体系,严格执行行业自律公约,引导咨询机构自觉遵守市场规则。全面提升行业服务保障,为专业技术人才培养、咨询服务能力培训和行业内信息交流提供更有力支撑。

浙江省工程咨询行业发展报告

浙江省工程咨询协会

2023年,是浙江省“八八战略”实施20周年,浙江省工程咨询行业在党的二十大精神指导下,在省委省政府的坚强领导下,积极贯彻落实省委省政府要求,以专业能力和创新作为,助力“三个一号工程”,融入高质量发展大局,支撑经济转型和社会进步,在多个领域取得积极成果。

(一)行业集约度提高,优质头部企业发展稳健

行业正在经历重大变革,市场地位显著提升的优质企业数量增加,显示行业资源整合和优化正在加速,行业集中度在逐步提升,行业结构在不断优化。

从营收规模看,行业正向头部机构集中,营收超20亿元的单位数量增加20%,达到18家,这些企业在市场中占据稳固地位,吸引了更多业务。相比之

下，营收低于5亿元的小型单位数量下降16%，从284家减少至238家，显示出这些单位面临较大的市场挑战。

（二）行业高质量发展，服务能力显著提升

2023年度，行业在优化发展的道路上迈出了坚实的步伐。在从业人员规模上，尽管总从业人数略有下降，专业技术人员却逆势增长17.6%，由56,611人增至66,582人，人才队伍结构有了优化提升。在资信单位规模上，甲级资信单位数量从97家增长至104家，涨幅7.2%，乙级资信单位则从147家跃升至182家，增长23.8%。

（三）行业活力度增强，业务转型与拓展成效明显

2023年度，行业势头强劲，营收实现了显著增长。其中，项目咨询和全过程工程咨询成为主要增长引擎，充分表明了项目管理和全周期服务需求的强劲增长发展态势。新签合同总额也呈现出明显的上升趋势，尤为值得一提的是，全过程工程咨询合同额大幅上升，这是行业向综合性服务转型升级的有力体现，预示着浙江省工程咨询单位在业务拓展和市场竞争力方面将迎来更为广阔的发展空间。

（四）浙江省2023年度工程咨询行业发展成效

1. 中国联合工程有限公司：展现央企担当，助力推进乡村振兴

中国联合工程有限公司作为国资委管理下的在浙央企，落实国家战略，关注农村发展，积极开拓新兴市场。其参与建设的金华现代农业产业园项目，为乡村地区提供科学合理的规划方案，包括基础设施建设、产业发展、生态环境保护等内容，助力乡村振兴战略的顺利实施。此外，项目还帮助农村地区吸引更多的投资，促进当地产业的转型升级，增强农村地区的自我发展能力。通过引入先进的技术和管理经验，提高农业生产效率，推动农业现代化，为农村地区创造更多的就业机会，提高农民的经济收入。项目总体构建“丰产、降碳、提质”三大目标，具备可复制、可推广的相对优势，实现“生态、产业”两大闭环，在推动当地乡村经济社会发展中扮演着重要的角色。

2.浙江数智交院科技股份有限公司:深耕数智咨询,以科技创新推动行业数字化发展

浙江数智交院科技股份有限公司坚持创新驱动发展、数智引领腾飞,基于主业深耕优势,研发团队挖掘市场需求,加快数字化、新材料等可孵化新产业方向的重点产品研发,不断巩固数智"产品+服务"能力,实现"数智"持续赋能主业。积极布局数据和平台经济。在交通行业率先推出"交通基础设施全信息模型(TIM)平台",打造行业"两图一脑"("公路一张图""港航一张图"与"交通大脑"),搭建数字底盘、中台,支撑行业治理、公众出行等场景建设;依托场景,全力建设数智平台,开发"数智防灾减灾""数智建管""智慧服务区"等一批核心产品,成果得到政府有关部门和市场的肯定。收费机器人、高强钢交通标志结构、高强钢桥梁护栏、隧道紧急停车带系统等智慧交通附属设施成果转化收益量增效显,提升了人民交通安全保障能力和城市管理便利化水平。

3.浙江省发展规划研究院:发挥智库力量,助推景宁县走好高质量发展共富特色之路

浙江省发展规划研究院作为省级高端智库,通过深度参与景宁的规划编制和项目推进,瞄准山区县发展瓶颈问题,探索地方高质量发展的新路径,为浙江省乃至全国山区县提供了可借鉴的模式和经验。自2021年起,浙规院深入景宁实地调研,形成研究报告,转化为省级政策文件,如《支持景宁跨越式高质量发展举措》,并编制五年行动计划明确了发展路线图;布局特色产业,吸引6亿元投资,推动畲医药产业化,增强经济活力;优化公共服务,提升教育品牌,探索"以工代赈",增加低收入群体就业;不断加快探索改革与项目创新,助力景宁入选共同富裕示范区试点。

4.浙江江南工程管理股份有限公司:深化实践积累,以全咨2.0引领行业创新发展

浙江江南工程管理股份有限公司(以下简称江南管理),其实践可追溯至其承担的2008年北京奥运会沈阳奥林匹克体育中心主场馆的项目管理监理一体化业务,通过专业化、科学化的管理,在16个月内完成建设,创造了奥运场馆建设的奇迹。经过近20年的积累,公司在全过程工程咨询领域积累了丰富的案例和经验,实现了从标准化全咨1.0模式到2.0系统性更新升级,形成了高质量、标准化、体系化的知识体系和方法论。通过重建公司治理架构、革

新生产组织模式、跟进考核激励措施等配套举措，江南管理建立强大的知识、数据中台，打通项目建设全过程管理的各个场景，构建了主动赋能、自我驱动、自我调节、自行变革的循环赋能生态系统。全咨2.0模式在浙江省之江文化中心项目中成功应用，保障了项目高品质建设，实现投资可控、按期完工目标，成为浙江省的精品工程和网红打卡点。

5.五洲工程顾问集团公司：聚焦专精特新，为工程咨询高质量发展培育新动能

五洲工程顾问集团公司是国内最早实践全过程工程咨询的企业之一，坚持“精专业、强主业”的理念，以培育“专精特新”能力为基础，将这些能力转化为产品，创造咨询新价值，拓展业务新领域。五洲顾问深刻理解统筹安全与发展的重要性，成立安全顾问公司，依托集团资源优势，为多个部门和机构提供专业的安全技术服务。安全顾问公司帮助企业建立和完善安全管理体系，确保项目符合安全标准和法规要求；评估项目潜在风险，提供风险控制措施，保障项目安全运行；提前规划安全管理工作，发现和解决安全隐患，提高项目安全性。2023年，安全顾问产品公司作为集团“大众创业”改革试点，率先进行股份制改革，首年实现盈利分红，实现了社会效益、企业效益、个人收益的共赢式发展。

（五）浙江省2023年度工程咨询行业发展经验总结

1.政策红利：营造有利发展生态环境

浙江省工程咨询行业得益于政府的一系列支持性政策，形成了独特的区域优势。一是民营经济政策优势显著，政府通过税收优惠、融资支持和市场准入放宽等措施，为民营工程咨询企业提供了广阔的发展空间。二是营商环境优势突出，浙江省通过优化行政审批流程、强化知识产权保护和提升政务服务效率，营造了稳定、透明、高效的商业氛围。三是招投标政策优势明显，通过实施电子招投标系统等措施，提高了招投标的透明度和公正性，确保了工程咨询企业在公平竞争中获得更多机会。

2.市场深耕：提升行业品牌影响力

浙江省工程咨询行业凭借其深厚的市场化基础和企业创新能力，展现出强劲的市场优势。市场化转型方面，通过引入现代企业制度和管理模式，实现了从传统工程咨询向全过程工程咨询的平稳过渡。这一转型不仅提高

了行业的运营效率和服务质量，也增强了企业市场竞争力。在拓展新业务方面，浙江省工程咨询单位展现出了极强的创新精神和市场洞察力。它们不断探索和拓展业务范围，涉足城市有机更新、乡村振兴、共同富裕、人工智能、"双碳"等多元化领域，为企业带来了新的业务增长点，也为整个行业的发展注入了新活力。工程咨询单位通过与国际接轨，积极参与国际合作和竞争，如金沙江白鹤滩水电站工程，荣获菲迪克卓越工程项目奖，增强了浙江工程咨询品牌的国际知名度，提升了行业的国际化水平和全球竞争力。

3.协同共生：构建行业命运共同体

浙江省工程咨询协会通过深化行业自律管理和服务创新，有效推动了行业单位间的合作机制建设。同时，协会积极响应国家战略，组织会员单位参与乡村振兴、共同富裕等重大项目，促进了行业内外交流与合作。协会还注重专业人才的培养与引进，重视人才队伍的建设。通过与政府部门紧密合作，开展了一系列评价和登记服务，提升了行业的专业水平和服务质量。组织培训和座谈会，推动行业政策的宣贯和落实，提升行业整体服务水平和竞争力。一系列举措的实施，使行业构建起协同发展、共生共赢的命运共同体。

（六）存在的不足与挑战

1.政策不确定性与行业规范性的双重挑战

一是在全过程工程咨询这一新兴领域，尚未形成统一的收费标准，直接影响了行业整体的盈利水平与服务质量。二是行业快速发展形势下，政策与法规频繁调整带来不确定性。三是行业内部标准化与规范化水平参差不齐，亟须加强行业标准规范建设。

2.市场竞争加剧与同质化问题突出

行业准入门槛较低，导致同质化服务现象削弱了工程咨询单位的核心竞争力，限制了创新投入，难以满足市场日益多样化的服务需求。此外，传统的工程咨询服务模式亟待创新，以适应快速变化的市场需求和科技进步。

3.技术创新与应用的数字化转型挑战

工程咨询行业对数字化、智能化技术表现出积极拥抱态度，但实际应用中仍存在技术研发与行业需求脱节、创新成果转化机制不健全等问题。表现为，行业内部对新兴技术的消化吸收能力不足，导致技术应用不够深入和普及；同时，缺乏有效的技术市场对接平台，使得创新成果难以快速转化为行业解决方案，影响行业的整体竞争力提升。

4.行业复合型高质量人才较为缺乏

专业技术人才基数较大，但高层次、复合型的专业人才尚显不足。工程咨询行业作为知识密集型产业的代表，要求从业人员对经济、法律、新兴科技等专业知识有深入的理解和掌握。然而，我国的工程咨询从业者知识面相对狭窄，缺乏综合协调管理的能力，很大程度上限制了他们为客户提供高效、全面服务的能力。

（七）未来趋势与发展建议

1.强化政策协调性与适应性，构建稳定有序的行业生态

积极呼吁国家层面出台行业法律法规，特别在全过程工程咨询领域，推动建立统一收费标准，以稳定市场预期，保障服务价值合理体现，提升行业整体盈利水平与服务质量。行业单位需主动适应政策变化，利用政策红利促进创新，优化成本控制，灵活调整服务模式，保持行业竞争力。

2.重塑行业竞争优势，推动企业创新驱动与智库转型并举

为强化工程咨询行业竞争优势，行业准入机制应进一步优化，设立科学合理的门槛，促进行业整体质量提升。建立健全统一的服务标准与监管体系，确保服务质量，维护行业良好声誉。此外，应引导工程咨询单位向智库转型，提供更具前瞻性和深度的咨询服务，满足客户日益复杂的需求。

3.促进数字化转型与技术创新，构建数智工程咨询服务体系

企业要加大科技创新投入，聚焦行业痛点，研发针对性强、实用价值高的数字化工具与解决方案。政府与行业协会要推动建立技术成果转化平台，打通科研机构、企业与市场的连接，加速创新成果的商业化进程，有效提升技术应用深度，增强行业竞争力。

4."引育并重"构建复合型人才队伍，打造行业智力资本高地

为解决行业复合型高质量人才短缺问题，一方面，深化校企合作，制定复合型人才培养计划；另一方面，加强在职培训，举办专业讲座与研讨会，提升员工的综合素养与国际视野。此外，建立优化职业发展路径，留住并吸引行业顶尖人才，为行业持续高质量发展奠定人力资源基础。

四川省工程咨询行业发展报告

四川省工程咨询协会

2023年,四川省工程咨询行业(以下简称行业)坚持以习近平新时代中国特色社会主义思想为指导,认真贯彻党中央、国务院各项决策部署,围绕“四化同步、城乡融合、五区共兴”发展战略,深度参与政策咨询、规划咨询及重大项目咨询评估等多领域工作,以高质量的咨询服务为四川省的经济社会发展提供了坚实的支撑和有力的保障。

(一)行业发展现状

1.行业基本情况

行业在2023年度呈现出增长态势。备案工程咨询单位3662家,新增789家,位居全国第二[①]。甲级资信单位91家,乙级资信单位172家,乙级预评价单位53家。从业人员75866人。其中,专业技术人员60788人,咨询工程师(投资)5438人。

2.行业发展环境

固定资产投资持续增长,工程咨询行业健康发展。2023年四川省实现地区生产总值(GDP)60132.9亿元,按可比价格计算,比上年增长6.0%。全年全社会固定资产投资比上年增长4.4%。其中,第一产业投资比上年增长11.6%;第二产业投资增长21.6%;第三产业投资下降3.4%[②]。四川省固定资产投资持续增长,结构持续优化,促进了行业稳定健康发展。

投资政策持续发力,市场活力不断增强。在投资政策制定方面,出台了《聚焦高质量发展推动经济运行整体好转的若干政策措施》(川府发〔2023〕5号)《关于进一步激发市场活力推动当前经济运行持续向好的若干政策措施》(川办发〔2023〕32号)等政策,旨在激发市场活力,扩大有效投资;在债券发行

① 数据来源于全国投资项目在线审批监管平台。

② 数据来源于四川省统计局《2023年四川省国民经济和社会发展统计公报》。

方面，全年发行新增地方政府债券2565.4亿元，拉动社会投资超过5000亿元；在金融工具方面，四川省积极推动政策性开发性金融工具支持项目落地见效，累计向333个项目支出资金538.2亿元①，为重大项目的顺利实施提供了强有力的资金保障。

"项目为王"理念引领，"项目谋划"助力发展。四川省在2023年持续强化项目建设作为经济增长的核心引擎，通过一系列精准有力的措施，成功营造出"抓项目、促投资"的浓厚氛围。行业咨询单位积极融入，通过参与项目前期谋划、可行性研究、方案设计等环节，充分发挥专业优势，为项目投资决策和成功实施提供了有力保障，共同推进了四川经济社会可持续高质量发展。

3.行业发展特点

向高质量发展转变。行业深入贯彻国家关于高质量发展的要求，认真学习国家发展改革委《关于印发投资项目可行性研究报告编写大纲及说明的通知》等文件精神。行业内部广泛开展了新版大纲的培训与宣贯，确保在项目前期研究中，聚焦"三大目标、七个维度"的核心内容，深入论证，提升专业水平，以高质量的投资项目可行性研究提升投资决策的科学化水平，助力扩大有效投资。

向绿色生态发展转变。面对国家对于绿色低碳发展的迫切需求，行业积极响应，将绿色生态理念融入项目咨询的全过程。咨询单位自发学习并研究ESG（环境、社会和治理）理念，探索建立适合本土的ESG评价指标体系，推动项目从源头引入绿色、低碳理念。通过采用现代科技手段，如绿色建材、绿色建筑以及"光伏＋""风能＋"等综合能源模式，助力项目降低能耗、减少碳排放，努力提供"近零碳"项目咨询成果，为四川省乃至全国的绿色生态发展贡献力量。

向数智化咨询转变。在数字化转型的浪潮中，行业积极探索和运用5G、人工智能、大数据、云计算、区块链等新一代信息技术，加大工程咨询方法技术创新及应用推广力度，通过技术赋能，促进信息高速流通与决策智能化，为客户提供更加精准、高效的咨询服务方案，推动行业的服务质量和市场竞争力不断提升。

---

① 数据来源于《2024年四川省人民政府工作报告》。

(二)行业发展成效

1.围绕中心服务大局,深入调研提供决策

行业牢固树立围绕中心服务大局的工作意识,坚持为四川省委、省政府决策服务,不断提升综合研判和战略谋划能力,盯牢中心工作大局,做好调查研究、建言献策等政策咨询工作。

科学规划精准评估。行业单位积极参与各种规划编制及评估工作。如四川省工程咨询研究院先后编制完成《中国西部工匠城建设总体规划》《四川眉山天府新区视高产业功能区产业发展规划》《甘孜州新型城镇化空间布局发展规划》和6个省级经开区中长期发展规划等十余项重点规划;四川泽世投资咨询有限公司为越西县、攀枝花市东区及盐边县等地区提供"十四五"规划《纲要》中期评估服务,推动各地"十四五"规划后阶段顺利实施。

深入开展课题研究。行业单位积极参与各种课题研究,如成都市工程咨询有限公司承接四川省发展改革委和四川省自然资源厅2023年度重点课题、市(州)级课题项目达10余项。其中,广元市开发区高质量发展研究报告获广元市政府主要领导批示肯定,在《中国工程咨询》杂志发表论文两篇。

2.服务重大战略,发挥智库作用

行业牢固树立服务重大战略,助力国家建设理念,以高度的责任感和使命感,积极参与并推动了一系列影响深远的国家级和省级重大项目。2023年四川省推进700余项重大项目,其中新开工236个,续建464个,产业类346个,基础设施类271个,民生及生态环境保护类83个。行业单位积极聚焦这些重大项目,发挥智库作用。

为重大体育赛事服务。如成都市工程咨询有限公司参与了凤凰山体育中心、大运村(产教融合)、猛追湾游泳馆、城北体育馆(武术比赛训练馆)等大运会核心场馆的工程咨询服务,为成都建成世界赛事名城提供智力支撑。

着力锻造大国重器。充分发挥工程建设智库作用,为国家重大工程项目提供从项目前期论证、设计优化到施工监理的全链条咨询服务,确保项目的高效推进和质量达标。如中国电建成都勘测设计研究院规划设计、采购施工总承包的腊巴山风电场,是国家首批大型风电光伏基地项目,同时也是川渝地区"十四五"以来投产规模最大的风电项目,每年可提供6.8亿千瓦时的清洁电能，满足约31万户家庭年用电量。

3.聚焦项目资金，促进项目落地

资金是项目的“血脉”，没有资金再好的项目也无法落地。行业单位以“资金跟着项目走”为主线，做深做细项目投融资方案，创新开展投融资模式策划，构建多元化的融资渠道。

行业单位认真把握国家重点投向，充分发挥财政资金整合作用，撬动金融资本，吸引社会资金，汇聚民间资金、社会慈善资金，构筑强大的“项目资金池”，以落实项目建设资金。如四川泽世投资咨询有限公司通过深化投融资方案等咨询服务，2023年为各地方国有企业项目建设实现融资538亿元，促进项目总投资683亿元，150多个项目切实落地开工建设。

行业单位参与重大项目策划包装储备，为各级政府实现抓项目扩投资，策划储备一批投资支撑项目和政策资金项目奠定了坚实的基础。如成都市工程咨询有限公司积极参与成都市重大项目策划包装储备530余项，助推重大项目纳入规划储备库200余项。

4.创新驱动数字赋能，培育新质生产力

行业深入贯彻落实国家关于加快发展数字经济和培育新质生产力重大战略部署，坚持围绕数字经济和培育新质生产力主线开展咨询服务。

加强数字技术应用。主动融入数字化转型浪潮，将人工智能、大数据、云计算等先进技术应用于项目咨询、方案设计、风险评估等各个环节中，深入推进“数字化＋”工程咨询。如中国成达工程有限公司，加速提升工程咨询数字化能力与水平，2023年成功入选成为中国石化行业首批数字化类可信服务商。

助力新基建项目落地实施。积极参与智慧城市、大数据中心、5G网络基础设施等新基建项目的前期规划，为项目落地提供智能化、定制化的解决方案。如信息产业电子第十一设计研究院科技工程股份有限公司（十一科技）高质量谋划“达州城市大脑项目”，实现“一云撑全城、一码通全城、一脑赋全城、一网治全城、一端惠全城”；四川泽世投资咨询有限公司参与“四川（成都）车联网先导区项目”前期谋划工作，打造基于数字化、网络化、智能化，实现跨地区、跨领域、跨行业数据实时共享的全域智慧交通体系，成为全国第五个国家级车联网先导区。

5.深耕乡村振兴服务,打造新时代更高水平“天府粮仓”

行业深入贯彻中央一号文件和四川省委、省政府《关于做好2023年乡村振兴重点工作 加快推进农业强省建设的意见》文件精神,深度参与农村基础设施改善、特色产业培育、乡村旅游开发等多个乡村振兴项目的前期工程咨询服务,加快建设新时代更高水平“天府粮仓”。

探索乡村振兴落地模式。通过细致的实地调研、科学的规划布局和创新的发展模式设计,积极探索既能激发乡村内生动力,又能吸引外部资源参与的乡村振兴落地新模式。如中唯信工程顾问集团有限责任公司以产业导入为引领,参与打造“通江乡村振兴特产体验店”,通过网络直播等线上线下渠道,打通了农产品销售渠道。

智献“天府粮仓”高水平建设。站在国家粮食安全的高度,以“藏粮于地、藏粮于技”战略为基础,从项目全生命周期视角高质量谋划“天府粮仓”项目。如四川比尔投资咨询有限公司编制完成《新都“天府粮仓”精品区农业产业发展规划(2023—2035年)》;四川瑞熙工程咨询有限公司承接“大英县天府粮仓粮油示范带项目”,为打造新时代更高水平“天府粮仓”贡献咨询力量。

6.拓宽“一带一路”视野,构建“走出去”新格局

行业积极践行“一带一路”倡议,精准对接海外市场需求,提供跨境项目管理、风险评估等专业服务,有力推动四川省企业“走出去”。

一是在“一带一路”共建国家和地区积极开展基建、交通等领域的务实合作。如中铁二院工程集团有限责任公司勘察设计“埃及斋月十日城铁路项目”和“中老铁路项目”,对提升区域互联互通能力、推进贸易便利化起到关键作用。

二是以高质量推进“一带一路”能源合作为主线,不断拓展与共建国家绿色能源战略对接。如中国成达工程有限公司在东欧地区开展1980万吨/年天然气液化装置技术咨询服务,先后在东欧地区签署累计110万吨/年乙二醇、30万吨/年DMC(碳酸二甲酯)、46万吨/年PVC;非洲地区18.5万吨/年硝酸铵可研项目,为项目地区实现能源转型贡献中国智慧。

7."双碳"引领绿色转型,扎实推进可持续发展

行业坚持以"双碳"目标为引领,协同推进降碳、减污、扩绿、增长,将绿色、低碳、循环发展的理念贯穿到咨询工作中,推动经济产业绿色化和咨询服务绿色化深度融合,在建设生态城市和美丽乡村中展现行业作为。

如中建西南咨询顾问有限公司完成五粮液"碳中和+综合能源"咨询项目、三亚崖州果蔬综合交易中心"双碳"咨询服务,成都市工程咨询有限公司完成《凉山彝族自治州碳达峰实施方案》《遂宁市能源领域碳达峰实施方案》《遂宁市船山区碳达峰实施方案》编制工作。

(三)行业发展存在的主要问题

1.外部经济形势复杂多变,加大了行业的发展压力

当前,在国际经济增长乏力的外部环境下,我国经济叠加内部结构深度调整的多重挑战。一是房地产经济的下行压力导致土地财政收入减少,二是制造业面临国外市场的挤压和进出口通道的局限,三是消费市场疲软进一步制约了经济增长动能。这些复杂多变的外部经济形势,一方面导致工程咨询市场需求增长受限,另一方面影响了客户支付能力,回款困难成为行业普遍痛点。

2.面对新的市场变化,行业转型升级迫在眉睫

随着科技创新和新质生产力的发展,市场对咨询服务质量的标准不断提升,要求咨询成果更加精准高效,压缩了低水平竞争的空间,预示着行业发展转型升级的迫切性与必要性。

3.行业收费管理有待加强

目前行业收费没有统一的市场指导标准,导致行业竞争加剧。在有限的市场份额下,部分工程咨询单位为争夺客户、抢占市场,采取低价、无序竞争,不按照对价原则收费,破坏了公平竞争和规范的市场化原则,影响行业的健康发展。

(四)行业发展建议

1.进一步强化行业自律,加大行业自律督查

高质量的行业发展,必须有科学、规范和高质量的自律约束机制。一是加

强行业资信、从业机构和从业人员的督查；二是加强咨询成果的检查；三是完善行业自律约束机制，对违反市场公平竞争原则的行为坚决打击。

2.建立健全行业法律法规体系

建议完善工程咨询行业顶层设计，出台《中华人民共和国工程咨询法》，修订《建设项目经济评价方法与参数》，规范和推进行业健康、可持续发展。

3.加快行业新科技应用与数字化转型

建议业界形成合力，加快数字化转型。倡导行业内咨询机构加大人力、物力和财力的投入，尤其是在利用AI人工智能编制咨询成果方面，以提高工作效率和服务质量。

陕西省工程咨询行业发展报告

陕西省工程咨询协会

（一）行业发展环境

1.坚持高质量发展硬道理

陕西省始终贯通落实“五个扎实”“五项要求”“四个着力”“三种能力”，聚焦构建“六个体系”、争做“六个示范”目标任务，把坚持新发展理念作为“指挥棒”“红绿灯”，摒弃思维定式，最大限度把资源要素向高质高效、彰显特色的领域倾斜，以产业项目和社会资本投资为重点狠抓高质量项目，以新产业新模式新动能发展新质生产力，在高质量发展中谱写陕西新篇章、争做西部示范排头兵。

2.固定资产投资结构优化

2023年陕西省经济持续稳定恢复，积极因素不断增多。根据陕西省统计局发布数据，2023年全省生产总值33786.07亿元，同比增长4.3%。其中，第一产业增加值2649.75亿元，同比增长4.0%；第二产业增加值16068.90亿元，增长4.5%；第三产业增加值15067.42亿元，增长4.1%。全年全社会固定资产投资比上年增长0.3%。其中，固定资产投资（不含农户）增长0.2%。在固定资产投资(不含农户)中,第一产业投资比上年增长5.9%;第二产业投资增长4.8%,其中,工业投资增势较好,增长4.8%。民生补短板持续发力,基础设施投资增长8.0%。其中,铁路运输业投资增长48.6%,航空运输业投资增长40.8%。延榆、西延、西十高铁,西安东站,西安咸阳国际机场三期扩建工程等项目顺利推进,现代综合立体交通网络加速完善。

3.财政收支稳定增长

全省一般公共预算收入3437.36亿元,同比增长3.8%;金融机构本外币各项存款余额同比增长8.03%,各项贷款余额同比增长9.85%,存贷总量持续增加;普惠小微贷款、制造业中长期贷款分别增长26.2%、26.9%;全年发行新增专项债券815亿元,有力保障全省645个项目建设。

4.坚持创新驱动发展

以“三项改革”放大“秦创原”效能。“秦创原”打造了“线上+线下”一站式服务平台,线上平台为各类科技人才和创新创业主体提供政策咨询、项目对接、融资支持等服务;线下平台以各大科技园区和孵化器为依托,为创新创业主体提供办公场所、人才引进、创业孵化等全方位支持。2023年创新平台帮助企业解决难题900余个,新增国家级科技孵化器10个,科研人员成立转化企业1051家,科技型中小企业、高新技术企业分别增长37%、33%,新增国家专精特新“小巨人”企业40家。综合科技创新水平指数等九项创新指标进入全国前十。

5.推动城乡融合区域协调发展

启动实施西安都市圈建设三年行动,加快西安—咸阳一体化发展,完善西安都市圈交通体系。推进保障性住房建设、“平急两用”公共基础设施建设、城中村改造“三大工程”,实施城市更新行动,深入推进城市运行精细化管理,打造宜居、韧性、智慧城市。大力发展县域经济,支持首位产业和产业园区发展,新增国家级现代农业产业园2个;加快补齐县城基础设施短板,分类推进100个省级乡村振兴示范镇建设。

6.加强生态环境治理

健全秦岭常态长效保护机制,实施守护祖脉秦岭三年行动,持续巩固“五乱”、小水电等治理成效,加快建设生态监测网络,抓好林业病虫害防治和生物多样性保护。坚持把黄河流域生态保护作为高质量发展的基准线,加快黄河西岸、渭河沿岸生态建设，加强渭北旱腰带生态修复，修编“三北”工程六期规划，大力推进荒漠化防治，全力打好“几字弯”攻坚战，完成沙化土地治理93万亩，治理水土流失4000平方公里，全省水土保持率不低于70.8%。强化南水北调中线工程水源地保护，加强重点流域治理和城乡黑臭水体整治，坚持走生态优先、绿色发展之路，持续打造美丽陕西。

（二）行业发展成效

1.发挥智库作用积极服务政府决策

工程咨询行业作为现代社会发展的重要支撑力量，在政府决策中发挥着不可或缺的智库作用。陕西省工程咨询单位充分发挥智囊团的智慧和力量，为政府部门决策提供科学、可靠、优质的咨询服务，成为政府决策的参谋助手。如陕西省政府投资评审中心坚持聚焦主责主业，着力构建评审评估、规划编制、课题研究“三位一体”业务格局。2023年承担评审评估任务224项，涉及项目2174个。其中，承担了陕西省数字经济示范案例评选、2023年度省级产业结构调整引导专项资金（高新技术产业）项目、陕南发展专项资金、2023苏陕协作项目等批次类项目评审，包含项目954个；深入开展陕西省共同富裕等研究课题，形成《陕西省共同富裕指标测算与路径分析》《在陕西省探索共同富裕路径背景下对资源型城市促进农民增收的若干思考—以榆林市为例》等成果，提高政府决策科学化民主化水平。

2.深入推进数字化转型建设

随着数字中国建设进入走实向深新阶段，智慧城市、数字基建等行业数字化、信息化建设成为引领创新发展的新引擎新动力。陕西省工程咨询单位坚持“工程咨询＋数字化”融合发展，将数字化建设作为转型发展的“先手棋”。如陕西智信规划设计咨询有限公司形成了“政务数字化、咨询数字化、产业数字化”三大创新业务，首先在政务数字化方面承建了全省工程建设项目审批管理系统、延安市“互联网＋”政务二期、中介服务超市等平台，开展了省市场监督管理局信息化咨询服务；其次在咨询数字化方面开发了适应行业特点的“策市数据”政策数据链平台、“SIRG”业务协同平台；最后在产业数字化方面与阿里云、京东科技等头部机构合作开发了“五云富农”农业产业互联网、智慧会展、智慧涂料数字工厂等数字化系统平台。陕西通信规划设计研究院有限公司积极参与数字政府建设，为陕西省工信厅551企业数字化转型特派员行动项目、智慧城市、数字政府产业市场研究课题等做好服务支撑；规划了"一湖+七系统+移动化应用"的内部IT支撑系统架构，梳理经营分析资料、业务资料、基础资料等数据资产，支撑行业、客户数字化转型需求。陕西省林业调查规划院推进林草调查监测技术创新，成立生态云感知系统建设专班，编制完成《陕西省"生态云"核心数据指标体系》并上线"陕西省生态云感知系统"，强化信息资源深度整合，为提升林草监测水平提供有力数据支撑。

3.加快发展方式绿色转型

工程咨询是服务绿色转型的重要支撑力量。如2023年华陆工程科技有限责任公司积极践行"双碳"目标，编制完成了"陕西省芳烃产业高端化发展研究报告"和"榆林市碳中和背景下推动兰炭尾气提氢及深度利用研究报告"；承担"内蒙古卓正煤化工有限公司年产100万吨甲醇""中能建兰州新区氢能产业园制储加用氢及配套光伏"等项目，为业主提供高质量的技术服务；有重点地开展前期咨询工作，在氢能、锂电材料、新材料、传统行业绿色化发展方面做足功课，实现新签绿氢产业链咨询项目15个，编制完成"内蒙古乌兰察布市神玛新材料有限公司5000吨/年N－乙烯基吡咯烷酮（NVP）及系列产品项目可行性研究报告"和"新兴能源科技有限公司乙烯齐聚制备高级线性α－烯烃千吨级中试项目可行性研究报告"，推动形成绿色化、低碳化发展方式。

4.高质高效服务乡村振兴

推进中国式现代化，必须坚持不懈夯实农业基础，推进乡村全面振兴。如陕西省现代农业科学研究院紧扣"三农"，服务"三农"，推动农业农村高质量发展。作为省农业农村系统技术支撑单位，在乡村发展、乡村建设、乡村治理方面深入调研，编制完成一百余项农业成果，形成了一批对"三农"工作具有决策参考和指导作用的优秀项目；全力服务粮食安全和特色现代农业高质量发展，累计完成近百万亩高标准农田建设全过程技术服务，高质量完成省级、部分市县"十四五"推进农业农村现代化规划，全过程策划国家现代农业产业园、国家优势特色产业集群、国家农业产业强镇等农业产业融合发展项目。

（三）行业特点

1.行业规模不断壮大

随着陕西省经济的持续快速发展，工程咨询行业也得到了迅速壮大。截至2023年底，陕西省在“全国投资项目在线审批监管平台”备案的工程咨询单位已有1776家，较2022年同比增长了20.4%，有效登记的咨询工程师（投资）4453人，较2022年同比增长了21.1%。

2.行业整体实力进一步增强

截至2023年底，陕西省甲、乙级资信工程咨询单位共计229家。其中，甲级资信单位63家，乙级资信单位166家（含预评价54家）。全过程工程咨询业务发展迅速，在176家样本数据中，全过程咨询业务营业收入741809万元，在规划咨询、项目咨询、评估咨询、全过程咨询四个业务类型中位居第二，且年营业收入超20亿元的单位有12家。

3.专业化和特色化发展趋势明显

随着市场竞争的加剧和客户需求的多样化，陕西省工程咨询行业呈现出专业化和特色化的发展趋势。越来越多的咨询单位开始注重深耕专业领域，形成了自己独特优势。一些单位还结合地方经济特色和资源优势，开展特色化服务，形成了差异化竞争优势。如西安市政设计研究院有限公司注重市场推广，发挥自身专业领域优势，在黑臭水体治理、城市交通扩能提升、全要素城市品质、老旧小区改造等领域，通过深耕细作形成了自己的服务特色和小而尖、小而专的独特优势。

4.行业影响力不断提升

随着行业规模的不断壮大和实力的不断增强，陕西省工程咨询行业的影响力也在不断提升。越来越多的咨询单位开始参与国家和省级重点项目的咨询服务工作，为政府决策提供了有力支持。如陕西省政府投资评审中心通过科学论证，完成了国家“十四五”规划102项重大工程中期评估工作，切实发挥好102项重大工程对扩大有效投资、稳定经济增长的压舱石作用。各工程咨询单位还积极参与国际项目交流与合作，推动了陕西省工程咨询行业的国际化发展。2023年中铁第一勘察设计院集团有限公司两个项目荣获“菲迪克工程项目奖”，为全球获得菲迪克表彰最多的企业之一。

5.区域平衡协调发展

近年来在陕西咨询市场不断涌入外埠咨询力量，本土咨询单位也积极拓展外埠咨询版图。不同地区各类咨询单位结合自身优势，加快拓展创新型工程咨询业务新领地，逐步形成区域平衡与协调发展的新景象。

（四）存在的主要问题

1.部分咨询成果实际指导作用不足

工程咨询单位应充分发挥工程咨询对投资科学决策、规范实施和优化供给结构的关键性作用。结合目前陕西省工程咨询成果质量来看，部分咨询成果文本章节套用模板，论证不充分、针对性不足等问题突出，缺乏基于全生命周期的综合分析，咨询成果实际指导作用有待进一步发挥。

2.复合型、综合型咨询人才不足

由于供给层面的专业分割等原因，工程咨询人员专业能力的碎片化和专业局限性严重，从事全过程、智能化、国际化咨询的能力不足。项目规模越来越大，项目复杂性越来越大，工程咨询服务要求越来越高，工程咨询业务集成度越来越高，而符合胜任能力要求、满足并超越客户期望的专业人才资源的短缺正在成为制约众多工程咨询单位发展的重要瓶颈。

3.智库建设及研究成果应用创新不足

打造具有工程咨询行业特色的新型智库，是新发展阶段扩大影响力和打造企业品牌的必然之举。目前，陕西省咨询单位在为各级政府破解改革发展难题及应对复杂艰巨任务提供高价值的决策咨询建议和解决方案中助力不足，结合自身业务开展进行的行业研究成果转化率不高，落地性不强。

（五）有关建议

1.强化投资决策综合性咨询对前期决策的支撑作用

投资决策环节在项目建设程序中具有统领作用，对项目顺利实施、有效控制和高效利用投资至关重要。建议通过政策、市场的宣传，鼓励投资者在投资决策环节委托工程咨询单位提供综合性咨询服务，统筹考虑影响项目可行性的各种因素，增强决策论证的协调性，减少分散专项评价评估，避免研究论证的碎片化，鼓励工程咨询单位发挥投资机会研究、项目可行性研究等特长，开展综合性咨询服务。

2.全方位、多渠道提升专业人才专业水准

国家强化咨询人员从业资格，建立了咨询工程师(投资)对项目终身负责制度，但如何持续提升咨询人员业务能力与水平，咨询人员职业地位，仍缺少配套举措。建议拓宽咨询工程师(投资)学习渠道，提升咨询从业人员的专业水准，积累更多实践经验，突破专业发展瓶颈期，从而应对国际、国内对咨询工程师提出的时代要求。

3.鼓励信誉可靠、综合能力较强的工程咨询单位开展全过程工程咨询

加大全过程咨询宣传力度，引导市场中一批具有影响力、有示范作用的政府投资项目和国有企业投资项目带头推行工程项目全过程咨询；通过示范项目的引领，逐步培育一批全咨骨干单位。

4.规范市场的咨询服务方式，发展行业协会的整体力量

加强行业秩序的建立，规范市场，为工程咨询单位尽可能地创设优质的协调合作氛围，相互学习、取长补短，摒弃低价竞争策略，营造以技术取胜的良好环境。

上海市工程咨询行业发展报告

上海市工程咨询协会

(一)现状与特征

行业规模持续扩大。2023年上海市工程咨询行业整体营收规模2537亿元，其中，前期咨询业务规模达78.9亿元，全过程工程咨询业务规模达212.9亿元。从各类业务新签合同情况来看，前期咨询业务规模达85.9亿元，占工程咨询新签总额3.0%，全过程工程咨询业务达438.4亿元，占工程咨询新签总额15.3%。

专业实力稳步增强。2023年上海市甲级资信单位91家，较前一年同比增

加9个百分点。从业人员中咨询工程师(投资)占比逐年增加,从业人员拥有硕博士学历、中高级职称人员数量持续增长,呈现年轻化(平均年龄40岁以下)趋势。

企业梯队显著优化。行业内头部机构集中度和核心竞争力不断提升,大型企业集团化运作、产业链完整、品牌优势明显、全链产品更具竞争力,在服务全国、重点区域、重大战略和重点领域发挥重要支撑作用。一批市场适应能力强的中小企业瞄定双碳、绿建、BIM、环境、新基建等专业化方向精进发展。

行业管理有效有为。上海市工程咨询行业协会发挥规划决策咨询专委会和工程项目管理专委会作用,集合资源、突出优势、服务大局,为行业高质量发展积极发声。发布《关于规范行业单位相关从业行为的指导意见》,推动行业公约和职业道德行为准则落地,加强行业自律与诚信建设。配合政府部门进一步做好行业监管管理,推动行业规范化、规模化、品牌化、数字化发展。

(二)经验与案例

1.高站位服务重大战略:为高质量决策夯基垒台

深耕工程咨询主责主业,以高端智库建设为引领,主动组织开展前瞻性、战略性和重大课题研究,推动智库建设与前期咨询决策形成双向赋能的良好格局。

上海投资咨询集团有限公司(以下简称上咨集团)坚持服务国家重大战略和上海市重点工作,积极咨政建言,聚力数字化转型,服务科学决策。上咨集团被遴选确定为上海市重点智库,立足工程咨询综合机构的专业优势,锚定“国家高端新型智库”和“世界一流咨询企业”目标,打造“上咨智造”生态圈,在课题研究、战略规划等领域精准发力。瞄准上海市经济和产业发展热点难点,形成《推进上海旅游业疫后振兴的几点建议》《关于新城建设投融资瓶颈问题调研和对策建议的研究》等一批智库成果,多次获得省部级以上领导肯定性批示。打造数字化产业链,建立业务、方法、管理三位一体的数字化创新体系,开发“数字信息化技术咨询服务”等具有自主软件著作权的信息化服务,助力政企客户实现数字化转型,搭建业财一体化数字看板,构建集团商机备案一体化流程,建设数据托管和网络安全体系,依托数字化提升运营管理工作的规范化、标准化和精细化水平。

上海市城市规划设计研究院坚持服务现代化国际大都市建设，聚焦“双碳”“长三角一体化”“民生保障”鼎力作为。紧密对接战略要求，联动周边城市共同开展上海大都市圈空间协同规划编制和研究，牵头开展长三角一体化示范区和临港新片区国土空间总体规划编制和研究。服务市委、市政府重大决策和“民心工程”，长期承担上海市文教体卫、综合交通和市政基础设施等专项规划编制和研究工作，服务保障民生发展。服务城乡发展和治理，对城市发展和治理进行长期跟踪与思考，率先开展如“15分钟社区生活圈”“街道设计导则”等与城市治理紧密相关的规划研究和实践探索，牵头制定相关行业标准。持续开展城市更新、科技创新、历史文化名城保护、乡村振兴等重点领域研究。

上海勘测设计研究院有限公司以“双碳”与美丽中国建设为契机，致力于建设世界一流的绿色发展顾问集团。服务国家及省级重大水网建设，承接吴淞江、太浦河后续、太湖生态清淤、蓝环水系连通工程等水利项目，开展上海市战略储备水源地规划方案研究工作、参加太湖流域防洪规划修编。开展崇明西沙国家湿地公园鸟类栖息地生境修复工程等一系列生态修复项目，保障上海自然生态系统稳定。聚焦上海海域海上风电基地开发，深入研究海上综合能源岛开发新模式，为上海市绿氢、绿色甲醇产业布局发展提供智力支持。

2.聚众智探新融合发展：为高质量发展保驾护航

统筹改革转型，聚力“创新融合”谋划发展，发挥咨询人员“内脑”和行业专家“外脑”作用，融合协同、互相赋能、勇于创新，做好工程咨询行业高质量排头兵。

上海同济工程咨询有限公司积极推进校企合作，深化产教融合，构建“政企产学研用”六位一体创新模式。联合同济大学经济与管理学院、机械与能源工程学院等成立CRE&FM发展中心、元宇宙与数字经济研究中心等16个创新发展中心，开展科学研究、行业交流、市场开拓、人才培养、课题申报等领域合作，成功孵化乡村振兴、绿色低碳、城市风险、数字化服务、城市更新等新业务近50项。推进产学研平台和创新实践基地等建设，荣获“上海市产教融合培育企业”“同济大学产教融合创新实践基地”“同济大学国家卓越工程师学院兼职企业导师”“教育部产学合作协同育人项目”“杨浦区博士后创新实践基地”等荣誉。

上海市城市建设设计研究总院(集团)有限公司加大科技引领创新突破,注重咨询成果推广应用。集团编制、参编国际标准《智慧城市基础设施:智慧城市规划数据融合框架》(国际标准ISO37166)1项,编制国家标准50余项。咨询业务方面,集团专业团队注重创新,上海市轨道交通11号线为代表的咨询成果,首次实现国内地铁跨行政区域管理,创造地铁单线运营里程世界之最,首次实现线路不停运的情况下增设高架车站,是国内轨道交通领域带动旧城更新和新城开发的首次集成示范,荣获2021年度菲迪克工程项目奖。

上海市隧道工程轨道交通设计研究院围绕轨道交通综合开发领域,积极打造可复制、可推广的工程咨询品牌。依托申通集团行业地位及丰富的资源和成熟的经验和各级协会学会,主办、协办“城轨安全运营与新技术发展论坛”“轨道交通数字化转型实践沙龙”“第二十一届海峡两岸隧道与地下工程学术与技术研讨会”“北京一青岛国际城市轨道交通展暨高峰论坛”“中国城市轨道交通专家论坛”等多项大型学术交流和技术展览,取得良好社会影响力和行业品牌效应。

3.勇创新拓展动能增量:为新质生产力探新业态

向新质生产力要增长新动能,在数字化转型领域探索新路,做深做大全过程工程咨询业务,有力支撑区域开发与城市更新。

同济大学建筑设计研究院(集团)有限公司积极拓展国际、全国市场,在京津冀、雄安新区、长三角、长江经济带、海南自贸港、大湾区等区域大力发展各类咨询业务。精心打造国际化咨询团队,重点服务外资项目及国际贷款项目,服务商务部援外项目。代表性项目包括《援蒙古总统体育中心项目》《援缅甸昂山体育场重建项目》等商务部援外项目可研,提供专业投资决策意见,得到商务部高度评价。

上海市水利工程设计研究院有限公司响应国家数字中国、水利部数字孪生水利建设,开拓数字化业务场景。以河网模型、河道水动力模型、水质模型、三网合一模型、管网模型、风暴潮预测模型、越浪预报模型、降雨预报模型等技术为基础,开发建设“点一线一面”于一体的区域智慧防汛系统,产品已在上海机场集团智慧防汛平台等投入使用。运用“BIM+GIS+IOT”等数字孪生技术,实现工程建设全流程精细化、数字化、智慧化、可视化管理。

华东建筑设计研究院有限公司深入实践全过程咨询与设计总控服务模式,推动全过程咨询业务持续增长。以优化组织架构为抓手,拓展建筑技术创新等高端咨询服务领域,强化全过程项目管理。整合项目全周期资源,构建"设计总控+咨询全过程"一体化服务模式,《设计总控项目管理手册》先后用于上海东站、北外滩、苏州相城高铁新城、浦东龙阳、虹桥申昆路等重点项目,实现规划、设计与成本多维协同,显著提升项目管理效能。

(三)展望与建议

当前,我国经济增长上行压力加大,以新质生产力推动工程咨询行业实现高质量发展,不断拓展新领域新赛道,成为行业创新变革的当务之急。上海工程咨询行业在进一步推动企业"走出去",更好服务"一带一路"建设方面仍有可为空间;在进一步加快全国统一大市场建设,促进全行业融合发展方面仍有潜可挖;在率先引领行业数字化转型,特别是依托大模型带动工程咨询业务升级方面仍重任肩负。

面向2025年,上海工程咨询行业要以高质量发展、为指引,提高站位、主动作为,助力上海在推进中国式现代化中发挥龙头带动和示范引领作用,下一步将聚力做好以下工作:

一是深刻认识工程咨询行业高质量发展的根本内涵,多措并举推进行业高质量发展。进一步发挥工程咨询行业对服务国家战略的支撑作用,以高质量咨询供给适应高质量咨询需求,解决经济增长和产业发展的痛点堵点,支撑经济和社会实现"稳中有进"。进一步发挥前期决策咨询的引领作用,持续开展战略研究,做好战略规划,抓好战略工程,以全生命周期理念提升全过程咨询服务水平。进一步发挥主动"走出去"对行业可持续发展的促进作用,拓宽服务范围,丰富服务形式,提高服务水平。

二是牢牢把握工程咨询行业数字化转型的关键窗口期,坚持不懈提升工程咨询行业核心竞争力。数字化转型是优化投资建设项目全过程管理、深化工程咨询业务创新、提升工程咨询单位核心竞争力的重要保障。加强工程咨询行业数字化顶层设计,明确不同性质、不同规模、不同阶段的工程咨询企业的数字化转型战略定位。建设工程咨询数字化平台,开发应用场景,夯实行业数字化转型的生态基础。优化行业数字化经验成果交流，营造鼓励创新和交流共享的氛围，推动工程咨询向专业化和价值链高端延伸。

三是持续释放工程咨询企业深化改革的内生动力，齐心协力打造不同主体多元竞争合作的生动局面。发挥头部机构对全行业高质量发展的带动作用，深化现代企业制度创新，推动不同所有制企业跨区域跨业务融合发展，不断拓宽和丰富工程咨询服务的领域、形式和影响。鼓励专业特色机构提速发展，聚焦细分领域，拉长板、强能力、塑品牌，深耕细分专业份额，推动全行业实现提质增效。

四是加快培养行业高层次和专业化人才队伍，夯实筑牢支撑行业中长期发展的坚实基石。打通高层次领军人才的引进、激励和使用机制。支持工程咨询单位培养、储备和推出具有复合专业背景的中青年咨询精英，如善于咨政建言的智库研究代表、深入一线的社区规划师、掌握数字化工具的复合型咨询师等，推动人才交流和互学互鉴，为新质生产力蓄势赋能。

吉林省工程咨询行业发展报告

吉林省工程咨询协会

2023年，吉林省工程咨询行业坚持以习近平新时代中国特色社会主义思想为指导，贯彻新发展理念，努力培育新质生产力，紧密围绕国家和吉林省经济社会发展的需求，行业整体实力不断增强，各方面发展取得了长足进步，为吉林省工程咨询业高质量发展奠定了良好的基础。

（一）吉林省工程咨询行业发展综述

1.工程咨询业规模稳中有升

2023年吉林省固定资产投资超过1.3万亿元，同比增长0.3个百分点，前期工程咨询服务的七成是由省内工程咨询单位完成。省内市场需求的增长为吉林省工程咨询行业提供了相对向好的发展空间。

2.工程咨询行业市场主体持续壮大

2023年，吉林省工程咨询行业市场主体数量大幅增加，备案单位已达595家，市场主体总量同比增加14.4%。在280家吉林省工程咨询协会会员中，有资信的单位数量总计165家，其中，甲级资信单位55家、乙级资信单位110家，具有甲级资信单位占会员总数的19.6%、具有乙级资信以上的单位占会员总数的58.9%，开展全过程工程咨询服务的单位数量较2022年相比也明显增加，带动全行业技术能力整体增强。在参与调查的138家吉林省工程咨询单位中，营业收入超过20亿元的单位2家，10亿—20亿元的单位3家，5亿—10亿元的单位1家，部分机构已具备明显的品牌优势和较强的海外市场开拓能力，在水利工程、交通工程、通讯电力工程等项目的咨询领域优势明显。

3.工程咨询行业结构进一步优化

2023年，全行业营业收入中，规划咨询、项目咨询、评估咨询和全过程工程咨询的占比分别为0.6%、63.4%、24.8%和2.8%，规划咨询和全过程工程咨询比例较2022年有所提升。从业人员素质结构稳步提高，在参与调查的138家工程咨询行业市场主体中，共有从业人员1.7万余人，具有大学本科或大专以上学历的人员比例已超过80%，中级职称及以上人员1.1万余人，占比达到65.3%，专业技术人员约1.5万人，在从业人员中占比86.9%。

(二)行业发展地域特色与典型经验

1.行业管理水平持续提升

2023年，吉林省工程咨询行业已建立起以行业协会为主体的行业自律、管理及服务机制，建立了智能化、数字化、信息化的管理和服务平台，提高了行业管理及服务的水平。行业协会组织多次行业发展调查，丰富并完善了行业的数据资料库，夯实了行业管理的基础工作；针对吉林省工程咨询单位开展一系列高质量发展赋能工作，通过举办各类专业技术培训，提升了专业技术人员水平及业务工作能力；开展吉林省优秀工程咨询成果奖评选及对先进集体和个人的表彰奖励等工作，通过树立先进典型，发挥示范效应，引领行业发展；组织行业内单位开展捐资助学、捐资扶贫、捐资助农等公益活动，培育并激发企业社会责任意识；以吉林省工程咨询智库为平台，开展高层次政策咨询工作，部分咨询成果在吉林省委、省政府决策中发挥了重要作用，为党委和政府及行业主管部门制定相关政策提供了科学依据。

2.服务领域不断拓展

吉林省工程咨询行业在现有业务范围的基础上，不断创新服务类型、提高服务能力，向政府决策咨询服务工作发力，已取得了良好的成绩。2023年，吉林省工程咨询智库专家围绕吉林省委省政府的重大关切问题，积极开展有针对性、预见性、战略性的课题研究，共承担国家、省、市招标、委托或自选课题18项，部分研究成果已经落实应用或得到省级领导的肯定性批示。

3.数字化赋能取得重要突破

2023年，吉林省工程咨询行业继续深耕全过程咨询的数字化，工程建设全过程咨询数智化建管平台进一步完善，目前已涵盖数字化勘察设计、智能建造施工、“BIM＋项目管理(质量、安全、进度、投资、环保控制及合同、档案管理等)＋影像＋物联网＋人工智能智慧监管系统”、数字交付等内容，基本实现了工程建设的全过程覆盖。平台的建立实现了数据互联互通、协同集成共享、自动评定预警，实时监测及精细化管理；达成了竣工同步交付一套模型、一套数据产品的主要目标，充分发挥了降本提质增效、优化服务、保障安全的作用；优化了工程决策的流程和质量，有效支撑“部省站三级监测调度”体系，通过数智运维、数字化资产管理等技术手段实现了工程建设全生命期的数字化统筹。

目前，平台已获得2项发明专利和12项软件著作权，先后在抚长高速人民大街出口改移工程、世纪大街快速路工程、长春经济圈环线高速公路等近十个项目中得到应用，并荣获“全国第三届工业互联网大赛深圳赛区第二名”和“省市BIM及数字化大赛一等奖”等多项荣誉。

4.人才队伍结构持续优化

2023年，吉林省工程咨询行业人才队伍建设取得明显进展，行业从业人员规模逐渐增大，从业人员学历水平逐年提高，本科及研究生以上学历的人员已经成为行业人力资源队伍的主力军，单位员工中具有大学本科或大专以上学历的人员比例超过80％以上，具有研究生以上学历的人员占比显著提升。从业人员专业技术水平和服务能力不断增强，专业技术人员比例超过65％。

（三）行业发展存在的主要问题

1.行业发展面临着较为严峻的市场环境

2023年吉林省固定资产投资规模仅为全国平均水平的81%，区域市场投资而引致的咨询服务需求相对不足，尤其是房地产和新型基础设施建设投资增长乏力，一方面压缩部分工程咨询企业生存的市场空间，另一方面制约工程咨询单位由“传统咨询型”向“数字咨询型”的转变。

2.重点投资项目谋划咨询能力亟待提高

吉林省重点投资项目储备规模小、质量不高，表明当前的项目谋划能力不足，重点投资项目在市场需求预测、投入产出分析、产业政策支持分析等可研工作上准备不足，导致吉林省工程咨询行业在本省的高端需求市场尚未完全打开，不利工程咨询单位服务能力的提升和业务领域的扩大。

3.人才竞争环境日趋严峻

工程咨询行业是典型的知识密集型产业，吉林省大多数工程咨询单位缺乏且难以培养精通前端策划能力、资本运作能力、资源整合能力、项目管理能力的复合型高端咨询人才，制约着吉林省工程咨询服务向高质量发展迈进。

（四）对策建议

1.进一步完善行业管理制度安排

完善“备案制”管理制度，推广吉林省投资项目在线审批监管平台，持续完善平台功能，提供备案申请、审核、查询等一站式服务，加强与相关部门平台对接。提升备案信息审核监督的质效，定期检查和随机抽查已备案企业的资质、人员资格、业务范围、服务咨询成果等备案信息。建立健全备案管理法律体系，依法惩处违规企业，实现备案管理信息化、规范化。以资信评价为抓手，建立健全工程咨询行业诚信评价标准和评价指标体系，建立诚信档案。健全社会监督机制，推动企业备案信息公开，鼓励公众监督和举报，形成协会公正监管、企业诚信自律、社会公众监督的全方位、立体式监管模式。建立顺应市场需求的经济体制和市场化机制，规范工程咨询服务实施方式、计费方式等行为，营造公平、高效、有序的市场竞争环境。

2. 推进工程咨询行业国际化进程

聚焦吉林省高水平开放"1+5"支持政策和行动方案，抢抓"一带一路"向北开放重要窗口和东北亚合作中心枢纽建设重要发展机遇，重点拓展"一带一路"沿线东北亚国家和地区咨询服务市场。搭建国际化交流平台，加强与国际咨询工程师联合会等国际组织、交流，鼓励和支持省内头部机构稳妥"走出去"，积极探索国际市场经验，围绕龙头企业打造国际业务合作圈和生态圈，夯实国际业务发展根基。

3. 持续推进行业数字化改造

以"数字化、智能化、标准化"为核心目标，深入推进"数字化+"工程咨询，紧抓数字化建设顶层设计，布局数字化发展战略，加快推进组织体系、服务理念、管理模式、人员队伍、规章制度等数字化配套改革，统筹推进数字化改造进程。强化数字信息基础建设，完善工程咨询数据资源体系建设，推动数据要素化、要素数据化，制定并推广工程咨询业数据标准制度，建立健全数据安全管理制度体系，全面提升工程咨询行业数据综合治理能力，加强工程咨询信息化业务平台建设，推进跨企业、跨行业数据共享、信息互通，打破信息孤岛，建设工程咨询业生态圈，实现业务场景创新、产业链协同。

重点工程咨询机构工作情况

中国国际经济咨询有限公司

中国国际经济咨询有限公司(以下简称中国国际咨询)是中信集团的全资一级子公司,是改革开放以来中国大陆最早成立的专业咨询公司。成立之初,公司便以“高效、守信、奉献”的企业精神,“独立、客观、公正”的工作信条,为外商投资项目开展可行性研究,提供法律、财务、技术等方面咨询服务,成为改革开放初期外商了解中国的窗口,在市场调查、可行性研究、融资租赁服务等领域开创了多个第一。随着社会主义市场经济体制的逐步确立与完善,公司将“践行国家战略、助力民族复兴、彰显中信品牌”确立为自身使命,按照“聚焦经济、聚焦国际、为政府和企业提供综合咨询服务”的战略,践行“一把钥匙、一个世界、一个梦想”的理念,紧盯落实党和国家方针政策、决策部署,助力地方政府和企业高质量发展。

公司坚持充分发挥国有智库型企业的优势,秉持“一个舞台、一个学校、一个家庭”的企业文化理念,广泛吸纳优秀人才,现有员工中拥有硕士以上学历的占76%、博士占16%,专业涵盖金融、经济、工商管理、信息技术、工程技术等众多领域。公司设有博士后工作站,研究实力雄厚,围绕公司重点业务领域和未来业务拓展方向开展基础性、前瞻性研究,培养了大批兼具理论研究与实务操作能力的优秀人才。

公司紧紧围绕国家发展战略，依托中信集团金融和实业并举的跨国企业集团生态优势，不断优化内部管理，加强知识积累和管理，提高市场拓展能力和专业服务能力，各类业主提供全方位综合咨询服务，项目涵盖国民经济和社会发展众多领域，逐步形成了投融资、产业发展、国际经贸合作、企业管理、工程项目管理、规划策划、评价评估、绿色发展和数字化等业务板块，累计完成各类咨询项目5000余个。

2023年，中国国际咨询在推进中国式现代化的历史进程中，主动担当作为，坚持创新发展，实现了业务领域、区域进一步扩大，服务客户的层次更高，开展项目的经济社会影响力更大。在投融资咨询、管理咨询等传统领域继续深耕拓展以外，在绿色发展、数字化发展咨询等新兴领域不断积累起人才和专业优势。公司在不断提高市场竞争力的同时，积极参与和服务国家重要决策研究，先后接受国家发展改革委、商务部、生态环境部、国家能源局等的委托，在"双碳"目标实现、对外商务合作、供应链安全、可再生能源立法等领域参与课题研究。公司工作成果越来越多地得到社会各方面的认可，中国国际咨询获选为中国工程咨询协会副会长单位，公司监理的上海豪景苑1号楼工程荣获2022年度上海市建设工程"白玉兰"奖（市优质工程）；承办的《惠州仲恺高新区国民经济和社会发展第十四个五年规划纲要编制服务采购项目》荣获2022年度全国优秀工程咨询成果二等奖，《仲恺群益智能制造产业项目（一期）B区可行性研究报告咨询服务》荣获2022年度全国优秀工程咨询成果三等奖。

中信集团向来高度重视协同增效，深入推进"五五三"战略，发挥集团实业与金融并举的综合优势，聚合各子公司打造联合舰队，实现资源、客户、渠道、品牌乘数效应。中国国际咨询坚持主动融入集团大家庭，依托协同优势推动自身发展。发挥华东分公司在无锡的本地联络作用，贡献客户资源，与中信银行、中信泰富、中信建设对蠡湖未来城项目开展联合营销。与中信银行重庆分行、中信证券协同与重庆市涪陵区签订战略合作协议，成功中标重庆市涪陵实业发展集团中长期战略规划咨询项目。在为藁城区财政局提供《藁城区ppp项目发展规划、实施方案》编制咨询服务中，导入中信银行、中信建投证券、中信建投资本、中信金租、中诚信评级公司等机构，在协同业务中为参与此协同项目的兄弟公司创造业务机会，实现协同价值。

中国国际咨询始终把服务高质量发展作为首要任务，针对地方政府和企业在实现高质量发展中存在的难点、痛点，在项目策划、投融资、城投公司转型、专项债、存量资产盘活等方面提供咨询服务，助力地方经济社会健康、可持续发展。2023年为武汉市江夏区健康产业园发展、漳州市古雷精细化工产业园建设、莆田市木兰溪综合治理、锦州市文旅产业发展等提供投融资、规划策划、产业发展咨询服务；为无锡、临沂、涪陵等地提供城投公司转型发展咨询服务；为福建、湖北、海南等地提供专项债项目包装和评审服务；为绍兴市、厦门市、兰州市等地方政府提供盘活存量资产咨询服务；为银川市、西宁市等西部地区政府提供债务化解咨询服务等。

按照中信集团国际化发展的要求，响应国家“走出去”战略，配合“一带一路”建设，依托中信集团国内与国际市场并重的优势，充分发挥公司成立以来40余年支持中外企业合作的经验，为我国各级政府高水平对外开放和中外企业开展多种形式的经贸合作提供咨询服务。2023年共承办商务部国际商务官员研修学院8期援外培训班，内容涉及基础设施、“一带一路”倡议及全球发展倡议下投资与合作、产业规划、园区开发与自贸区建设等领域，为宣传中国道路、中国模式、中国方案作出贡献。积极参与中国—泰国“两国双园”、中国—新加坡经贸合作项目的论证和策划工作，受安徽省马鞍山市和浙江省杭州市委托，分别就上述合作提供咨询服务。作为牵头方，成功中标法国开发署贷款，福鼎市建设山水林海一体化保护管理与合理利用示范项目，中标金额721万欧元。

中国国际咨询始终关注经济社会发展的前沿、热点，分析制约发展的堵点、痛点、难点，始终关注科技革命、产业革命对经济发展提出的新要求、新机遇，更新知识结构，提高服务能力，不断开拓新的业务领域，为公司长远发展积蓄力量。围绕绿色发展、可持续发展趋势，加强对相关领域的人才和知识积累，2023年中国国际咨询作为牵头单位，承担国家发展改革委“碳减排市场化机制研究项目”课题，为国家决策提供咨询意见，为助力“双碳”目标的实现贡献力量；接受国家能源局委托，参与《可再生能源法》修改专题研究工作，以自身知识积累和业务专长服务国家立法。为武汉市江夏区、宿迁市宿豫区提供生态价值核算咨询，助力生态产品价值实现。中国国际咨询服务的山西省清徐经济开发区和中国石油天然气股份有限公司哈尔滨石化分公司分别成功入选国家级绿色工业园区和国家级绿色工厂。为多家上市公司提供《环境、社会与公司治理（ESG）报告》编写服务，并以此为突破口，重启香港子公司业务发展。适应产业变革、科技变革趋势，成立数字生态研究院，在数据资产治理、开发，数字化转型等领域开展前瞻性研究、加强人才和知识储备，围绕数字化转型发展需求，开展数据治理、数据安全和企业数字化转型方面咨询，为多家企业和园区提供数字化转型、数据资产化和数字生态协同创新平台等“全链条”和“闭环式”综合咨询服务，从战略规划到实施落地，从数据资产化到生态协同创新，形成了完整的业务转型闭环。在助力新质生产力发展方面，为中国石油天然气股份有限公司大庆化工研究中心等多家支柱型企业的重要科技成果提供技术转化方案服务。

2024年中国国际咨询将紧扣中国式现代化发展蓝图，聚焦国家重大战略，密切跟踪国际经济热点，在全面深化改革、高水平对外开放、推动绿色发展、助力国家区域发展战略等方面，寻求发展机遇。公司将深入落实中信集团各项改革发展思路，依托中信集团金融与实业并举的跨国企业集团生态优势，以专业化、国际化的宗旨、秉承初心使命，努力在新时代新征程上作出新的贡献。

北京市工程咨询有限公司

2023年，北京市工程咨询有限公司（以下简称北咨公司）坚持以习近平新时代中国特色社会主义思想为指导，深入学习贯彻党的二十大精神，积极履行国企责任，踔厉奋发，勇毅前行，为服务国家和首都改革发展重大战略部署做出积极贡献，企业高质量发展迈出坚实步伐。

（一）2023年主要工作情况

一是以高质量党建引领高质量发展。公司始终坚持党的全面领导，深入贯彻“两个一以贯之”，坚定推进党的领导融入公司治理，党委在公司法人治理结构中的法定地位强化巩固，党建与业务融合不断加深。积极履行社会责任，主动担当援疆援藏任务，发挥驻村第一书记作用，加大力度推动节能项目帮扶和消费帮扶。

二是新型智库建设取得新进展。持续加大对政府决策支撑力度，深度参与京津冀协同发展、北京市农村饮水保障、北京建设花园城市战略规划等重点政策和课题研究，承担北京市推进全国文化中心“十四五”建设规划等多项市级重点专项规划中期评估，承担首发集团等国有企业碳达峰行动咨询任务，高质量完成平谷区试点建设国家“平急两用”发展先行区实施方案编制，探索开展2023年北京市国资预算事前绩效评估并获得高度认可。全力服务首都“四个中心”功能建设，助力“五子”联动，高质量做好全市重大投资项目谋划工作，积极开展国家自然博物馆新馆、北京市高级别自动驾驶示范区等重大项目咨询服务工作，勇于承担万亿国债项目咨询，如期交付北京市支持河北雄安新区建设医院项目，积极推进北京安贞医院通州院区等项目建设，承接华夏银行总部大楼、疾控中心迁建等一批重大项目全过程管理工作，承担城市副中心二期重要地块信息化工程建设项目，北咨公司首个乡村振兴实践基地落户延庆。

三是以使命担当助力灾后恢复重建。北京“23·7”特大暴雨灾害后，公司切实扛起政治责任和社会责任，全力以赴投入首都灾后恢复重建工作，抽调公司精锐力量150余人，深入房山区、门头沟区、怀柔区、昌平区等9个受灾区域，全程参与北京市灾后恢复重建总体规划、专项规划和实施方案编制工作。高质量谋划1000多个灾后恢复重建项目，金额超3000亿元，高效率完成300多项灾后重建重点咨询评估任务，参与完成各类灾后重建项目200余项，帮助受灾群众早日重建美好家园，获得了市区两级部门和市领导的充分认可，彰显了国企责任担当。

四是管理模式创新取得新成效。全面完成公司内控体系建设，基本形成以风险管理为导向、贯穿公司各级主体的一体化内控体系，全员受控机制基本建立。落实“充满活力”的管控要求，制定并印发《关于进一步完善全资子公司法人治理结构的实施意见》《关于调整子公司管控事项权限的实施意见》，进一步厘清公司与子公司的权责边界，对子公司审批事项进行权利下放调整，推动子公司增强自主运营能力、释放发展潜能、激发经营活力。

五是人才队伍建设展开新篇章。坚持党管干部原则，新一届公司党委顺利换届，党政领导班子选优配齐，调整到位，“双向进入、交叉任职”的国有企业领导体制得到有力落实。一大批中层干部选拔任职，干部梯队呈现专业化、年轻化趋势，形成公司“890”计划的良好实践。人才队伍建设指导意见发布实施，激励工作取得重大进展，集中力量打造行业领军人物、激励优秀员工快速成长，为公司战略实施提供坚强的人力资源保障。

六是数字企业建设迈上新台阶。公司持续推进大数据、人工智能、物联网、GIS等新一代信息数字技术在工程咨询服务场景中的应用，建成工程投资大数据平台、项目咨询报告智能编制平台、水土保持监测工作智能辅助系统、北京市建设项目数智平台、园林数字化管护平台等，全面建成知识库系统2.0，并建设形成较为完整的知识管理规范制度体系、专业负责的知识管理人员团队，知识库系统累计登录超5.2万人次，上传知识2.5万条，实现公司业务数字化水平更上一层楼，公司数字化业务同步实现零的突破。

（二）2024年工作思路及主要工作任务

2024年是中华人民共和国成立75周年，是实现“十四五”规划目标任务的关键一年，是北咨公司保持高质量发展良好态势、加快实现跃升的拼搏奋进之年，做好全年经营工作至关重要。公司要以习近平新时代中国特色社会主义思想为指导，全面贯彻落实中央经济工作会议和北京市委十三届四次全会精神，坚持稳中求进、以进促稳，紧密围绕国家和全市重大战略部署，继续加快高端智库建设，深入实践市场战略布局，持续深化北咨管理模式，服务大局、把握关键、主动作为，全力推进公司高质量发展。

一是持续发挥高端智库作用。始终瞄准高端智库精准发力，利用“十五五”前期研究谋划契机，围绕市委、市政府中心工作，聚焦重大项目策划谋划、京津冀协同发展、数字经济、高精尖产业等领域，多措并举提高研究咨询能力。进一步提升国资国企研究影响力，紧密衔接市国资委咨询服务需求，持续深化“市一区一企业”各层级业务市场，通过独立研究、对外合作、人才引进等方式培育壮大管理咨询业务，构筑市国资委、区国资委、央国企、民企服务链条。开拓创新公司业务领域，积极探索应用EOD模式，聚焦城市更新、“平急两用”基础设施、县域经济、乡村振兴、双碳研究、人工智能、数字政府、自动驾驶等重点领域创新咨询产品。

二是不断优化公司内控体系。加强公司战略管理，加强对公司管理体系、组织架构、制度体系的前瞻性研究。大力提升管理效益，进一步强化计划和任务编制的科学性和准确性，结合运行情况对子公司管控权限进一步优化调整，持续加大放权事项、放权力度、放权范围。全面提升公司内控合规体系，加强内控建设在子公司经营管理中落地，全面启动公司合规管理体系建设，探索构建法治框架下的法律、合规、内控、风险管理协同运作机制，不断深化法治国企建设。

三是不断夯实人才队伍建设。推进劳动用工机制改革，加强员工招聘、入离职管理及数据分析，规范劳动关系管理工作程序，依法规范“选、育、用、管、退”的全链条人才机制。夯实专业技术队伍，优化各类岗位纵向晋升、横向流动的转换机制，开展首席和资深咨询师新聘续聘工作，培养一专多能、迈向全国的项目经理。紧跟公司需求加强教育培训，依托“北咨教育学院”和“北咨大讲堂”，继续开展现代企业经营管理等培训讲座，持续完善分层分类的培训体系，进一步发扬“传帮带”优良传统，加快青年员工成长速度。

四是坚定不移加大市场工作力度。继续深挖北京市场，不断提升北京市发展改革领域服务质量，继续加强与大型国企的对接交流，加强各区重点委办局服务力度，继续深挖乡镇市场，巩固公司在北京的优势地位，进一步加大全国市场拓展力度。加快拓展新型业务领域，发挥全过程综合咨询优势，推介公司前期谋划＋过程咨询等组合业务，搭建前后端咨询业务沟通平台，延伸承揽业务链条。着力提高品牌影响力和辐射能级，高度重视新媒体和自媒体宣传报道渠道，加大原创观点输出，策划专题报道新闻，进一步宣传展现北咨企业文化精神和魅力。

五是加快推进公司数字企业建设。持续完善公司经营管理信息化系统，继续对主经营管理系统进行优化升级，提升主经营管理系统数据质量。继续开展创新研发及业务数字化建设，做好年度创新研发课题实施组织工作，高质量开展工程投资大数据平台（二期）和工程咨询报告智能编制平台（三期）建设，切实发挥平台对业务实施的助推作用。

浙江省发展规划研究院

2023年，浙江省发展规划研究院秉持前瞻视野与全面拓展的战略方针，取得了丰硕成果。显著成果体现于实现了三个“3”的突破，即在职员工规模首次超越300人，合同额与到位资金额均迈过“3亿”大关。特别值得一提的是，新型智库建设在五年期评估中圆满通过，并获评为“优秀”，再度蝉联全国工程咨询行业智库型单位影响力50强第二位，这标志着智库建设已迈向了新的发展阶段。

（一）聚焦人才引育，推动队伍建设实现新突破

一是进一步壮大人才队伍。多渠道拓展招聘通道，开展海内外线上线下校招、社招等，全年共引进人才36人，包括大厂名企、高校、智库单位等有相关工作经验的专业人才5名，人才队伍规模突破300人。人才队伍结构持续优化，全院硕士以上学历职工占比达到91%的新高，副高及以上职称占比达37%。2023年入职博士10人。

二是进一步强化人才梯队培养。深入推动人才梯队化成长，全年完成出师24人，结对38对；新增项目负责人28人，晋升22人；新选拔研究室主任及副主任4人。分层分类开展人才培训，加强人才画像和需求调研，创新举办院中层干部能力素质提升培训班和院技术骨干素能提升培训班两次封闭式培训，围绕领导力、组织力、协作力等内容开展针对性培训，培训满意率分别达到100%和96%。

三是进一步搭建人才多维度成才平台。着力加强人才多平台锻炼，推荐3位专家进入国家级社团组织兼职重要岗位，推荐70余人次专家进入浙江省人大、省卫健委、省技术创新领域等各类专业专家库，提升专家团队影响力；选派28名优秀骨干到国家发展改革委、省政府办公厅、省委组织部、省委政研室、网信办等单位工作锻炼，为发展改革系统和各级部门提供智力支撑。外派

干部受到派驻单位高度评价，国家发展改革委挂职处室领导还提出了延期一年的要求。

（二）聚焦核心业务，推动咨政建言取得新佳绩

围绕三个“一号工程”和“十项重大工程”等省委省政府中心工作，做优课题研究和规划，持续推进“三位一体”链式业务模式，形成了一大批有影响力、有显示度的咨政建言和社会服务成果。全院业务稳中有升、稳中向好，共承接项目838项；与国家部委和国际组织合作不断深入，承担国际项目5项，国家课题6项；业务板块更加聚焦，新领域新热点有所突破，形成“十四五”中期评估、共同富裕、新型城镇化等若干热点板块。全年咨询成果获省级以上领导批示124次，其中国家领导批示5次，转化为省级以上党委政府文件99项，30余项成果获得各类奖项。

一是提升重大战略研究，转化形成一批理论成果，在全国初步形成特色咨询品牌。开展“八八战略”溯源工程，参与浙江省习近平新时代中国特色社会主义思想研究中心的学理化研究重点读物《“八八战略”的理论逻辑与时代价值》编写，完成《“八八战略”实施20周年综合评估》并以内部出版物出版。完成2022年共同富裕示范区评估，为省委向中央汇报提供有力支撑。全年“共同富裕”板块共完成49项课题，实现合同额2800余万。

二是提升宏观经济研究，深度服务“创改开”，探索创新研究机制。成立院三个“一号工程”研究专班，完成营商环境立法、数字营商环境改革试点、国家数据要素综合试验区、地瓜经济提能升级、高质量参与共建“一带一路”等领域十余项重大课题，开展相关工作66项。设立经济形势分析工作专班，每季度召集智库、企业等各方面专家，召开专题研究会议，着力破解一手数据收集难题，全面提高经济形势分析报告质量，《巩固稳进基础 积极进取推动质升量增——2023年浙江经济形势分析和2024年展望》一文获浙江省常务副省长徐文光批示肯定。

三是提升区域协调发展研究，推进集群化开拓，形成一批特色业务板块。开展“十四五”规划中期评估，全面支撑全省“十四五”规划中期评估，共承担59项课题，市县回头客近半数。开展山区系列研究，支撑海洋强省建设，深度参与海洋倍增行动计划，支撑省政协关于“海洋科技创新”相关专题协商，承担

国家发展改革委课题《推进建设海洋强国的重点问题和政策着力点研究》。深耕长三角及都市区(圈)领域,完成沪浙合作构建区、沪杭未来智造协同发展示范区、杭甬“双城记”行动计划中期评估等方案编制。

四是提升新型城镇化研究,支撑省政府部署重大工程,助力地方试点先行。聚焦“千万工程”实施20年,开展“千村示范、万村整治”工程、县城承载能力提升、以县城为重要载体的城镇化等研究。聚焦“以县城为重要载体的城镇化”和“乡村振兴”两大主题,相关成果转化为国家级文件1项,省委省政府文件3项。

五是提升综合交通与物流体系研究,业务层级更高、业务链条更长,强力支撑浙江基础设施现代化体系建设。开展现代化基础设施体系建设规划编制,聚焦世界一流强港和交通强省建设,承担编制全国首个省级航运服务业发展规划,率先开展现代化交通物流体系建设方案编制。开展水资源与水安全领域研究,支撑省重大水利基础设施项目评估。完成REITs、存量资产盘活及市县扩大有效投资试点研究。

六是提升产业结构优化升级研究,多点开花、全链跟进,全面支撑浙江现代化产业体系建设。聚焦高能级科创平台开展系列调研和谋划支撑工作,承担之江实验室、浙江清华长三角研究院等相关评估工作,完成《深时数字地球大科学计划浙江实施方案》。聚焦“415X”先进制造业集群培育,积极推进全产业链研究,推进“四链融合”等一批重点课题。聚焦服务业高质量发展“百千万”工程,开展省现代服务业发展“十四五”中期评估,承担国家发展改革委优质高效服务业新体系的措施、服务业数字化发展等方案起草。

七是提升能源资源与生态环境研究,深度参与国家课题和国际合作,行业品牌和市场效益双丰收。聚焦能源保供稳价与绿色转型战略目标,开展新型能源体系、中长期电源结构优化路径、海上风电母港等前瞻性研究,研究形成浙江能源工作统一话语体系及新能源、节能、充电桩等工作话语体系。深入开展生态产品总值(GEP)和特定地域单元生态产品价值(VEP)核算应用研究,完成36个试点地区2021年度GEP核算工作,完成一批绿色转化财政专项激励方案编制。

八是提升文化强省及公共服务研究,板块突破、纵深拓展,有力支撑浙江省文化发展。高质量完成《浙江更好担负起新时代新的文化使命 在建设中华民族现代文明上积极探索的思路举措研究》,为现代文明浙江探索“十大行动”做了重要支撑。参与撰写《浙江实施国家文化数字化战略 推动数字文化产业高质量发展调研报告》,高质量完成《浙江省公共服务“七优享”工程实施方案》《浙江省高等教育发展总体规划》,持续发布《2022年浙江省社会发展报告》《2022年浙江省健康产业发展报告》。

九是提升重大工程咨询水平,助力一批重大项目落地与运营。发挥评估咨询综合优势,全力支撑省发展改革委重大建设项目审批(核准),助力一批省领导协调项目和省重大建设项目的推进落地。开展浙江省重大产业项目全流程管理若干问题研究,全年承担重大产业项目31项。

(三)聚焦拓宽渠道,推动智库合作构建新网络

一是创新开展国际交流合作。组团参加菲迪克年会、亚太地区年会,并围绕“一带一路”产能合作、大宗商品交易贸易合作、营商环境、风电母港等领域,开展国际调研交流,形成出国考察报告。参与国家和省“一带一路”工作,被评为中咨协会“一带一路”宣传工作先进单位,经济所被评为浙江省参与“一带一路”高质量发展成绩突出集体。

二是主动拓展高层次学术合作网络。扩大学术“朋友圈”,主动对接中咨协会,在全国性行业组织中成立发展规划专业委员会,主动摸底院业务相关行业协会,加入中国城市规划学会、中国区域经济研究会、中国地方铁路协会、浙江省生态文明智库联盟、数字长三角共建联盟。积极主动与中央党校、中咨公司、中国宏观院、国研中心、国经中心等国家级智库单位开展交流合作。

三是形成高端智媒深度合作机制。深化与媒体常态化合作,主动推介专家资源,加强采访资源统筹,全院专家共接受媒体采访165人次,其中,国家级媒体采访17人次,为2022年的三倍多。深化与浙报集团的合作,在公众号运营、短片制作、舆情监测和媒体影响力分析等合作领域全面开花,同时还开通了“学习强国”常态化供稿链路。

（四）聚焦品牌打造，推动学术研讨塑造新风尚

一是品牌学术论坛凸显影响力。首次主办全国性学术论坛——2022/2023中国城市规划年会分论坛“县域城镇化：挑战与未来”学术对话，成功举办浙江省高质量发展智库论坛、浙江省人工智能产业发展报告发布会、浙江省“一带一路”智库学术研讨会、浙商研究中心成立大会暨浙商高质量发展报告会、2023年世界互联网大会乌镇峰会活动之一人工智能@未来咖荟、2023绿色技术创新和推广大会，多项活动在媒体上有超百万级的传播量。

二是多层级学术交流活动精彩纷呈。全年举办8期高质量发展智库大讲堂，并探索与省发展改革委博学大讲堂的资源共享、活动共办，拓宽了决策咨询工作的研究视野。举办了第二十届创新论坛、省工程咨询行业协会评估咨询专业委员会年度学术会，以及院级沙龙6次，搭建起政府、智库、企业等多方沟通的桥梁。

三是学术氛围营造呈现智库氛围。提升学术环境，在会议室、公共空间布置书架，推动智库报告、出版专著、院刊物等成果上架，展示研究成果。在大楼公共屏幕共享部门业务活动信息，鼓励职工跨部门参与各类会议交流，吸引院外人员参与学术交流。一年来，全院的学术研讨蔚然成风，已经有了智库该有的氛围和风尚。

（五）聚焦组织创新，推动智库建设形成新机制

一是创新协同工作机制。院领导班子发挥模范带头作用，主动谋划，以上率下，带领分管部门，亲自点题谋题，带领解题。积极对接外部资源，主动联系智库同行，打通渠道和资源，实现一项项新突破。

二是创新数字技术赋能。全力推进院核心业务塑造，确立经济形势分析等首批六个核心业务，精心策划“一图四库”的核心业务场景框架。打造智慧生活、智慧办公、智慧安全、智慧节能、智慧设施、智慧展示等6个方面13个场景应用并投入试运行。

三是创新务实工作作风。建立“深挖100米”的调研机制，落实“一领导一研究、一书记一课题”调查研究计划，院领导赴25个县（市区）开展调研45次，形成7个重点课题成果。一年来，全院调研里程达140余万公里，可绕地球赤

道35圈多。

2023年,全院职工勤奋工作,成果广获认可,影响力日益增强。这是对创新和卓越的坚持所取得的成果。2024年,浙规院以"八八战略"为指引,紧扣中心工作,以人才引领为主线,聚焦"五力提升",加快打造"具有全国影响的综合性智库",助力浙江省现代化新征程。

上海投资咨询集团有限公司

上海投资咨询集团有限公司(简称上咨集团)成立于1986年,伴随着我国投资决策科学化民主化进程不断发展壮大,经过三十多年的不懈努力,已经成长为中国本土综合性咨询领域的领军企业,入选国家重点本土品牌咨询机构和上海市重点智库。2023年,上咨集团继续锚定数字化、市场化、专业化、板块化、全国化发展方略,紧紧围绕"战略安全支撑"和"卓越咨询服务"两大主线,持续巩固行业优势,突出战略保障功能,累计完成2000余项咨询研究,涉及政府投资10000亿元,优化方案节约财政资金逾1300亿元,最大限度保证政府资金和社会资源合理高效使用,以高水平研究服务上海经济社会高质量发展。

(一)做强核心主业,实现量质齐升稳健发展

"量"的持续增长。连续四年经营业绩较快增长,实现主业营收、净利润、总资产较2019年改制前分别增长97%、252%、103%,年均增长率分别为24%、17%、20%,核心指标增速在国资系统名列前茅;人均创利(66.40万元)和人均创收(7.87万元)指标高于对标企业,远超行业平均水平。"质"的有效提升。瞄准高价值咨询市场,持续加大创新投入,形成数字化、人才、ESG等新咨询业务板块,2023年集团百万元以上合同较2019年增长72%、创新项目合同金额增长249%、外地合同额增长156%;共获各类决策咨询奖38项,其中,国际及省部级奖项5项。

(二)建设品牌智库,实现行业地位稳步提升

入列"国家重点本土品牌咨询机构"名单,行业地位进一步提升。全年累计完成国家级研究任务50余项。承担中财办中国特色现代企业制度专项研究,提出建设世界一流企业的制度意见;受国家发展改革委委托,完成海南自由贸易港封关运作方案研究、完善国家投资项目管理体制重点问题研究、在长三角一体化发展中积极有效投资举措研究共3项重点课题研究。深化对国际经济贸易规则的对比分析,形成上海高水平开放思路研究;关注国内企业"走出去"过程中存在的问题,完成国有企业"走出去"风险管理等成果,上海市委政法委、全国人大常委会法工委听取相关汇报。

入选"上海市重点智库"。贡献战略性课题成果70余项、市级规划和政策文件20余项。其中《上海"五个新城"建设的投融资模式研究》获上海市决策咨询研究成果奖一等奖,破解民营企业"六大困境"、本市出租车汽车发展问题等10余项专报获得国家级和市委市政府领导肯定性批示。2024年,集团独立承担2项市政府决策咨询重大课题、5项市级"十五五"规划前期研究课题,3项市委组织部"科技干部"重点课题等40多项研究任务,努力以"小切口、大视角、能落地"的研究成果咨政建言。

(三)深耕重点领域,实现服务覆盖面持续扩大

服务重大战略决策。聚焦"科创中心""一带一路""长三角一体化""虹桥国际开放枢纽"等国家战略,开展重要课题与咨询研究约200项。服务"科创中心"建设,参与本市科创和战略性新兴产业重大项目分别达70%和80%,支撑上海光源二期、李政道研究所等14个国家重大科技基础设施落"沪",保障上海期智研究院等20家新型研发机构综合评审和ATLATL研发中心等首批7家高质量孵化器认定工作;积极响应国家"一带一路"倡议,支撑国合署对外援助资金评审,输出"中国方案"全过程服务柬埔寨"新卫星城"投资开发;深度参与"对口支援"。严把援藏项目资金绩效管理,高质量完成上海－喀什"文化润疆"产业服务、对口支援西藏日喀则和青海果洛"十四五"规划中期评估,全过程服务保障亚东边境小康村建设。

服务本市重点工作。市级公共部门服务覆盖率超80%,100%入围本市

政府机构及企事业单位决策咨询服务短名单。全过程参与本市“十四五”规划编制、评估及“十五五”规划前期研究，主力完成《上海市战略新兴产业和先导产业发展“十四五”规划中期评估》等17个专项规划中评估，以及《“十五五”期间上海进一步打造独立节点城市，推进新城高质量发展的思路和重点举措研究》等5项市级“十五五”规划前期研究课题；聚焦城市更新，承担20项本市城中村改造咨询任务，占全市项目总量约1/3，为青浦、奉贤、嘉定、松江新城度身策划“1+3”投融资解决方案，积极协调资源帮助找到资金、找到主体、找准方向，累计服务项目50余个，带动投资超600亿元，惠及村居民5000余户。助力“习近平文化思想最佳实践地”建设，紧贴宣传文化领域改革发展战略需求，服务上海大剧院等本市文化设施投资建设、资产运营管理、文化产业规划，开展文化国企经营管理评价，精准把脉企业发展，明确提升方向。

服务国民经济行业。服务19个国民经济行业，覆盖度达95%。紧扣热点需求，深耕“文商会体旅联动促消费”“低空经济产业发展”“全市人口高质量发展”“超大城市应急管理体系”“公共服务资源布局与分配”“绿色低碳”等多个重点领域，持续开展扩大有效投资、拉动消费对策研究。长期服务本市重大工程建设，为东方枢纽、浦东机场四期、北外滩核心区、华为上海研发基地等项目提供多元化咨询服务，市级重大工程参与率达76%(146项)；聚焦战略新兴产业发展，系统梳理本市先进生产力布局和产业链图谱，服务超500家头部企业，为本市(2+2)+(3+6)+(4+5)现代产业体系建设提供安全可靠的研究支撑。联动开展本市首批成本预算绩效试点项目咨询，推动财政资源高效配置；深度参与上海“一网交易”深化改革，研究编制本市首个养老产业发展政策指南和人口监测统计评估报告及紧缺技能人才目录，全面支撑本市经济社会发展。

(四)发挥优势资源，实现业务发展多项突破

数字化业务打造新增长极。积极开辟咨询数字化新路径，主动拥抱人工智能浪潮，提升咨询研发能级，联手头部企业开发政策通大模型一体机，打造咨询行业数据和知识“百宝箱”，承担上海市人口发展监测平台、固定资产投资监测平台、浦东新区15分钟生活圈综合管理平台、世界技能大赛数字化办赛应用等6个市级平台建设，开发21项自主知识产权数字化产品，获批20项软

件著作权。2023年集团数字化业务规模同比增长83%。

全国化布局驶入快车道。以优质服务保障海南自贸岛封关运作，赢得国家发展改革委和海南省政府高度认可，受托深度参与封关后的各类项目咨询服务，全方位支持海南省"南繁""航天""深海"三大现代产业体系建设，集团全国化业务规模首次破亿元，形成海南自贸试验区、"新一西一青"西北大市场、成渝双城经济圈外地市场布局，确立空天、深海、双碳等专业品牌优势，全国布局进入规模化发展新阶段。

全过程咨询贯通全链条。坚持兼收育并举，聚焦"区域开发""产业发展""展陈咨询""文化设施"等领域培育形成贯穿宏观战略—中观产业—微观项目的全过程咨询新能力，承接上海博物馆东馆、世界技能博物馆、上海大歌剧院、北外滩超高层、吴淞创新城等全过程咨询项目，集团全过程咨询业务规模保持年均10%的增速，2023年底较期初增加30%。

平台化功能发挥大作用。发挥渠道优势，推动大数据应用技术国家工程研究中心、长江经济带国资国企智库委员会、上海市儿童友好城市建设发展研究中心、上海市产教融合促进中心、现代海洋城市议事厅等国家及本市平台落地，体现综合服务实力，导入更多关键资源。

上咨集团充分抓住本轮国企改革深化提升行动契机，坚持"高端智库+卓越咨询"双引擎驱动，加快建成"国家高端新型智库"和"世界一流咨询企业"，更加紧密服务国家战略落地和城市高质量发展，贡献更多战略性研究成果和引领性实践方案，在上海加快建成具有世界影响力的社会主义现代化国际大都市中展现更大作为。

江苏省工程咨询中心有限公司

2023年，是全面贯彻党的二十大精神的开局之年，是实施"十四五"规划承前启后的关键一年。江苏省工程咨询中心有限公司（以下简称中心）坚定不移沿着习近平总书记指引的方向砥砺前行，深入贯彻党的二十大、二十届二中全会和中央经济工作会议精神，认真落实江苏省委十四届五次全会与省委经济工作会议部署，坚持“稳中求进”的工作总基调，在上级坚强领导下，锚定全年目标任务，迎难而上、克难奋进，经营业绩实现质的有效提升和量的合理增长，各方面工作均取得了显著的成果和进步。

（一）以高质量咨询成果服务决策，发挥综合智库职能

中心铭记习近平总书记全国两会期间参加江苏代表团审议作出的“在高质量发展上继续走在前列”重要指示，坚持以高质量咨询成果服务决策，发挥智库职能，彰显国企担当。精准把握党建业务融合的切入点，高效完成传统业务，积极拓展新兴业务，全力做好以下八个方面：一是重视重大课题研究。涵盖未来产业发展、服务业新体系构建、存量资产优化、南北共建园区高质量发展、县域经济高质量发展、低碳转型、煤炭清洁高效利用、碳排放双控、欧盟碳关税影响、缩小“三大差距”路径、国家区域医疗中心创建、“一老一小”等领域。二是关注规划实施中期评估。涉及27项省级“十四五”专项规划、7项设区市、20项县（市，区）国民经济综合规划的中期评估，形成前期研究、规划起草、实施评估、迭代更新的良性循环。三是着力扩大有效投资。参与江苏省推进国家“十四五”规划102项重大工程实施情况中期评估工作，承担南京区域创新高地及配套基础设施建设等重大项目咨询工作，涉及医疗、教育、文化旅游、片区开发、城中村改造等多个领域，保障经济增长动能。四是推动产业创新发展。在战略性新兴产业、数字经济、低空经济、生物制造、重大科技基础设施、传统产业转型升级等多个方面参与大量课题研究、规划编制和文件起草工作。五是助力社会发展。开展全省“平急两用”公共基础设施情况调查，配合完成相关报告；开展江苏省大健康产业创新发展研究报告和江苏省健康产业规模研究；服务全省营商环境建设，完成溧阳市、天宁区信用管理和创新试点辅导工作。六是推进绿色低碳发展。协助开展国家绿色低碳先进技术示范工程项目遴选申报；积极参与碳达峰碳中和试点示范工作，助力盐城成为江苏省唯一获得首批国家级试点称号的城市；参与起草《经济发展与生态环境保护关系研究报告》等一系列成果，成为江苏省绿色低碳发展领域重要智库。七是优化能源革新。重点实施江苏省氢能产业发展中长期规划研究、国信集团新型储能产业发展研究。开展溧阳高新区新型能源体系构建研究等前瞻性能源业务。

承接吕四港公司二期煤电扩建、国电投滨海扩建等一批百万机组节能报告的编制及评审，探索开展项目节能事中事后监管业务。八是关注全过程工程咨询。提供项目策划、招标代理、造价咨询、项目管理等服务，承接省肿瘤医院扩建工程等一系列全过程工程咨询业务。

（二）以高层次人才培养积蓄动能，提升核心竞争能力

中心深入贯彻中央对人才培养的要求，强化人才支撑，坚持人才引领。优秀人才引进方面，持续加大人才引进力度。2023年度招聘的咨询业务人员公示录用16人，均为研究生学历，其中，博士3人。高层次人才培养方面，全年新增高层次人才12人次，分别入选美丽江苏建设咨询专家委员会、中国环境科学学会碳达峰碳中和专业委员会、江苏省机械工程学会青年工作委员会、江苏省新污染物治理专家委员会、江苏省红色旅游融合发展专家库等。培训交流体系方面，将入职培训、内部交流分享纳入培训体系，组织新入职同志培训、2021年度入职同志工作学习情况交流会，开展20余次“周末大讲堂”研讨交流活动。提升一线咨询业务人员能力素质，组织143人次参加上级集团“国金大讲堂”、省发展改革委“发改讲堂”等32场培训讲座，选派业务骨干参加省发展改革委2023年度青年干部能力素质提升培训班。加强对外交流、培养全球视野，派员参加中咨协会组织的2023年度菲迪克全球基础设施大会及亚太地区峰会。通过在学中干、干中学，不断提升干部职工整体素质能力。

（三）以高标准平台打造推动发展，夯实做优做强根基

一是全面加强质量管理。新版《质量管理体系文件》发布实施；成果表观质量抽查工作不断深化，抽查结果进行内部通报；阶段性成果排版印装通道、项目会议管理模块等功能上线运行，初步实现阶段性成果的“信息披露”。二是积极推进智库建设。2023年，受疫情影响暂停三年的华东地区工程咨询协作网年会顺利由中心延续承办。中国工程咨询协会、6个省（市）工程咨询行业协会、华东六省一市12家协作网成员单位等参会。通过提升行业影响、加强品牌建设，努力做优综合咨询特色、做强工程咨询竞争力，塑造“江苏咨询”品牌。2023年，中心当选中国工程咨询协会副会长单位，在中国工程咨询协

会最新发布的工程咨询行业智库型单位影响力50强排名中位列16名，较上次进步一名，并再次入选工程咨询单位营业收入100强（中型单位）。三是稳步推进平台建设。严格按照高质量发展综合考核的相关要求，推进各项工作落细落实，初步完成2023年度高质量发展综合考核自评报告。按照上级集团工作部署，落实"大咨询"板块发展要求，以优秀同行为标杆，编制完成中心《对标世界一流企业价值创造行动实施方案》。

（四）以高效能内部管理保驾护航，筑牢风清气正氛围

一是加强党风廉政建设。中心党总支制定印发了《2023年全面从严治党工作要点》；组织党员干部深入学习中央纪委、省纪委全会精神；全面压实"一岗双责"，层层签订党风廉政责任书，筑牢廉洁自律防线；严格落实中央八项规定及《实施细则》精神，组织制定一系列规章制度，初步形成公司化运转制度框架，驰而不息纠正"四风"。二是树牢安全发展理念。中心不断强化企业法治合规建设，开展多次安全生产大检查专项工作，对办公场所、车辆运行、驻外部门（公司）进行安全生产隐患排查，针对查出的问题进行逐项整改销号；做好网络安全相关工作，对门户网站进行改版迁移，网络安全防护能力进一步增强。三是不断强化群团建设。在党总支的领导下，工会牵头组织了"绳彩飞扬"一分钟跳绳比赛、玄武湖健步走活动、健康讲座、八段锦健身班等活动，同时，积极组队参加省属企业趣味运动会、省级机关全民健身系列赛事及集团"夏燃"运动会；团支部组织开展了习近平新时代中国特色社会主义思想、党的二十大精神专题学习活动。四是努力为民办好实事。对外，向江苏对口支援的拉萨林周县嘎列村、堆龙德庆区嘎冲村和江苏省妇女儿童福利基金会开展捐赠工作，积极组织无偿献血、开展"一日捐"等活动，更好履行国企社会责任；对内，持续推进人才安居、补充医疗保险、企业年金设立、办公环境改善、"康乃馨"服务站和党建活动室建设等事关广大职工切身利益事项，不断提升广大职工幸福感、归属感、自豪感。

这一年，中心集智汇力、固本兴新，咨询成果再创佳绩，共计27项咨询成果获奖；其中获全国优秀工程咨询成果奖一等奖1项，获国家发展改革委优秀研究成果奖二等奖1项，获省发展改革委优秀研究成果奖一等奖1项、二等奖2项、三等奖11项，获省工程咨询协会优秀工程咨询成果一等水平6项、二等

水平2项,获省科技咨询协会咨询创新奖3项。中心全年新增高级职称11人,多人次通过咨询工程师(投资)、一级造价工程师、监理工程师考试。中心还在其他领域实现零的突破,如配合省发展改革委深度参与省委、省政府相关领导牵头开展的研究工作,多项工作情况被省级媒体报道;由中心承办创刊的《江苏战略前瞻》2023年出版6期,中心职工在各类期刊发表论文15篇,其中2篇收录在中文核心期刊,咨询高度、能力、水平进一步提升。

未来,中心将深刻领会党的二十大报告关于推进中国式现代化的内涵和中央经济工作会议要求,重点研究江苏省委十四届五次全会与省委经济工作会议部署、全省发展和改革重点工作,按照中国工程咨询协会发布的行业发展规划及加快推进工程咨询业高质量发展的指导意见要求,逐项对照上级集团高质量考核办法,将发展目标细化分解到中心运营管理的各个方面、各个层级,紧抓落实,注重成效。不断推进自身高质量发展,以更高水平的成果、更加出色的业绩为中国式现代化江苏新实践贡献咨询力量。

广东广咨国际投资咨询集团股份有限公司

2023年广东广咨国际投资咨询集团股份有限公司(简称广咨国际集团)坚持以习近平新时代中国特色社会主义思想为指导,全面贯彻二十大和中央经济工作会议精神,认真落实党中央国务院、广东省委省政府和省国资委各项工作部署,锚定"十四五"战略发展目标,全面实施战略管理三年行动计划,顶住外部压力、克服内部困难,全年各项生产经营指标稳中有升,高质量发展扎实推进。

在集团党委的坚强带领下,全体干部员工坚持稳中求进的工作总基调,团结一致、奋勇拼搏、攻坚克难,坚持专业纵深发展,深化工程咨询供给侧改革,努力提升中宏观咨询服务能力,有力推动一体化服务模式日渐成熟。持续加快数字化转型与科技创新研发,蹄疾步稳探索开展资本运营,深入实施人才强企战略,有效提升集团化管控水平。深耕细作省内优势市场,有序布局省外重点区域,市场开拓成果丰硕。国资国企高端智库品牌影响力显著增强,向全面建设“工程咨询行业新型智库、数智化工程咨询服务平台、全过程工程咨询集约服务商、环保产业的新型智库”迈出坚实步伐。

在中国工程咨询协会换届中再次当选为副会长单位,被授予“‘一带一路’宣传工作先进单位”,被广东省人民政府授予“广东省节能先进集体”、被中国上市公司协会和中国乡村发展基金会授予“2023上市公司乡村振兴优秀实践案例公司”的荣誉,“广咨国际”品牌声誉进一步彰显。

(一)战略管理全面深入,三年行动有序推进

2023年是广咨国际“战略提升年”。集团职能部门及所属各分子公司审慎谋划、协同推进,科学制定了三年行动计划,进一步完善公司战略管理体系,促进战略管理落地。锚定“专业纵深、创新驱动、数智赋能、资本助力”四大战略,坚持新“四化”原则,以数智赋能推动专业能力建设,以资本助力产业布局、数智转型为指导思想,充分发挥资源优势构建“+广咨”“广咨+”一体化服务模式,积极落实并高质量完成三年行动计划首年的系列重点任务,努力开展新业态服务,有力推动业务转型升级和结构调整,推动企业核心能力持续稳固、竞争优势进一步加强。

(二)专业服务深受认可,客户表彰纷至沓来

2023年,广咨国际充分发挥高端智库和“人才高地”优势,深度支持国家、粤港澳大湾区和海南省各地市以及“一带一路”共建国家等各类重大项目建设。参与国家部委、省直部门、地市重大课题研究30多项,获得来自各类重要客户的表扬信近50封,为地方经济回升向好和扎实推进高质量发展提供强有力支撑。

凭借高效的服务能力和优质的项目成果,《香港科技大学(广州)项目一期工程可行性研究报告》《水利水电工程全过程工程咨询服务导则》荣获2022年度全国优秀工程咨询成果奖一等奖,《中山大学孙逸仙纪念医院总体发展建设规划(2020—2030)》荣获2022年度全国优秀工程咨询成果奖二等奖。《PPP项目合规性研究》《佛山市重大交通基础设施投融资模式研究》分别荣获广东省

财政厅财政科研课题二等奖和三等奖。此外，还荣获广东省7家行业、专业协会项目表彰共44项。

（三）纵深发展硕果累累，业务布局均衡发展

2023年，集团各事业部和分、子公司全面深入实施战略管理三年行动计划，取得了一系列突出成果。一是开展了一系列存量资产盘活、EOD、城市更新、百千万工程投融资策划等工作，聚焦创新投融资积极作为，茂名滨海新区EOD项目获评广东省金融监督管理局“2023年度广东绿色金融改革创新推广案例”；二是积极参与产业有序转移、省际合作、海南自贸港投资新政等系列研究，完成了一批地市和区县“十四五”发展规划中期评估；三是承接了储能系统、碳关税、气候投融资等课题，以《推动省属国有企业碳达峰工作方案》推动系列项目咨询；四是在科教领域承办了委属、省属、市属、区属医疗系统重大项目，承接国家超级计算深圳中心（深圳云计算中心）升级换代工程和深圳中能高重复频率X射线自由电子激光项目等大国重器类项目咨询，在重大科学装置领域切实树立“广咨国际”高端智库的品牌；五是数字招采跑出加速度，电子标比例达到37%，专属平台新签再创新高，成功承接公司首个亚投行采购代理项目，探索构建“业主采购管理+广咨电子交易平台”新模式，政府采购业务市场占有率、项目数量、委托金额均实现大幅提升。

（四）专利授权行业标准双突破，高新技术企业再获认定

健全创新研发体系，推进创新驱动战略实施，贯彻落实《创新研发项目工时操作规则》，全面运用工时管理系统，持续加强创新管理，发明专利《基于PDMS平台的三维软管管件生成方法及装置》成功获得授权。随着2023年咨询公司被认定国家“高新技术企业”，广咨国际集团共拥有2家高新技术企业。

积极全面参与行业领域标准建设，牵头编写完成中咨协团体标准《工程咨询服务质量评价第1部分：通则》《工程咨询服务质量评价第2部分：实施指南·项目可行性研究咨询》，已进入征求意见阶段。牵头制定广东省团体标准《企业碳达峰碳中和规划技术导则总纲》《企业碳达峰碳中和规划技术导则基础数据质量要求》，参与制定《企业ESG气候变化财务信息披露技术规范》等5项团

体标准。

（五）智库建设屡获佳绩，“广咨”品牌愈加凸显

2023年，广咨国际新型高端智库建设迈上新台阶。承办第三届全国社会风险评估与治理年会，联合倡导成立粤港澳大湾区国资国企智库联盟。先后受邀参加中国对外援助和国际发展合作评估研讨会、2023年全国节能宣传周启动仪式、2023年度第三届国企社会价值论坛和ESG中国论坛2023广东峰会、中国数字建筑峰会、第八届中国PPP论坛暨投融资政策论坛、第二届国际发展合作阳光论坛等重要会议。在中国工程咨询协会智库单位排名中位列第17位，比上年提升1位。以上工作成果充分证明“广咨国际”品牌在国家、粤港澳大湾区和海南省各地市以及行业、专业内得到了更充分和更广泛的高度认可。

（六）数字化转型蹄疾步稳，数智化服务加快完善

紧扣“十四五”战略规划“数智赋能”要求，充分运用数字化技术手段，深入推进数字采购、数字智库、数字造价、数字全咨四大业务平台（产品线）建设，协同提供“科技＋咨询”系列项目服务。在管理信息化方面，初步实现管理信息化覆盖全职能，基本实现管理线上化、流程自动化、业财一体化、服务自助化。在业务数字化方面，初步实现业务数字化平台能力覆盖前期咨询、采购咨询、造价咨询、项目管理四大业务板块。通过数字智库平台赋能传统咨询场景实现咨询能力革新，通过数字招采平台探索实现“广咨＋数字化”采购咨询业态创新，通过建设数字化项目管理平台建立项目管理新方法，通过数字造价技术路径研究与论证进一步强化造价领域数字化转型发展信心，工程咨询数字化服务能力不断增强，“数智化工程咨询服务平台”建设目标加快实现。

（七）党建助力风清气正，企业文化凝心聚力

坚持以习近平新时代中国特色社会主义思想为指导，深入学习贯彻党的二十大精神，将党的建设工作与生产经营工作同谋划、同部署、同推进、同考

核。强化理论学习武装，树立“咨询专家也是政策专家”的理念，在理论学习中将党的理论创新成果，融会贯通运用到咨询服务具体工作实践中。深入调研破解难题，围绕发展中的堵点痛点难点，形成了“集团化管控”“全咨业务定位”“分类教育监督”等8份高质量调研报告，将调研成果转化为广咨国际三年行动计划，精准监督护航发展。

坚持以人为本、和谐共进的企业文化理念，精益求精打造员工文体活动中心，切实丰富员工业余文体生活，为员工提供“家”的温暖。精彩开展算量比武、环保登高健步行、员工运动会等文体活动，充分调动广大员工永争第一的激情和热情，广咨人奋发向上的精神风貌进一步加强。

中咨协会专委会细分行业2023年度发展报告

建筑设计咨询行业发展报告

近年来，中国建筑设计咨询行业受到上游房地产市场持续冲击以及疫情波及，面临巨大的生存和发展压力，转型升级、改革创新成为企业发展的必然选择。新型城市基础设施建设、城市更新、完整居住社区建设、乡村建设行动等工作任务为行业发展带来了新机遇。碳达峰、碳中和目标为行业绿色低碳发展指明了新方向。新一轮科技革命和产业变革深入推进，特别是数字技术与建筑业广泛融合和深度渗透，为行业转型升级提供了新动力。全过程工程咨询、工程总承包、建筑师负责制等新模式的快速发展，拓展了行业业务新空间。以国内大循环为主体、国内国际双循环相互促进的新发展格局，对行业转型升级提出新要求。

（一）建筑设计咨询行业发展现状

2022年全国共有建筑设计咨询单位16603家，比2022年增加855家。其中，建筑设计单位6037家，建筑设计专项单位10566家。其中，事业单位64家、国有企业1007家、集体企业48家、股份合作企业65家、联营企业11家、国有独资138家、有限责任公司5529家、股份有限公司1235家、私营企业7957家、港澳台企业83家、外资企业57家，其他企业409家。2022年建筑设计咨询行业单位期末从业人员合计为326.10万人(其中,建筑设计单位217.90万人,建筑设计专项单位108.20万人)。与上一年相比,单位数量有近5%的增加,但从业人数有1.5%的下降。

2022年,全国建筑设计咨询单位新签合同额总计为38364.89亿元,同比增加3763.82亿元,同比增长10.88%。其中,新签工程设计、全过程工程咨询以及其他工程咨询额合同总计3440亿元,占8.9%;新签工程总承包、工程勘察合同额总计34924.9亿元,占91.1%。

2022年全国建筑设计咨询单位完成工程勘察营业收入67.63亿元,占0.13%;完成工程设计营业收入2227.01亿元,占4.24%;完成全过程工程咨询营业收入30.20亿元,占0.06%;完成其他工程咨询营业收入330.80亿元,占0.63%;完成工程总承包营业收入27184.69亿元,占51.80%;完成其他营业收入22501.01亿元,占42.87%;完成营业外收入140.86亿元,占0.27%。相较上一年,工程设计收入较大幅度减少,超过10%;全过程工程咨询收入大幅增加,超过40%。由于传统设计单位工程总承包业务大量增加,其营业收入并表统计,造成建筑设计行业营业收入及人均营业收入虚增。若剔除总承包收入,单纯设计营业收入大幅降低。从以上数据不难看出,建筑设计行业中,传统的工程设计业务量、收费都处于下降趋势,工程咨询和新兴的全过程工程咨询,虽然业务量占比较小,但上升势头明显,逐渐凸显出工程咨询在工程建设全过程中的不可或缺的作用。

(二)建筑设计咨询行业工作成效

2023年,中国建筑设计咨询行业发挥自身优势应对市场变化,克服重重困难,加强改革创新,具体工作聚焦在以下几个重点方面:

一是建筑设计企业的转型与价值提升。当前建筑设计咨询行业聚焦更符合我国国情和市场规律的服务模式创新,探索更符合我国现阶段高质量发展要求的数字化转型,加快企业自身价值提升。

二是数字科技赋能产业升级。近年来,建筑设计咨询单位通过数字化转型探索新的商业模式,推动管理运行效率提升,与数字信息化时代的社会化生产大协作相协调,实现行业高质量发展。

三是贯彻新发展理念。建筑设计行业紧跟国家绿色发展和数字化转型战略，以创新为驱动，以人民为中心，以高质量发展为目标，取得了显著成效，建筑质量提升，绿色建筑广泛普及，智慧城市、智慧建筑蓬勃发展。

四是行业创新创优。2023年，建筑设计行业积极响应国家政策号召，以创新驱动实现高质量发展。通过创新、技术、人才等驱动力向智能化建造转型。集综合设计、研发、成果转化等全产业链为一体，提高产业链现代化水平，增强核心技术、产业扩张等核心竞争力。

五是人工智能在设计领域的应用及影响。人工智能设计在引起越来越多关注和讨论的同时，已开始融入建筑设计流程，得到日益广泛的应用。生成式人工智能（AIGC）是当前最受关注的人工智能建筑设计方法，该项技术在建筑设计咨询行业还处在探索和尝试阶段，但可预期的是未来人工智能设计将具有丰富的可能性及应用场景。

六是城市更新领域的咨询实践。近年来，城市建设由增量发展向存量发展转变，城市更新领域的咨询、实践量逐年增加。从已有实践来看，城市更新咨询内容广泛，包括城中村、棚户区、老旧小区改造，老旧工业区的转型，传统商业区的升级，环境治理与生态修复，以及历史街区保护等。更新内容从侧重硬件设施改善的单一环境整治向满足高质量发展要求的系统性、多维度转变。

七是全过程工程咨询试点。自2017年以来，全过程工程咨询服务推行已有近7年，目前，全咨服务概念已较为深入人心，相较推行之初，建设方对于全过程工程咨询服务的模式和效果已有较全面的认识，全过程工程咨询服务已逐渐成为主流工程服务模式的一种。

综上所述，2023年建筑设计咨询行业实现了以下突破：

通过一系列行业内机制改革，例如：资质管理改革、招投标改革、施工图审查改革、设计收费标准改革、协会学会改革等，实现行业的高质量发展。

通过行业内的科技发展顶层规划，推动绿色低碳技术创新、城乡历史文化保护传承利用技术创新、人居环境品质提升技术创新、城市基础设施智能化技术创新、智能建造技术创新、城市防灾减灾技术创新等一系列科技创新，用科技创造更美好的生活。

通过企业优化组织管理，探索现代企业制度与合伙人制融合的治理模式、树立以客户和员工为导向的管理理念，增强企业竞争力。

通过深入实践和总结工程策划咨询、工程总承包、全过程工程咨询、建筑师负责制等服务模式，逐步完善咨询服务过程和成果，有效促进工程项目的高质量完成。

通过广泛参与多专业协作的设计咨询业务，例如国土空间规划、城市设计、城市综合开发、城市更新、韧性城市、文旅设计、TOD开发、社会环境治理、产业园区开发、既有建筑改造等咨询服务工作，拓展业务领域，确立新的增长点。

通过发展专项顾问咨询服务，例如装配式建筑设计、既有建筑评估鉴定、建筑(声、光、热环境)设计、光伏建筑一体化设计、弱电智能化设计、绿色建筑低碳咨询、造价控制、海绵城市等，拓展业务领域。

通过积极开展创新创优活动，在行业内组织优秀勘察设计奖和科学技术奖评选，支持开展创新创优设计竞赛。

2023年建筑设计咨询行业在协同国家区域发展战略方面也作出大量实践和探索，结合“两横三纵”的城镇化战略、“西部开发、东北振兴、中部崛起、东部加快发展”的四大板块区域发展战略、国家城市群培育及发展战略、京津冀协同发展战略、长江经济带、长三角、粤港澳大湾区、黄河流域生态保护、海南自贸试验区等一系列区域发展战略的部署，充分发挥自身技术优势和特长，拓展新的市场。

与此同时，2023年，中国建筑设计咨询单位继续加快向海外市场布局的步伐，体现出积极的国际化战略和多元化的业务拓展策略，在承接境外项目、参与援外工程、参与国际合作等多个方面均有实质性进展。

(三)建筑设计咨询行业发展的困境与机遇

2023年的市场环境延续近年来的走低态势，国际环境日趋复杂严峻、城镇化进程持续放缓、房地产供求关系转变、固定资产投资增速下滑、市场需求萎缩、地方政府债务问题等多重不利因素叠加，给建筑设计咨询行业带来前所未有的困难，对行业发展构成挑战。2023年建筑设计咨询行业感受到了设计市场萎缩、行业内竞争日趋激烈、企业整体经营难度加大、利润下降的现实情况。行业内部分企业面临生存问题与发展困境，不得不采取裁员降薪的做法，导致行业从业人数在2023年明显减少。

在困境中，回看行业多年的高速发展，我们必须认识到，建筑设计咨询行业正处于全面转型升级的上下半场切换之际，机遇和挑战共存。市场环境变化对于行业发展的确造成一定不利影响，但建筑设计咨询行业仍是建筑工程从投资到最终实现过程中承前启后的重要环节，仍是将固定资产投资、工程建设科技成果转化为现实生产力的主要途径。从长期来看，建筑设计咨询行业仍有较强的发展韧性和适应力。中国城市化进程尚未完成，城市更新改造需求增加，基础设施建设、文化旅游和特色小镇建设等领域仍有较大增长空间，绿色建筑、节能建筑、智能建造、数字化转型等创新变革能够推动行业创新发展，竞争力提升，未来仍充满机遇。

（四）建筑设计咨询行业展望

我国正处在全面建设社会主义现代化国家开局起步的关键时期，经济发展由高速增长阶段转向高质量发展阶段，面临着增长速度换挡期、结构调整阵痛期、前期刺激政策消化期等复杂局面。虽形势复杂，但我们对行业发展仍充满信心。展望中国建筑设计咨询行业的发展，有以下几个方面的趋势：

一是坚持顺应高质量发展之路、科技创新之路、协调发展之路、绿色发展之路、改革发展之路的现代化发展趋势，建筑设计行业向着健康、共享、为全体人民美好生活服务的方向加速前行。

二是坚定文化自信，拓展海外市场，积极响应“一带一路”倡议的国际化发展趋势。

三是继续深入推进全过程工程咨询等工程咨询服务模式，大胆尝试模式创新的行业发展趋势。

四是从BIM应用、AI辅助设计、智慧城市到智能建造的数字化转型发展趋势。

五是“双碳”发展背景下的绿色化发展趋势。

建材咨询行业发展报告

(一)建材咨询行业发展现状

建筑材料工业是国民经济重要的原材料工业,经过几十年的发展,已经形成众多门类,产品种类有数千种,从传统的水泥、玻璃、陶瓷、砖瓦到现代无机非金属新材料和矿物功能材料。建筑材料工业在国家经济社会发展中起着非常重要的作用。同时,以窑炉工业为主要特征的建材工业也是资源、能源依赖型产业,建筑材料工业二氧化碳排放量较大,占到中国碳排放总量的15%以上。在"双碳"目标背景下,如何全面实现行业碳达峰碳中和、实现行业的智能化数字化,适应国家经济建设发展需要尤其是适应建筑业和交通、水电、城市基础设施产业升级的需要成为行业需要解决的问题。

随着国家经济建设进入新常态,建材工业发展的主要任务由满足经济建设总量的需求转变为适应国家绿色低碳发展的要求,2022年以来,主要建材产品的产量和效益均出现了一定幅度的下滑,并且这种趋势在长时期内仍将持续。这对建材工程咨询提出了新的要求,建材工程咨询行业在工作重点、领域、服务方式等方面都面临着深刻的改革。

2023年中国工程咨询协会建材专委会会员单位27家。据对其中17家会员单位初步统计,主要从事建材工程咨询的业务人员约为1000人(不包括从事综合工程咨询的单位和人员),其中拥有高级职称的人员占比为48%,咨询工程师(投资)占比28%左右。2023年共完成咨询工程项目800余项,完成合同额度1.2亿元。

(二)新形势下建材咨询的特点和成效

建材工业包括的门类广泛,参与建材工程咨询的企业众多。主要有:一是中国建筑材料工业规划研究院等综合性建材咨询机构；二是合肥水泥研究设计院有限公司、中建材玻璃新材料研究院集团有限公司、湖南省建筑材料研究设计院有限公司、苏州混凝土水泥制品研究院有限公司、河南建筑材料设计研究院有限公司等专业型咨询机构；三是中咨海外咨询有限公司、湖南省国际工程咨询集团有限公司、福建省政府投资项目评审中心等涵盖多领域的咨询机构。

进入新时期以来，尤其是近年来，建材工程咨询工作具有以下特点：

1.咨询机构的业务模式逐步转型

一些咨询机构为建材工业建设提供全产业链一站式服务。在当前建材行业整体产能过剩，房地产和基建类需求明显下降，企业利润下滑，投资谨慎的大背景下，建材工程咨询机构明确了“工程＋数字智能＋绿能低碳”三大主要业务赛道和实施路径，努力将工艺技术与智能化紧密结合，在节能减排、资源利用、智能化、数字化、自动化生产管理及生产控制技术等方面为建设单位提供先进可靠并具有较高经济性的技术方案。

持续围绕“双碳”目标开展咨询工作成为一些咨询机构新的思路和发力点，充分发挥数字智能和工程技术优势，以数字智能为驱动，推动数字智能与建材工业深度融合，为行业节能低碳、提质增效、数字智能转型提供有力支撑。

2.咨询方式和内容发生深刻变化

咨询方式向远程化转变。利用视频会议、协作工具等新技术，实现咨询服务的远程交付，提高跨区域项目承接的服务灵活性和服务质量。

咨询内容向绿色低碳转变。为实现碳达峰、碳中和目标，建材行业更加重视低碳技术的应用，如替代燃料使用、碳捕捉与封存技术，以及推广低碳水泥等。

此外，利用AI、机器学习等技术提高咨询工作效率和生产自动化水平，减少人工依赖，实现精准控制和高效运营。

3.咨询工作“走出去”步伐加快

近几年随着国内市场趋近饱和，业务量也在持续下降。建材工程咨询行业努力拓展国外市场，借助新一代信息技术为各国提供服务，业务遍及亚、非、欧、美等多个国家。尤其是水泥、玻璃、石材、玻璃纤维等传统行业积极向外拓展，着力打造“数字化＋工程咨询”的管理模式，提高了咨询技术水平和工程技术应用能力。

工程咨询是建材工程投资建设的重要组成部分。如天津水泥工业设计研究院有限公司等部分单位的咨询业务多数是随工程总承包项目附赠，虽然咨询部分收入较少，但是工程咨询是开展总承包项目必不可少的环节，在国内外项目全过程服务中形成自身独特的优势，发挥重要的作用。

4.市场竞争更加激烈

在全球经济复苏疲软的背景下，咨询市场竞争加剧，合同单价持续走低。客户需求也在不断变化，除项目可行性研究报告、初步设计、工艺设计等的需求外，越来越重视项目的节能评估、节能诊断。

（三）建材咨询行业面临的问题

1.咨询业务量减少

在经济形势严峻的情况下，建材行业固定资产投资下降，整体咨询业务量随之减少。据对13家建材工程咨询机构的调查，2023年全年完成合同数量653项，同比下降5%。除个别机构外，绝大部分咨询单位合同数量和合同额都有一定程度的下滑。

2.咨询机构水平良莠不齐，市场竞争激烈

2017年9月22日，国务院印发《国务院关于取消一批行政许可事项的决定》（国发〔2017〕46号），取消了工程咨询资质的行政许可审批。原先的工程咨询资质已不作为开展工程咨询工作的行政许可事项。咨询工作门槛的降低导致咨询机构数量增多，市场竞争加剧，咨询项目单价、项目合同到款额全面降低，部分咨询成果的技术专业性有所下降，咨询服务质量参差不齐。

（四）建材工程行业发展要求和展望

1.强化咨询手段和专业能力提升，助力建材咨询行业高质量发展

在数字化能力建设方面，推动内部管理系统的数字化升级，同时为客户提供数字化工厂设计实施服务，帮助客户实现生产智能化和管理信息化。重视人工智能在工程咨询工作中的应用，在深厚专业水平和能力的加持下，AI技

术将有效提升咨询工作的能力和效率。

在加大研发投入方面,持续关注前沿技术研究,拥有行业领先的核心技术,提高咨询业务竞争力,特别是在环保减碳、绿色建材、节能和智能化领域,保持技术领先地位,提供先进技术成果应用。

在人才建设方面,培养既懂工程技术又熟悉数字化工具的复合型人才,建立一支适应未来行业发展趋势的人才队伍。

2.紧扣国家战略需求,提升建材行业咨询高度

以"双碳"政策为契机,围绕"双碳"目标开发低碳咨询业务。将绿色发展理念贯穿于项目设计、建设和运营的全过程,这不仅符合国家的政策导向,也是提升企业竞争力的关键。紧跟建材行业节能降碳、转型升级的趋势,在企业的转型升级、结构调整等方面寻求机遇。

3.进一步落实"一带一路"倡议,加大行业"走出去"力度

从政策上积极引导建材行业的转型升级,发展高端新材料产品。建议建材行业产能"走出去",开发国际市场,带动国际项目咨询服务。同时,加强与国际机构的交流和协作,引入先进技术和管理经验,寻求海外项目机会,拓展国际市场。

4.规范咨询市场秩序,提升整体咨询水平

建材工程行业需规范咨询市场竞争秩序,规避恶性竞争,营造良好咨询市场环境。同时,应严格建立咨询市场准入机制,保障咨询行业质量水平。

5.不断完善沟通渠道和交流平台,加强行业间信息交流和分享

提供行业学习与交流的平台,提高行业人员咨询业务水平。如强化优秀工程咨询成果奖的评选和激励作用,对于获得优秀工程咨询成果奖的项目,编制获奖作品文本集或者制作视频集分享并下发会员单位,以供工程咨询单位学习,提高咨询业务水平。

同时,工程咨询协会及专业委员会应不断完善沟通渠道和交流平台,加强成员间信息交流、分享,共同促进工程咨询行业健康发展。

公路咨询行业发展报告

2023年,公路交通运输行业在加快建设交通强国、当好中国式现代化的开路先锋等方面取得了丰硕成绩,为国民经济发展提供了有力的运输服务保障。

(一)行业发展现状

2023年末全国公路里程543.68万公里,比上年末增加8.20万公里;公路密度56.63公里/百平方公里,增加0.85公里/百平方公里。其中,二级及以上等级公路里程76.22万公里,占公路里程比重为14.0%,增加1.86万公里,提高0.1个百分点;高速公路里程18.36万公里,增加0.64万公里,国家高速公路里程12.23万公里,增加0.24万公里。

公路咨询行业作为交通运输行业中的一小块“拼图”,在公路建设的政策制定、路网规划、项目策划、投融资、勘察设计、项目管理等方面发挥着重要的作用。在过去的一年中,公路咨询行业创新发展、稳中有进,并持续向好。

(二)行业发展特点

从宏观形势看,当前我国经济发展相较疫情前出现了新变化,持续回升的同时也面临一些新的困难和挑战;从行业发展趋势看,传统公路行业发展已经从量的增长转变为质的升级。

1.联网升级

公路建设将以国家公路网主骨架和沿边沿海、出疆入藏等通道为重点方向,完善路网体系、优化路网结构、提升路网效率,加强公路同铁路站点、民航机场、港口码头、市政道路的连接,形成综合立体交通网。

2.转型升级

公路工程全生命周期的数字化，公路建设的绿色低碳化，交旅融合、交能融合的跨行业融合化发展，都是公路咨询行业转型升级的新增长点。尤其是2023年交通运输部印发的《关于推进公路数字化转型 加快智慧公路建设发展的意见》(交公路发〔2023〕131号)，提出了构建公路全生命周期“一套模型、一套数据”转型目标，明确了设计建造、养护管理、标准和基础建设等方面的重点任务，每一项内容都和咨询行业息息相关。

3.标准升级

公路工程标准体系将更加适应新发展理念和高质量发展要求，注重提升工程耐久性，延长设计使用寿命。咨询行业应转变市场开拓方向，聚焦市场新需求提升供给能力，以前沿技术创新引领行业进步。

(三)行业发展成效

近年来，公路咨询行业发展取得了显著成效，主要表现在行业规范、技术创新以及国际竞争力等方面。

1.行业规范

公路咨询行业形成了更加完善的标准规范体系，提高了咨询质量，加强了行业内的交流与合作，促进了行业的健康发展。2023年初至今，交通运输部共发布10余套公路工程相关规范，现有规范修订和新规范制定工作持续推进。

2.技术创新

公路咨询行业积极探索智能化应用，创新或引入了更多的新技术、新方法，采用“BIM+GIS”、物联网、云计算、嵌入式等数字技术，实现了公路项目全生命周期的数据汇集、管理、共享与智能决策，大大提高了咨询效率和准确性，在工程实践中取得较好成果。

3.国际竞争力

中国公路咨询单位的国际竞争力不断提升。伴随国家“一带一路”倡议和“走出去”战略的实施，企业通过多种方式承揽项目，国际化程度不断提高；另外，中国政府和企业积极推广中国标准走出去，进一步推动了中国标准国际化的影响，如乌干达机场高速公路、阿尔及利亚东西高速公路等多个海外公路建设项目均采用了中国标准。

(四)行业发展问题

1.咨询收费标准相对较低

当前,公路勘察设计收费主要参考《公路工程建设项目概算预算编制办法》(JTG 3830—2018),公路咨询单位实际中标的设计费往往更低,无法真实反映复杂、特殊项目的实施难度和投入。长此以往,相对较低的设计咨询费率将影响咨询单位的提质增效和研发创新。

2.市场竞争日趋激烈

公路咨询行业竞争更加白热化、多元化、跨界化,产业链企业竞争加速,国内仍存在地方保护割裂全国统一大市场生态的情况,很多省份内循环现象普遍,公路咨询行业公平竞争的市场环境有待进一步改善。

3.科技创新投入不足

公路咨询行业作为知识密集型行业,科技创新仍存在很多短板和不足。一是科技创新体系还有待完善,专职科研人员偏少,资金投入不高,导致核心竞争力较弱,缺少专有技术,业务同质化严重;二是科研项目规划少,开展的科研活动少;三是科研支持力度不够,普通国省干线建设费用预算中几乎无科研经费,项目前期的创新投入偏少;四是重点领域(如绿色低碳、数字化转型、智慧交通等)仍未实现重大突破,咨询对工程建设的科技引领作用尚不明显。

(五)行业前景展望

1.“建管运养”促进公路行业高质量发展

《公路“十四五”发展规划》指出,“十四五”期间突出公路交通高质量发展主题,更加注重推动“建管运养”协调发展,更加注重加强与其他运输方式、关联产业的融合发展,更加注重提升供给质量、服务品质和服务体验。公路咨询行业将围绕建设安全、便捷、高效、绿色、经济的现代化公路交通运输体系开展相关工作和研究,为建设交通强国做好有力支撑,同时结合绿色低碳、智慧交通、大数据应用等向公路衍生市场进行转型、升级。

2."多元化投融资"对咨询行业提出新要求

国家推出PPP新机制，突出"聚焦使用者付费项目""全部采取特许经营模式""优先支持民营企业参与"三大核心特征，旨在充分发挥市场机制作用，拓宽民间投资空间。推进PPP新机制在公路领域的规范高效实施，有利于持续扩大公路有效投资，构建公路可持续市场化融资机制。公路咨询行业在做好传统业务的同时，更应在PPP新机制政策解读、投融资方式创新、项目投融资评估等方面做精、做细，充分发挥行业智库和行业引领作用。

3.咨询行业着力服务低碳发展

"双碳"背景下碳排放限制逐渐升级、环保整治和能耗"双控"力度不断加大，这对行业的技术创新和服务创新提出更高的要求，也为未来市场开发带来新的增长空间。

公路咨询行业在打造智慧交通、绿色交通，促进全产业链协同减碳方面有很大的发展机遇。在统筹考虑交通布局、国土空间和新型城镇化的关系，交通供给与社会生产生活的关系基础上，利用模式创新和新兴技术优化交通结构，做到交通网、能源网、信息网三网协同融合，形成"生态—策略—行动—监督"的闭环体系。公路咨询行业应主动融入交通减碳"需求侧生态圈"，从交通工具、能源消耗等终端向前推导，明确咨询的服务价值，以技术支撑、模式创新带动未来发展。

4.以科技创新切入点拓展咨询业务

"十四五"时期，我国推动高质量发展的主要任务之一就是坚持创新驱动发展，全面塑造发展新优势，结合技术攻关、企业战略、业务创新等方面，推动技术产品化，进一步发展新质生产力。

随着信息网络、清洁能源、新材料等一批颠覆性技术的快速发展，结合公路咨询单位的发展背景、技术基础、市场需求等，科技创新驱动业务发展的路径和方向呈现多元化：从虚拟技术向实际价值转化，追求结果导向的经济产出或解决行业、市场发展痛点；强调主场优势，紧紧围绕主业，以传统业务领域长期技术沉淀为基础，围绕新场景融合新技术、新工艺推出技术产品；以长期系统筹划为支撑，建立科研规划机制与成果转化机制，实现创新科研成果的快速转化。特别是智慧交通的推广，将为公路咨询行业带来全新机遇。

5.数字化转型探索行业新路径

《数字交通“十四五”发展规划》《交通运输部关于推进公路数字化转型加快智慧公路建设发展的意见》《财政部 交通运输部关于支持引导公路水路交通基础设施数字化转型升级的通知》等文件的出台,有利于推动互联网、大数据、人工智能、区块链等新技术与交通行业深度融合。

随着产业生态圈不断扩大,公路咨询单位与互联网企业、软件公司、平台公司等非工程建设产业链企业融合更加紧密,数字化业务的内涵也更为丰富。阿里、百度、腾讯等互联网科技企业正以全新的商业模式布局智慧城市建设与运维等领域,改变了工程建设领域传统的竞争格局,也加速了公路咨询单位数字化转型以及探索行业发展新路径的步伐。如以互联网企业思维打造自有软件、平台,并以产品售卖、租赁方式为行业提供定制化数据支撑平台;以“技术+数字化”的模式强化运营管理服务,提供专业技术解决方案;以及围绕智慧交通打造智能服务平台等。

城市轨道交通咨询行业发展报告

截至2023年,中国(不含香港、澳门和台湾)城市轨道交通已经走过近60年的发展历程,建成运营的城市59座,运营里程超过1.1万公里,已经成为世界上城市轨道交通在建里程、运营里程和城市地铁规模最大的国家,我国城市轨道交通规划建设和运营服务走向了以运营服务为主的新的发展阶段。

(一)城市轨道交通发展现状

截至2023年底,中国共有59座城市(建设规划执行城市46座,其余13座城市为多层次轨道交通规划建设和低运量轨道交通规划建设城市)开通城市轨道交通运营线路338条,运营线路总长度11225公里。其中,地铁运营线路里程约8540公里,占比76%(地下线占比70%);市域快线(含市域郊铁路)运营里程1460公里，占比13%；其他制式运营里程1225公里，占比11%。

2023年批复可研投资估算总额约4.08万亿元；新批复建设规划或建设规划调整城市5座，分别为《长沙市城市轨道交通第三期建设规划调整》《深圳市城市轨道交通第五期建设规划》《北京市城市轨道交通第三期建设规划》《绍兴市城市轨道交通第二期建设规划》《常州市城市轨道交通第二期建设规划》。批复线路总长约550公里，投资规模约4500亿元。

已投运城轨交通线路系统制式达到10种，包括大运能地铁、中运能轻轨、中运能单轨、中运能市域快线、中低运能磁浮、中低运能自动导向系统、低运能有轨电车、低运能悬挂式单轨、低运能导轨式电车、低运能电子导向电车。其中，地铁占比最大，占比略有下降；市域快线（含市域郊铁路）增长较快；中运能城轨交通系统稳步发展；多种低运能城轨交通系统研发并开工建设，城轨交通多制式协调融合发展的局面正在形成。

（二）轨道交通行业发展特点

2023年城市轨道交通行业发展特点主要体现在以下几个方面：

根据2019年《自然资源部关于全面开展国土空间规划工作的通知》要求，全面启动了全国、省级、市县和乡镇国土空间规划（规划期至2035年，展望至2050年），按照“自上而下、上下联动、压茬推进”的原则，各级国土空间规划已形成初步成果。城市群和都市圈均编制了多层次轨道交通规划，满足城市轨道交通规划建设条件的城市均编制或开展了线网规划调整规划与各层次国土空间规划同步编制和协调。多层次轨道交通（包括城市轨道交通）远期和远景规划线路规模在上版总规线网基础上大幅度增加。

在《“十四五”城市轨道交通规划建设实施方案》（发改基础〔2021〕1302号）和《重点省份分类加强政府投资项目管理办法（试行）》（国办发〔2023〕47号）文件等国家相关政策的指导下，“十四五”期间，城市轨道交通步入了高质量发展阶段。相关部门对城市轨道交通建设规划批复的技术经济方案的质量要求进一步提高，批复的规模逐步下降，2023年在建和拟建城市轨道交通项目总量和强度逐步下降。

城市轨道交通规划建设项目依然是以地下线路为主的大运量地铁系统或中运量城轨系统。在建线路80%以上为地下敷设方式，高架线占比因市域快线(包括市域郊铁路)和地方审批的低运量导轨式胶轮系统线路增加而有所增加,与国家对市域郊铁路和低运量轨道交通系统应以地面敷设为主的要求尚存在较大差距。

根据《国务院办公厅转发国家发展改革委等单位〈关于推动都市圈市域(郊)铁路加快发展的意见〉的通知》(国办函〔2020〕116号)的相关要求,国家已经批复的城市群和都市圈均开展多层次轨道交通或市域郊铁路规划发展研究,并获准规划建设一大批多层次轨道交通建设规划、市域郊铁路建设规划。从在建的规划项目投资技术经济指标来看,地下线为主的项目与城市地铁相当;高架线为主的项目与城市轻轨相当。从已经开通运营的市域快线(含市域郊铁路)来看,客流效益普遍不理想,规划建设的质量和水平有待进一步提高。

《"十四五"城市轨道交通规划建设实施方案》(发改基础〔2021〕1302号)对低运量轨道交通系统初期客流强度、线路敷设比例、直接工程投资及政府财政资金比例提出具体指标要求,2023年低运量轨道交通建设项目大幅度减少,混合路权的传统有轨电车基本没有新建线路,部分有轨电车项目由于系统设备更新存在的技术和经济原因停运或拆除。虽然独立路权的高架低运量胶轮导轨电车正在不断地尝试建设,运营线路正在不断增加,但已经运营的线路客流效益不尽理想。总体而言,低运量城市轨道交通在我国的发展尚处于探索阶段,在适用场景、技术体系、工程造价以及交通控制等方面尚待完善和突破。

(三)城市轨道交通发展成效

2023年中国城市轨道交通协会发布的年报统计分析,2023年中国城市轨道交通全年客运周转量2450.53亿人次公里,客运量294.66亿人次,进站量177.28亿人次。日均客流量突破8000万人次,平均客流强度超过0.7万人次/公里·日。平均乘距13.88公里(平均运距8.32公里),平均换乘系数1.66。全国城轨交通客运量占公共交通客运总量的分担比率逐年提升,特别是超大城市分担率基本超过了一半以上,发挥了城市轨道交通在城市公共交通中的主体或骨干作用,对改善城市环境、缓解交通拥堵、提高城市公共交通的服务水平、支持城市交通可持续发展起到了至关重要的作用。但是,特大城市和大城市中心城区公共交通分担率普遍不高(区域中心城市除外),服务水平和运营效益有待进一步提高。

根据2023年统计分析338条运营线路的客流强度,其中:大运能线路240条,客流强度超过0.7万人次/公里·日的有122条,占比50.8%;中运能线路44条,客流强度超过0.47万人次/公里·日的有5条,占比11.4%;低运能线路54条,客流强度超过0.17万人次/公里·日的有7条,占比13%。

根据2023年高峰断面客运量统计分析,北上广深一线城市69条线路,大运量线路占比54%、中运量线路占比32%、低运量线路占比14%;8座超大城市(含4座一线城市)114条线路,大运量线路占比40%、中运量线路占比39%、低运量线路占比21%;13座特大城市87条线路,大运量线路占比11%、中运量线路占比44%、低运量线路占比45%;23座大城市55条线路,大运量线路占比0%、中运量线路占比31%、低运量线路占比69%。

(四)轨道交通咨询服务面临的问题与挑战

城轨建设总体规模大、速度快、强度高,但是,城市交通压力仍然在不断加剧。需要在城市规划、交通发展政策和发展策略上进一步思考如何利用有限的资源和财政资金充分发挥城轨交通优势及作用,提高轨道交通全方式分担率以及合理确定建设规模与发展方式。

轨道交通规划设计的系统能力和规模与现状客流需求不匹配,总体上客流未达预期,设计运能未充分利用是普遍现象。因此,应切实坚持"一张蓝图干到底"思想,充分利用数字化智能化技术提高对未来预测的准确性,加强规划政策的针对性,提高规划质量,制定适宜城市自身发展规律的发展方案。

轨道交通规划设计针对性不强、规划建设轻重缓急时机把握不准。面对我国城市化进程后期放缓和社会经济发展从高速发展转向高质量发展的新常态,城市总体规划(包括综合交通和轨道交通)和轨道交通规划建设理念如何从强调"增量发展"转向"存量提升",需要进行全面反思并做出理念、思路及方法的转变,不断提升规划建设质量和水平。

对全生命周期成本研究不够重视或者研究不充分,尚未从全生命周期角度关注轨道交通高质量可持续发展。成网运行线路规模300~500公里以上的超大城市和特大城市已经逐步感受到新线建设造价和资金压力递增,资源和资产变现难度不断增加，其他经营性收入减缓，客流总量增长乏力，人力成本、能耗成本和设备维修更新成本不断增加，政府财政补贴压力不断加大的困境。需要认真研究和思考高质量可持续发展的模式和方向。

质量安全事件和隐患频发，应对突发事件和灾害的系统韧性、运营安全性和结构耐久性还有待进一步研究和提高。郑州地铁2021年“7•20”水灾事故、华南地区2023年“9•7”水患、北京地铁追尾以及上海地铁夹人等事故都给我们敲响了警钟；结构耐久性问题虽尚未充分暴露出来，但是各城市已经逐步出现隐忧。

（五）前景与展望

2023年，为贯彻落实党的二十大提出的我国社会经济高质量发展要求，全行业开展了轨道交通发展方式的转变思考——从高速发展转变为高质量发展；下一年度甚至“十五五”时期轨道交通将继续以高质量发展＋新质生产力的探索，在重新审视已有轨道交通建设和运营成果基础上，践行“降本＋提质＋增效”核心思想和理念。

城市群、都市圈和城市发展契合的多层次轨道交通协调融合发展应高度重视“四网融合”规划，根据需求合理控制规划建设规模，充分考虑全生命周期运营经营效益。为此，近期城市群和都市圈应充分发挥各种轨道存量资源提质增效，特别是铁路资源应注重体制机制和运营管理创新，提升铁路运输参与各方的积极性和运输效率，经济高效服务城市群、都市圈的商务和通勤客流。

应高度重视不同交通方式与轨道交通（包括常规公交、公交专用道、新质交通和个体接驳交通的）功能定位、分工以及效率和效益平衡，慎重选择低运量轨道交通系统规划建设时机和系统制式。近期应重点研究经济高效的中运量轨道交通系统，根据需求开展规划建设。

坚持四个原则，为实现城市轨道交通高质量发展奠定基础。以规划设计引领实现提质增效，以技术创新驱动实现降本增效，以绿色低碳建造实现建设品质和环境提升，以BIM及信息技术应用实现数智融合发展。

石化咨询行业发展报告

在中国工程咨询协会指导下，石油化工医药专业委员会致力于发挥在行业自律和服务中的作用，通过发展成员单位并建立合作体系，促进资源共享与优势互补，提升整体服务水平，共谋行业长远发展。作为石化医药专委会依托单位，中国石化工程建设有限公司（SEI）近年来在石化行业创新发展方面进行了较为成功的探索，积累了相对丰富的实践成果和经验，对石化医药行业工程咨询发展有一定的启发作用。

（一）创新成立工程咨询部，发挥市场“雷达”作用

2014年初，SEI开创性地将工艺专家、前期工作等各方面专家组织起来，成立了一个开展咨询项目、研究行业发展趋势的专职部门，即石化系统内第一家“工程咨询部”。经过10年的发展，在分析未来发展趋势、为公司提前布局、新兴市场开拓等方面发挥了极大作用。从开启千万吨级炼油、百万吨级乙烯及芳烃主体技术，到发展一体化、特色化、数字化、智能化，工程咨询业务的发展始终在引领行业前行。根据统计，工程咨询项目中50%以上得以最终落地，项目转化率在工程咨询行业中居于较高水平。

在SEI生产运营中，工程咨询作为项目先导、市场“雷达”，通过提供优质、专业、高水平服务，为获取市场与项目作出了突出贡献，为后续工程转化奠定基础，为工程建设主体业务创造用武之地。

依托工程咨询业务，延伸发展数字工程等新业务。2018年9月由SEI主导编制的《石油化工工程数字化交付》国家标准首次发布，为石油化工企业数智化工程建设提供了坚实基础。2020年，SEI成为石化行业中第一家成立数字工程部的企业，为迈入智能化发展新阶段提供了坚强的组织保障。通过具体项目逐渐总结提炼出数字化实践方法，并应用于中石化古雷、镇海、南港、天津、海南，中石油的吉化及中海油一些大型项目的数字化总体交付。

（二）创新提出发展理念，着力打造“最强工程”

深入学习党中央“加快建设世界一流企业”战略部署，贯彻落实集团公司高质量发展行动要求，结合公司发展实际，SEI创新提出打造“最强工程”理念，明确“1234”总体工作思路，把打造“最强工程”融入生产经营、技术创新、改革管理、党的建设全过程，加快打造“工程强、科技强、治理强、人才强”的综合竞争优势，推动各方面工作取得新进步。中国石化集团公司党组领导对工程建设公司打造“最强工程”给予“是学习贯彻习近平新时代中国特色社会主义思想主题教育的重要成果，充分体现了公司领导班子推进高质量发展的使命感责任感紧迫感”“具有较强的指导性和可操作性”的高度评价。

SEI以咨询业务重点难题为主线，动员员工深挖咨询业务、解决痛点难点，力求探索出集可持续发展、绿色低碳发展、数字化发展、国际化发展、技术导向型发展为一体的改革发展路径。最终征集各类型建议上百条，包括：境内外市场开拓建议30余条、“降成本、提效益”建议20余条、“抓安全、提质量”建议近20余条、科研开发及科技攻关建议近30余条。

SEI发挥咨询专家智囊优势，结合工作实际，从业务目标、存在问题和解决措施等方面深入研讨如何打造“最强工程”咨询服务平台。经过专家集思广益，提出“人无我有，人有我精”的指导方针，“对标世界一流”的决心与信心，以及“懂工艺、懂算法、懂软件”的具体举措。始终坚持问题导向、目标导向，通过制定近远期计划与具体措施，以高质量咨询引领力支撑“最强工程”建设，进一步服务公司高质量发展。

（三）创新开展特色业务，提升咨询服务品牌

SEI的工程咨询业务从最开始的方案设计、可研等前期项目咨询，扩展到产业规划咨询、工厂诊断咨询、绿色低碳咨询、投资决策咨询等各类综合咨询服务，具备“要素齐全、响应敏捷”的全过程咨询服务能力。随着企业转型发展不断深入和市场竞争日趋激烈，SEI不断创新开拓咨询业务领域，进一步提升咨询品牌竞争力。

一是积极开拓以“氢能”为核心的低碳服务链。着力拓展新能源业务领域，为氢能源产业发展提供了创新示范，助力中石化氢能产业布局；完成北京

冬奥会等多个加氢站设计，主导开展了氢能储运技术经济及应用场景研究；开发应用了绿电制氢优化系统，完成20个前期风光发电制氢项目的方案优化配置；主导或参与3项氢能国家标准以及13项氢能团标和企标的编制。

二是创建绿色化学品产业研究等多项课题。开展以绿色甲醇、绿氨为目标产品的绿氢下游产业链课题研究；依托辽宁朝阳开展以生物质为原料的绿色甲醇业务，探索生物质与绿氢的耦合路径研究；对标欧盟RED标准，基于绿色甲醇项目开展从“出生到坟墓”的绿色化工品碳足迹计算工作。

三是紧跟绿色低碳政策，开发节能诊断业务。邀请欧盟德国南德认证公司、中石化经研院、国家发展改革委能源研究所等外部专家开展碳排知识讲座，深入认知石化行业能耗碳排双控以及氢能行业发展趋势。成立节能降碳咨询服务团队，为多家炼化企业量身定制“一厂一策”节能降碳诊断方案。开展炼厂多能耦合的“净零碳工厂”关键技术研究，通过打造绿氢、绿氧、绿电与炼油厂耦合示范工程，实现全局能量优化提升与绿电耦合技术的应用探索。

四是立足“双碳”目标需求，成立集团公司级重点实验室。积极参与“中国石化炼油化工流程再造与多能耦合利用工程重点实验室”的工作，聚焦炼化流程再造、多能耦合利用、资源循环利用、新材料工程技术四大方向，加快形成支撑炼化转型绿色低碳系列工程技术，持续引领石化行业高质量发展。

（四）创新“三基”工作实践，夯实咨询业务基础

抓好“三基”工作是提升基层管理水平、推动企业高质量发展的重要途径，SEI在优化咨询组织结构、推进标准化管理和开展岗位练兵等多个方面持续发力。

一是出台管理规定，成立专业小组。结合业务实际及“最强工程”要求，出台《工程咨询部专业建设管理规定》并设计出版《咨询师手册》，在规范部门管理、提升管理效率方面发挥重要作用。创新成立政策分析小组、专利分析小组、海外项目开拓小组，补齐咨询工作的短板，以求真务实的作风持续提升咨询核心能力。

二是启用咨询业务“大区负责人”新制度。将国内市场细分为多个重点区域，选派经验丰富的项目经理担任区域负责人，总体把握区域内的项目资源，

全面负责新市场开拓、老客户巩固以及项目信息维护等工作。通过深入洞察各区域市场需求和“一厂一策”的针对性策略，为客户提供更专业、更有针对性、更有温度的服务，推动公司工程咨询工作迈向新高度。

三是持续推进标准化规范化设计工作。高效完成21个专业模板的编制及内审工作。完成第一批36套炼油、47套化工装置模块化信息库搭建工作，初步完成工程咨询模板文件体系的构建，为高端咨询夯实数据基础。全面梳理业务工作流程，编制“咨询项目工作流程图谱”“中国石化大型全厂性项目全过程流程图谱”“咨询项目质量工作手册”和汇报材料模板等文件，持续推进工作标准化规范化发展。

四是持续升级前期决策支持系统，推进5C智慧咨询平台建设。着力打造工程咨询高端智库，为用户全面搭建专有线性规划模型，形成厂师与企业1对1的服务模式，拓展远程诊断新模式，高端咨询品牌效益日益显现。通过打造“5C”智慧咨询平台，将前期文档协同系统、前期决策支持系统、数据档案管理系统、桌面炼化工厂系统、技术经济评价系统等进行集成。完成炼化项目能耗计算数字化、软件窗口开发工作，初步搭建碳排放计算软件框架。开发并应用咨询项目协同设计平台，实现文档编制—校审—签署—成品发布—归档的全过程管理和集成化设计。

以上为SEI在石化行业工程咨询业务领域创新发展的一些典型做法和经验总结，期望为石化医药行业广大咨询单位提供有益的参考与启迪。未来，石油化工医药专委会将进一步发挥桥梁纽带作用，致力于推动行业创新发展与融合发展，共同补短板、提质量、增效率，在发展壮大国内市场的同时，积极开拓海外咨询业务，以工程咨询的“雷达”作用，助力石化医药行业高质量发展。

电力咨询行业发展报告

(一)发展现状

2023年,电力行业以习近平新时代中国特色社会主义思想为指导,认真贯彻习近平总书记关于能源电力的重要讲话和重要指示批示精神,以及“四个革命、一个合作”能源安全新战略,落实党中央、国务院决策部署,弘扬电力精神,为经济社会发展和人民美好生活提供了坚强电力保障。电力供应安全稳定,电力消费稳中向好,电力供需总体平衡,电力行业绿色低碳转型趋势持续推进。

2023年,全国全口径发电量9.29万亿千瓦时,同比增长6.7%,其中,煤电发电量5.38万亿千瓦时,气电发电量3016亿千瓦时,核电发电量4341亿千瓦时,可再生能源发电量2.95万亿千瓦时,同比增长8.3%。2023年可再生能源发电量占全社会用电量的32%,成为保障电力供应的重要力量。

截至2023年底,全国全口径发电装机容量29.2亿千瓦,同比增长13.9%。其中,煤电装机容量11.65亿千瓦,气电装机容量1.26亿千瓦,核电装机容量5691万千瓦,可再生能源发电累计装机容量达到15.17亿千瓦,同比增长24.9%,可再生能源发电装机容量占全国发电总装机容量的比例历史性超过50%,达到51.9%。

电力行业绿色低碳转型步伐加快,截至2023年底,大型风电光伏基地第一批已建成并网4516万千瓦,第二批、第三批已核准超过5000万千瓦。以风电、太阳能发电为主的新能源总装机突破10亿千瓦,成为中国可再生能源发展的主力军。

2023年,电力工程设计企业新签咨询类合同110.80亿元,比2022年增长6.13%;实现咨询类业务营业收入58亿元,比2022年增长2.08%。

电力行业的增长得益于能源革命和相关产业政策为行业带来的新机遇。国家政策不断突出火电“压舱石”作用,强调“先立后破,通盘谋划”,传统火力发电新建及改造有较大的发展空间;“双碳”目标向纵深推进,九大清洁能源基地、大型风电光伏基地、五大海上风电基地等规划持续扩大新能源市场规模;跨省区输电通道、新建核电审批持续加速,能源行业的国家利好政策密集出台,行业机构积极抢抓市场机遇,在业务开拓及发展质量上均有较大提升。同时,传统电力设计单位积极谋求转型升级,拓展新兴业务。

(二)新能源与能源新业态业务迅速发展

2023年6月,国家能源局发布《新型电力系统发展蓝皮书》,全面阐述新型电力系统的发展理念、内涵特征,制定“三步走”发展路径,并提出构建新型电力系统的总体架构和重点任务。意见提到,以2030年、2045年、2060年为新型电力系统构建战略目标的重要时间节点,制定新型电力系统“三步走”的发展路径,即加速转型期(当前至2030年)、总体形成(2030年至2045年)、巩固完善期(2045年至2060年),有计划、分步骤推进新型电力系统建设。意见指出到2030年,推动新能源成为发电量增量主体,装机占比超过40%,发电量占比超过20%。到2045年,新能源成为系统装机主体电源。

近年来,电力设计单位积极参与新能源与能源新业态工程建设,推动构建新型电力系统,实现电力行业绿色低碳转型。

(三)“能源+”融合发展的典型咨询项目

为实现“双碳”目标,实现绿色低碳转型,电力咨询行业积极实践、勇于创新,探索能源融合发展新路径。

全国首个全路域交能融合示范项目——山东枣菏高速公路交能融合示范工程成功入选国家能源局公布的能源绿色低碳转型典型案例名单,为绿色能源供给新模式类典型案例。项目以源网荷储一体化技术架构,利用服务区、路侧边坡、收费站和互通区匝道等高速公路基础设施潜力,在全国范围内首次实现了公路边坡光伏规模化建设、(近)零碳智慧服务区启用、源网荷储一体化公路用能系统研发应用,实现以绿色电力支撑绿色运力。

首个获得国家政策性开发性金融工具支持的“东数西算”项目——甘肃庆阳“东数西算”源网荷储一体化智慧零碳大数据产业园示范项目建成后,将通过风光储与算力负荷等多元素融合互动的大型数据中心和大规模绿电本地化应用的一体化创新解决方案，将清洁能源资源优势转为产业发展优势，实现瓦特与比特的高效转化，形成数能深度融合发展的典型范式。

(四)未来展望

为加大节能降碳工作推进力度，采取务实管用措施，尽最大努力完成“十四五”节能降碳约束性指标，2024年5月，国务院印发《2024－2025年节能降碳行动方案》。方案提出，2024年，单位国内生产总值能源消耗和二氧化碳排放分别降低2.5%左右、3.9%左右，规模以上工业单位增加值能源消耗降低3.5%左右，非化石能源消费占比达到18.9%左右，重点领域和行业节能降碳改造形成节能量约5000万吨标准煤、减排二氧化碳约1.3亿吨。2025年，非化石能源消费占比达到20%左右，重点领域和行业节能降碳改造形成节能量约5000万吨标准煤、减排二氧化碳约1.3亿吨。《行动方案》在重点任务方面，部署了化石能源消费减量替代行动、非化石能源消费提升行动等10方面行动。

林草咨询行业发展报告

2023年，是全面贯彻落实党的二十大精神的开局之年，林草行业坚持以习近平新时代中国特色社会主义思想为指导，全面贯彻落实党的二十大精神，深入践行习近平生态文明思想，牢固树立和践行绿水青山就是金山银山理念，统筹山水林田湖草沙一体化保护和系统治理，大力弘扬塞罕坝精神，为建设美丽中国和实现人与自然和谐共生的现代化作出新贡献。

(一)“三北”工程攻坚战全面启动

在国家林草局“三北”工程专班的领导下，全年完成“三北”工程战略目标指标研究、工程区以及三大标志性战役片区可治理沙化土地治理率等指标测算，细化三大标志性战役区重点建设项目主攻方向和主要措施，编制完成《“三北”工程六期规划》《三大标志性战役实施方案》《“三北”工程建设主要技术规定(试行)》《沙漠戈壁荒漠地区光伏治沙规划》。三北工程攻坚战开工项目22个,完成造林种草600多万亩,实现良好开局。

(二)全国林草生态综合监测评价顺利完成

落实国家林草局“组织开展森林、草原、湿地、荒漠和陆生野生动植物资源动态监测与评价”职责,查清全国林草资源的现状和变化情况,评价林草生态系统状况,服务山水林田湖草沙一体化保护修复以及碳达峰碳中和战略,支撑林草资源保护发展、林长制督查考核,提升治理体系和治理能力现代化水平,完成《全国林草生态综合监测技术方案》《全国林草生态综合监测操作手册》的编写,建立了全国预警监测变化图斑判读数据库和更新数据库,完成了各类变化图斑类型的专题分析。建立了林草资源数据库,完成了2023年综合监测数据统计汇总,产出全国、各省及重点区域的专题报表共164套,编写完成《2023年全国林草生态综合监测报告》,为上级管理部门及地方林草部门提供了林草资源数据支撑。

(三)大规模国土绿化行动持续推进

完成造林绿化空间适宜性评估和林草植被适宜性评价,合理确定国土绿化空间规模,编制实施国土绿化三年行动计划(2023—2020),全年共完成造林6000万亩、种草改良6568万亩、治理沙化石漠化土地2857万亩,全部超过年度计划,全部落地上图。审核2022年造林完成任务、2023年造林计划任务落图,指导2023年国土绿化试点示范项目47个单位的上图工作。开展2020—2022年造林成效评估,“双重”工程项目、林草区域性系统治理项目、国土绿化试点示范项目,巩固退耕还林还草成果,抓好国家储备林建设和珍贵树种培育工作。落实全国防沙治沙规划,科学推进荒漠化石漠化综合治理。开展全国森林可持续经营试点,完成试点任务271万亩,以点带面推动森林质量提升。实施生态系统碳汇能力巩固提升专项行动,做好全国林草碳汇试点市(县)和林场试点的技术指导,开展地方林草碳汇计量监测培训。开展林业碳汇进入全国碳排放权交易市场,落实“以竹代塑”倡议。开展林草碳汇项目开发管理办法、交易管理办法研究，参与2023年度全国林草湿碳汇计量测算工作，完成林草湿碳计量相关模型修改完善，持续推进林草碳汇提升行动，建立完善林草碳汇交易机制，巩固提升林草碳汇能力，助力实现“双碳”目标。完成《国家林草局木竹产品碳减排潜力分析报告(2023)》。

(四)国家公园建设取得新进展

落实《国家公园空间布局方案》，有序开展创建设立工作，完成的第一批5个国家公园总体规划获批复。开展国家公园建设成效评估，完成国家公园监测工作管理办法及技术指南、全国自然保护地整合优化方案。完成国家公园建设财政支持项目支撑工作，加强各类自然保护地遥感监测和核查整改。在生态系统原真性与完整性评估、天空地一体化监测、国家公园分区管控、人兽冲突、事权划分、特许经营、社区可持续发展等方面开展课题研究。推进卡拉麦里、香格里拉等国家公园建设前期咨询工作，海南热带雨林国家公园生态产品总值核算成果转化、东北虎豹国家公园野外观测基地、辽河口国家公园监测等项目的研究。推进全国自然保护地整合优化审核等相关工作，开展自然保护地体系领域标准制修订工作。完成《国家级自然公园管理办法》，经国家林草局审定后印发。

(五)野生动植物保护有效加强

完成《大熊猫国际保护合作管理办法》《有重要生态、科学、社会价值的陆生野生动物名录》《陆生野生动物重要栖息地认定暂行办法》，协助完成《国家植物园体系布局方案》《国家植物园设立规范》，完成国家种质资源库建设方案。开展野生动植物及栖息地监测，构建候鸟迁飞通道保护监测体系，开展第五次全国大熊猫调查。完成国家林草局委托的《“十四五”全国极度濒危野生动物拯救保护建设方案》。

(六)林草产业持续健康发展

全国林业产业总产值9.28万亿元，同比增长2.3%。6个省区申报中央财政油茶产业发展示范奖补项目，完成油茶种植、低产林改造1002万亩，超额完成年度计划，预计全年油茶产量达到80万吨。加快"以竹代塑"发展三年行动计划和全球行动计划，完成《林业生物质能源发展年度报告（2022年）》《中国人造板产业报告（2023年）》《木竹产品碳减排潜力分析报告》等综合报告，发布行业首个强制性国家规范《林产工业工程项目规范》，承担《木竹产品替代行动方案及主要产品市场化路径实现方案》《贵州省赤水市以竹代塑产业发展规划》等咨询业务。

（七）防火防虫守底线扎实推进

健全森林草原防灭火一体化运行机制，完成防火阻隔系统和应急道路建设前期咨询，全力做好林草火灾风险普查技术支撑。完成全国森林火灾风险普查调查技术报告、评估区划技术报告。汇总全国标准地、大样地、野外火源、历史火灾、减灾能力调查数据等，形成《第一次全国自然灾害综合风险普查全国森林和草原火灾风险普查总结报告》。森林、草原火灾同比分别下降53.6%和25%，保持历史低位。推进完成33个省级单位的全国林草湿生态系统外来入侵物种普查验收外业工作，配合开展松材线虫病等重大林业有害生物疫情调查核实工作。完成林业、草原有害生物防治面积1.37亿亩、1.36亿亩，松材线虫病疫情快速扩散趋势得到扭转，发生面积同比减少19.1%，美国白蛾发生面积同比减少10.2%。

（八）林草数字咨询业务不断发展

扎实推进信息技术与林草深度融合，全面应用云计算、物联网、移动互联、卫星遥感、大数据等新一代技术手段，优化提升林草行业资源监管水平。林草系统技术单位牵头卫星系统、地面系统和应用系统承研技术单位，对卫星、地面、应用等系统进行参数调优，顺利完成陆碳监测卫星在轨测试内容。全面完成2023年林草生态网络感知系统建设任务。整合现有林草信息系统及数据资源，构建林草行业管理决策信息化智慧平台，实现山水林田湖多层次的林草资源基础数据动态收集，逐步实现森林、草原、湿地、荒漠等资源的综合监管、智慧监管、精准监管，形成"用数据规划、用数据监管、用数据评价"的林草管控新格局。有序开展国家森林资源智慧管理平台优化升级、森林经营试点任务落地上图与展示管理平台、野生动植物调查监测数据库和保护监管平台升级、黄山(牯牛降)国家公园“天空地”一体化监测体系建设方案、浙江省数字林业系统升级改造项目—林业碳汇应用场景、林草生态系统碳汇项目信息管理系统研发等数字化业务。开展林草产业大数据平台建设。自主研发融合智能感知技术、大数据和人工智能技术的林草智慧模型(Forestry Intelligent Model)平台,并在天津、山东、河北、河南等省市相关地区推广应用,赋能林草科学决策和高质量发展。

(九)绩效评价和造价审核高效完成

完成行业内基建项目可研报告的审查、验收和监管工作。对中央预算内投资基建项目进行动态监管。完成财政部林业草原改革发展资金、林业草原生态保护恢复资金等年度中央预算转移支付资金项目入库审核工作。开展国土绿化试点示范项目等年度中央转移支付资金绩效评价工作。完成年度《林草建设工程造价信息》的编制工作。推进自然资源资产评价评估工作,指导试点深化,开展相关技术标准的制定。

(十)2024年林草咨询发展预期

有序开展国家林草局2024年全国湿地监测、沙尘暴监测与预警,2024年退耕还林、天保工程检查验收,2024年造林核查检查验收、全国森林督查等生态监测类咨询业务。稳步推进三北工程攻坚战各项咨询工作,打好三大标志性战役。积极推进防火防虫等国家生态安全重大工程,完善生态安全基础设施。积极开展大规模国土绿化相关咨询业务,铸牢国家生态安全屏障。有序开展以国家公园为主体的自然保护地咨询业务,形成自然保护地管理的有效格局。依托国家发展改革委“双重规划”引领,开展《林草生物多样性保护重大工程建设规划编制》《北方防沙带生态保护和修复重大项目建设方案编制》《北方防沙带生态保护和修复重大项目建设方案编制》咨询业务,完成《高生态价值湿地保护工程项目前期研究与方案编制》《野生动物重要栖息地保护修复方案研究编制》《森林、草原资产清查技术优化与成果分析应用研究》等咨询业务,为各级政府政策制定、出台提供依据。

气象咨询行业发展报告

（一）行业发展综述

气象事业是党领导下的科技型、基础性、先导性社会公益事业，气象工程是助力气象高质量发展，加快推进气象科技能力现代化和社会服务现代化的重要支撑。气象工程咨询是综合运用大气科学、信息技术等多学科知识以及工程实践经验、现代科学和管理方法，在气象现代化建设投资项目决策与实施活动中，为决策部门、建设单位提供阶段性或全过程咨询和管理的智力服务。气象工程咨询范围包括政策研究、战略研究、决策咨询等气象智库工作，以及规划研究、气象工程项目设计、气象工程项目评估、气象工程全过程咨询等。

气象工程咨询起始于上世纪90年代初，随着国家对工程咨询行业的重视，同时伴随着气象事业的快速发展对工程咨询日益增长的需求，气象工程咨询也从无到有不断发展壮大，工程咨询单位逐渐涌入气象行业，气象工程咨询人员队伍和业务能力不断发展壮大，科学化、规范化的气象工程咨询业务初具规模。

气象工程咨询行业的良好发展，与气象事业发展环境和气象现代化建设需求程度密切相关。《全国气象发展“十四五”规划》中提出了国家级重点工程11项，各省（区、市）、计划单列市重点项目86项。截至2023年，气象部门“十四五”时期谋划实施风云四号02批气象卫星工程、海洋气象综合保障工程等12项重点工程。

（二）行业发展成效

1.气象智库作用逐渐发挥

2023年气象智库建设工作逐步开展，围绕行业热点，打造产品品牌，产出系列报告,气象智库影响力逐渐扩大。

一是开展气象高端智库建设。2023年中国气象局出台《中共中国气象局党组关于加强气象智库建设的若干意见》(中气党发〔2023〕162号),注重理论与实践结合,全面总结智库建设创新做法,不断优化多层次智库产品,构建全方位支撑体系,完善新型智库运行机制,《以“三个创新”打造气象智库主阵地》获得中国气象局十大优秀管理创新工作奖。

二是围绕气象行业开展研究。开展中国气象局党组重大选题《极端天气气候事件趋势和影响研究》《全国气象行业观测业务统筹发展机制研究》《气象高质量发展试点相关政策研究》等研究,融合内外部力量,聚集部门内外专家参与研究讨论,研究形成了《极端天气气候事件趋势及其影响研究报告》等系列咨询报告,主要研究成果已报国务院。

三是打造“领略”智库产品。2023年报送《领略咨询报告》8期,编发《领略资讯》14期、《政策动态》7期,发布《领略快讯》100余条,编制国内首部《全球气象发展报告》,举办领略气象发展报告会3场,“领略气象”公众号发表文章百余篇,在气象行业影响力逐渐扩大。

2.气象规划评估亮点突出

2023年度规划评估是首要亮点,系统全面检视气象发展规划实施情况,实现“以评代督、以评促落实”。

一是推动国家规划纲要气象领域实施内容落实。针对国家规划纲要气象领域实施开展中期评估,针对《中华人民共和国国民经济和社会发展第十四个五年规划和2035年远景目标纲要》中明确的气象领域任务和涉及气象领域任务的具体实施情况以及取得的成效进行了深入分析,并提出加强气象行业观测设施统筹规划和建设等相关建议。

二是推进全国气象“十四五”规划中期评估。针对气象“十四五”规划,开展中期评估,其中,总体规划评估是整个评估工作的重中之重,通过逐条逐项分析规划目标指标实现程度、主要任务进展成效、工程项目推进情况等,深入剖析评估发现的问题及原因,并提出相应建议举措。

三是开展气象省级规划及专项规划评估。对气象观测、预报、服务、信息化、海洋等14项专项规划的结果进行评估,与全国气象发展“十四五”规划及各专项规划评估工作协同衔接,形成评估结果。开展全国气象部门省级规划中期评估，梳理凝练各省气象事业发展成效，总结提炼规划实施整体成效和经验做法，研究分析存在的共性问题，结合气象高质量发展要求，形成推进规划实施的措施建议。

3.气象工程设计能力显著提升

2023年，气象工程设计业紧紧围绕“统筹”促进气象高质量发展。全行业在聚焦主业基础上，努力向上下游拓展，致力于打造从投资机会研究到建设规划、从可研到初步设计、从技术审查到概算调整的“长链条”工程咨询业务。

一是积极谋划气象工程统筹集约建设。国家发展改革委、中国气象局联合印发《关于统筹集约建设气象业务软件的指导意见》，气象部门印发《气象软件开发规范》《气象业务软件组件化设计指南》，明确气象业务软件统筹发展路线图和各项建设规范，促进气象业务软件统筹建设。行业内开展完成“十四五”气象工程统筹情况调研，探索开展气象+、孪生大气、智慧气象等工程化设计。

二是开展气象现代化顶层设计。完成生态气象保障能力提升与气候变化监测评估工程（一期）可行性研究报告、川藏铁路建设气象服务保障工程建设实施方案等一批“十四五”气象重大工程前期工作，有效支撑国省统筹、软件统筹、资金统筹落地。持续推进气象工程咨询标准顶层设计研究，建立气象工程咨询标准体系，完成雷达工程建设中央投资控制标准、综合气象观测业务维持经费定额标准、气象部门项目可行性研究报告编写大纲实施细则等一批气象工程咨询业务的标准制修订，促进和引领气象工程咨询业务有序、高效、快速和健康发展。

4.气象评估评价成效突出

2023年在做优做强工程项目评估基础上，围绕气象科技能力现代化和社会服务现代化，进一步向气象科技能力评估完善深化、并首次拓展到气象社会服务现代化建设领域。

一是项目评估敢亮剑出“精品”。编制了《气象工程项目评估报告编制技术指南》（2023年版）等5项标准规范，累计建立575项评估指标和3类14项评估方法集、形成涵盖7个专业近200名评估专家库，全年完成70余项120亿立项评估审查。

二是科技评估敢挑战出“名品”。完成中国气象局野外科学试验基地等3项科技评估报告，提炼总结了涵盖6个方面12个维度的评估指标体系，有力支持了气象科技创新基础能力改善。

三是气象服务评价敢创新出“新品”。开展中国气象局业务运行费定额标准验证评估和财政支出项目绩效指标修订，创新提出气象试点建设成功度评价指标，完成《温州防灾减灾示范区建设评估报告》等成果，为探索开展气象灾害防御水平评估打下了较好的工作基础。

5.工程咨询业务呈现新模式

2023年，气象行业持续进行全过程咨询模式探索，国省两级分别开展试点，促进气象工程咨询行业的转型升级，提升行业整体服务水平。

一是开展国家级重点工程全过程工程咨询模式。以“海洋气象综合保障一期工程”为试点，打造规划、设计、评估、咨询、采购、监管等气象重大工程全过程咨询模式，依托全过程管理团队，首次建立全过程监管指标，形成气象部门首个气象重大工程监督检查评价报告，为规划评估、后续工程建设提供决策支撑。

二是增发国债气象项目发挥全链条优势。将系统性思维创新性运用于国债项目管理工作中，项目设计、采购、监管全链条发力，助力推动气象部门增发国债项目建设实施。黑龙江省“省级气象业务园区灾后修复及基础设施能力提升项目”采用了全过程咨询服务，包括从项目管理、设计、监理、招标代理、造价咨询的全流程管理模式，提高了项目建设和管理效率，是气象部门省级探索全过程咨询服务的一次有益尝试。

（三）行业发展有关建议

1.发挥气象专委会力量，搭建行业融合发展平台

一是充分发挥气象专委会平台作用，汇聚行业内的顶尖专家、企业代表和相关机构，促进成员单位间的信息交流与合作，共同探讨行业热点和难点问题，打破企业间的壁垒，促进资源共享、优势互补，实现协同创新，提升整个行业的发展水平。二是气象应积极融入工程咨询行业发展，气象因素在工程咨询的多个领域，如基础设施建设、新能源开发等方面都具有重要的影响，发挥中咨协会行业平台和桥梁纽带作用，向外输送和展示气象行业咨询成果，积极

发挥“气象+”作用,结合新质生产力、低空经济等热门领域,加强行业间合作。

2.积极融入行业智库联盟,发挥气象支撑力量

积极融入工程咨询行业智库联盟,组建气象智库联盟。气象智库联盟通过建立联席会议制度、搭建工作交流平台等,统筹协调成员单位集中力量开展研究。气象智库联盟加强横向纵向互动,以中国工程咨询协会为平台,强化智库间互动联动,增强研究的综合性、实用性。

3.加强气象工程咨询人才培养,打造高端人才队伍

人才是行业发展的动力,充分利用中国工程咨询的专家、培训等平台,培养气象工程咨询专业高端人才队伍。在全球化的背景下,工程咨询行业需要积极参与国际交流与合作,国际咨询工程师联合会(菲迪克)作为工程咨询行业国际交流平台,气象工程咨询行业人才应积极参与国际培训和会议,学习国际先进的理念、技术和管理经验,提升我国气象工程项目管理水平。同时,通过参与国际组织的活动,传递中国在气候变化应对灾害方面的理念,促使中国气象在世界更多舞台上发声。

电子信息咨询行业发展报告

(一)电子信息产业备受各国高度重视,战略地位日益突出

1.电子信息产业在国际上的重要战略地位

电子信息产业作为当今世界上最具活力和创新性的新兴高科技产业,广泛应用于各行各业,推动着经济社会发展和人类文明进步。电子信息产业现已成为世界各国科技竞争的焦点与综合国力的体现。以欧美、日、韩等为代表的国家,纷纷将其作为国家首要的战略性产业,加大投入,以期在新一轮技术革命中占据制高点。

2.电子信息产业在我国的重要战略地位

电子信息产业作为我国国民经济和社会发展的战略性、基础性和先导性

产业，在调整优化产业结构、转变发展方式、拉动经济增长和维护国家安全方面发挥着不可替代的重要作用，有力地推动了我国新型工业化、信息化、城镇化和农业现代化进程。我国高度重视电子信息产业的发展，为促进电子信息产业，尤其是集成电路产业的发展，工信部、财政部指导设立了国家集成电路产业投资基金，简称“大基金”。大基金作为国家层面的战略性基金，对集成电路产业发展起到了重要的推动作用，加速了我国在这一领域的追赶步伐，并在全球竞争中占据有利地位。

3.电子信息制造业蓬勃发展，对产业发展起到重要带动作用

电子信息制造业位于电子信息产业链条中游，具有集聚创新资源与要素特征，是当前全球创新最活跃、带动性最强、渗透性最广的领域，已经成为当今世界经济社会发展的重要驱动力。近年来我国电子信息制造业抓住国家经济、社会发展的重大机遇，积极推进结构调整，着力加强自主创新，实现了产业的稳步增长。据工信部统计，2023年，我国电子信息制造业产值5.1万亿元，增加值同比增长3.4%，投资稳步增长，固定资产投资同比增长9.3%。电子信息制造业对国民经济发展的支撑引领作用日益凸显。

（二）新发展阶段，电子信息制造业发展的新特点

技术密集型产业的代表，强调创新与知识产权：电子信息制造涉及多行业、多学科领域，对研发与技术的持续创新高度依赖。在市场竞争中存在以专利、知识产权、行业标准为主的技术壁垒，限制后进入者的技术发展的情况。在决策咨询阶段，应评价技术的先进性，辨识项目具备的自主知识产权与专利体系，以规避侵权风险。

投资金额大，资金门槛高：电子信息制造项目通常具有工艺复杂、设备集成度高、厂务系统精密复杂等特征，带来动辄百亿的投资需求。在工程咨询中需要对资金来源融资方案、融资成本等进行深入研究分析，提出科学解决方案。

生产需求严苛，对工程建设方案提出较高要求：电子信息制造业产品类型和形式多样、工艺流程与设备构成复杂，决定了其生产需要在洁净度、温湿度、微振动高度受控的环境中进行，生产支持系统复杂，导致洁净环境工程造价昂贵，使得洁净空间能否高效利用成为评价项目建设成果的重要因

素之一。若不能以最科学的方法进行设备配置与布局规划,不仅将带来洁净空间与资金的浪费,还可能导致无法达成预计产出。微振动控制方面,以半导体集成电路芯片生产为代表,在一块集成电路芯片中可集成上亿个元件,加工线宽已达到纳米级,外界超过一定振幅的微振动,都会导致光刻系统对位不精准,进而使得器件中的电路产生短路与失效,导致良率降低。电子信息制造项目在选址论证、设备选型论证、洁净与厂务伺服系统方案论证等方面具有较高的要求。

供应链自主可控已成为产业发展的重要原则:电子信息制造业凭借其特殊地位,目前呈现了明显逆全球化的特点,即欧美、日、韩等国对我国高端电子产品、关键设备及原材料、高端人才等产业发展的重要支撑条件,实行了严格的出口管制。《美国芯片法案》企图以"中国护栏"条款禁止我国 14nm 及以下芯片产业的发展,同时以出口管制等措施,限制我国对上游关键设备和材料的采购,并限制高端技术人员流动。因此,构建自主可控的产业链是我国产业安全的核心原则。

(三)面向国家战略需求,创新专业工程咨询服务实现产业发展自主可控

1. 专业的技术咨询,攻克产业难点,实现资金高效利用

(1)在选址论证阶段,结合宏观、微观两个层面论证项目的选址是否科学、合理、可行。其中,宏观层面重点论证选址是否位于成熟的电子信息产业集聚区;微观层面重点论证项目的地质条件是否良好,周边振动影响是否可控。针对微振动控制问题,中国电子工程设计院股份有限公司(以下简称中国电子院)基于扎实的理论基础、丰富的项目实践经验,建立涵盖选址、勘测、方案的全过程微振动控制评价与保障手段,保障精密制造的需求。以落户重庆的某半导体器件生产线为例,建设地属于多山地区,地质复杂,项目选址周边规划高速公路与轨道等设施,为项目的微振动控制带来极大不确定性。面对复杂局面,中国电子院在选址咨询过程中开展了大量的现场踏勘工作,在拟选址区域进行多点位振动监测,采取模拟分析的手段进行判定,提出选址边界与高速公路距离不低于300m的结论,确保实现微振控制要求。

(2)针对洁净空间高效利用的问题,中国电子院采取数字化工程技术手

段，利用自研软件开展自动化设备排布，通过多方案比选，给出最优化的布局方案与最合理的洁净空间需求，保障洁净间配置与规模方案合理，从源头实现工程建设投资的集约、高效利用。

2.专业的投资咨询，实现咨询引领作用，保障产业资金安全

针对资金投入门槛高，中国电子院基于对国家与地方产业基金、行业内各大投资机构等信息的分析研究，提出多渠道、多手段的融资措施建议，并在投资决策阶段对建设单位当前的资金筹措方案可行性进行评价，并结合股东资金的注入、产业发展基金与市场化资金的利用，提出科学、可行的资金筹措建议。通过上述咨询措施，能够在决策阶段确保融资渠道畅通、降低融资成本、保障资金安全。

3.推进国产化装备的应用，促进产业协同发展

电子信息制造业的发展离不开产业链的整体协同。为保证产业安全，促进国产化设备的应用，中国电子院通过建立关键设备库与模型库，采用设备模型与自动布局系统联动的手段，建立起成套的国产设备应用替代方案。基于对产品结构、原理的理解，进行主要工艺流程分析与工艺步骤拆解，随后根据自研设备库与模型库，对各工艺步骤进行国产设备适用性匹配，并依据匹配结果，向建设单位提出设备国产化替代方案，用于决策参考。

电子信息产业作为战略性、基础性产业，对国家科技实力和信息安全有深远影响。将通过专业的工程咨询服务和创新能力，解决产业发展痛点，提升产业的整体竞争力和自主可控能力，助力产业迈向高质量发展的新征程。

政策解读篇

2023年，国家发展改革委发布了一系列政策、规范，其中，新版投资项目可行性研究报告编写大纲系统总结了20多年来的咨询研究经验，是新时代工程咨询机构提升咨询质量、助力扩大有效益投资的重要规范，此外，还发布了其他系列重要政策。报告选编这些内容，希望工程咨询机构要高度重视，加强学习，更有效地指导咨询实践，以高质量咨询服务高质量投资。

投资项目可行性研究报告编写大纲、说明原文与解读

国家发展改革委关于印发投资项目可行性研究报告编写大纲及说明的通知

发改投资规〔2023〕304号

全国人大常委会办公厅，国务院各部委、各直属机构，全国政协办公厅，最高人民法院，最高人民检察院，中直管理局，各省、自治区、直辖市及计划单列市、新疆生产建设兵团发展改革委：

为着力推动高质量发展，巩固和深化投融资体制改革成果，进一步提升我国投资项目前期工作质量和水平，根据《政府投资条例》《企业投资项目核准和备案管理条例》等规定，在2002年《投资项目可行性研究指南（试用版）》基础上，我委研究制定了《政府投资项目可行性研究报告编写通用大纲（2023年版）》《企业投资项目可行性研究报告编写参考大纲（2023年版）》和《关于投资项目可行性研究报告编写大纲的说明（2023年版）》（以下分别简称《通用大纲》《参考大纲》和《编写说明》）。现印发给你们，请按照执行，并就有关事项通知如下：

一、加强项目可行性研究，提升投资决策科学化水平

党的二十大报告指出，要着力推动高质量发展，增强投资对优化供给结构的关键作用。高质量发展需要高质量的投资，高质量的投资需要高质量的

决策。可行性研究是投资决策的核心环节，加强投资项目可行性研究是提升投资决策科学化水平的必然要求。《通用大纲》《参考大纲》和《编写说明》是指导有关方面开展投资项目可行性研究工作的指南，也是加强和改进投资项目决策管理的载体。要以可行性研究报告编写大纲实施为契机，推动各有关方面高度重视项目可行性研究工作，更加注重项目全生命周期管理，更加注重把握可行性研究的重点，更加注重防控项目建设实施风险，切实提升投资项目前期工作和投资决策的质量，为扩大有效投资，促进高质量发展提供有力支撑。

二、区分项目性质，实施好可行性研究报告编写大纲

可行性研究报告编写大纲适用于我国境内各行业各类投资项目的可行性研究工作，是投资项目决策的重要依据。其中，政府投资项目可行性研究报告原则上应按照《通用大纲》进行编写，并作为各级政府及有关部门审批政府投资项目的基本依据。《参考大纲》主要是在落实企业投资自主权基础上，引导企业重视项目可行性研究，加强投资项目内部决策管理，促进依法合规生产经营，实现健康可持续发展。《编写说明》是对大纲的解释和阐述。在编写、审核项目可行性研究报告时，应同时借鉴和参考使用大纲及说明有关内容。

在编写具体项目的可行性研究报告时，可结合项目实际情况对大纲所要求的内容予以适当调整。对于建设内容单一、投资规模较小、技术方案简单的项目，可按照国家有关规定简化大纲中的有关内容。对于重大或复杂项目，可在可行性研究报告正文之前形成摘要，综述项目概况、可行性研究过程、主要结论和建议等内容。

三、兼顾行业特点和要求，细化优化可行性研究报告编写大纲

《通用大纲》和《参考大纲》是对投资项目可行性研究报告编写内容和深度的一般要求和基础指引。为更好适应不同行业领域的特点和要求，有关行业主管部门可参照编写大纲，在征求我委意见、反映行业特殊性，并根据实际需要对编写大纲有关内容进行合理调整的基础上，制定适用具体行业或领域的可行性研究报告编写大纲或实施细则。

四、加强跟踪反馈，建立可行性研究报告编写大纲动态调整机制

各方面对《通用大纲》《参考大纲》和《编写说明》的意见建议，请及时收集、认真整理并反馈我委。我委将建立可行性研究报告编写大纲动态调整机制，根据新形势新要求并结合各方面反馈意见，适时予以修订。

本通知有关内容由国家发展改革委负责解释，自5月1日起施行。此前有关规定与本通知要求不一致的，以本通知为准。

国家发展改革委

2023年3月23日

政府投资项目可行性研究报告编写通用大纲

（2023年版）

一、概述

（一）项目概况

项目全称及简称。概述项目建设目标和任务、建设地点、建设内容和规模（含主要产出）、建设工期、投资规模和资金来源、建设模式、主要技术经济指标、绩效目标等。

（二）项目单位概况

简述项目单位基本情况。拟新组建项目法人的，简述项目法人组建方案。对于政府资本金注入项目，简述项目法人基本信息、投资人（或者股东）构成及政府出资人代表等情况。

（三）编制依据

概述项目建议书（或项目建设规划）及其批复文件、国家和地方有关支持性规划、产业政策和行业准入条件、主要标准规范、专题研究成果，以及其他依据。

（四）主要结论和建议

简述项目可行性研究的主要结论和建议。

二、项目建设背景和必要性

（一）项目建设背景

简述项目立项背景，项目用地预审和规划选址等行政审批手续办理和其

他前期工作进展。

（二）规划政策符合性

阐述项目与经济社会发展规划、区域规划、专项规划、国土空间规划等重大规划的衔接性，与扩大内需、共同富裕、乡村振兴、科技创新、节能减排、碳达峰碳中和、国家安全和应急管理等重大政策目标的符合性。

（三）项目建设必要性

从重大战略和规划、产业政策、经济社会发展、项目单位履职尽责等层面，综合论证项目建设的必要性和建设时机的适当性。

三、项目需求分析与产出方案

（一）需求分析

在调查项目所涉产品或服务需求现状的基础上，分析产品或服务的可接受性或市场需求潜力，研究提出拟建项目功能定位、近期和远期目标、产品或服务的需求总量及结构。

（二）建设内容和规模

结合项目建设目标和功能定位等，论证拟建项目的总体布局、主要建设内容及规模，确定建设标准。大型、复杂及分期建设项目应根据项目整体规划、资源利用条件及近远期需求预测，明确项目近远期建设规模、分阶段建设目标和建设进度安排，并说明预留发展空间及其合理性、预留条件对远期规模的影响等。

（三）项目产出方案

研究提出拟建项目正常运营年份应达到的生产或服务能力及其质量标准要求，并评价项目建设内容、规模以及产出的合理性。

四、项目选址与要素保障

（一）项目选址或选线

通过多方案比较，选择项目最佳或合理的场址或线路方案，明确拟建项目场址或线路的土地权属、供地方式、土地利用状况、矿产压覆、占用耕地和永久基本农田、涉及生态保护红线、地质灾害危险性评估等情况。备选场址方案或线路方案比选要综合考虑规划、技术、经济、社会等条件。

（二）项目建设条件

分析拟建项目所在区域的自然环境、交通运输、公用工程等建设条件。其中，自然环境条件包括地形地貌、气象、水文、泥沙、地质、地震、防洪等；交通运输条件包括铁路、公路、港口、机场、管道等;公用工程条件包括周边市政道路、水、电、气、热、消防和通信等。阐述施工条件、生活配套设施和公共服务依托条件等。改扩建工程要分析现有设施条件的容量和能力,提出设施改扩建和利用方案。

(三)要素保障分析

土地要素保障。分析拟建项目相关的国土空间规划、土地利用年度计划、建设用地控制指标等土地要素保障条件,开展节约集约用地论证分析,评价用地规模和功能分区的合理性、节地水平的先进性。说明拟建项目用地总体情况,包括地上(下)物情况等;涉及耕地、园地、林地、草地等农用地转为建设用地的,说明农用地转用指标的落实、转用审批手续办理安排及耕地占补平衡的落实情况;涉及占用永久基本农田的,说明永久基本农田占用补划情况;如果项目涉及用海用岛,应明确用海用岛的方式、具体位置和规模等内容。

资源环境要素保障。分析拟建项目水资源、能源、大气环境、生态等承载能力及其保障条件,以及取水总量、能耗、碳排放强度和污染减排指标控制要求等,说明是否存在环境敏感区和环境制约因素。对于涉及用海的项目,应分析利用港口岸线资源、航道资源的基本情况及其保障条件;对于需围填海的项目,应分析围填海基本情况及其保障条件。对于重大投资项目,应列示规划、用地、用水、用能、环境以及可能涉及的用海、用岛等要素保障指标,并综合分析提出要素保障方案。

五、项目建设方案

(一)技术方案

通过技术比较提出项目预期达到的技术目标、技术来源及其实现路径,确定核心技术方案和核心技术指标。简述推荐技术路线的理由。对于专利或关键核心技术,需要分析其取得方式的可靠性、知识产权保护、技术标准和自主可控性等。

(二)设备方案

通过设备比选提出所需主要设备(含软件)的规格、数量、性能参数、来源和价格,论述设备(含软件)与技术的匹配性和可靠性、设备(含软件)对工程方案的设计技术需求,提出关键设备和软件推荐方案及自主知识产权情况。对于关键设备,进行单台技术经济论证,说明设备调研情况;对于非标设备,说明设备原理和组成。对于改扩建项目,分析现有设备利用或改造情况。涉及超限设备的,研究提出相应的运输方案,特殊设备提出安装要求。

(三)工程方案

通过方案比选提出工程建设标准、工程总体布置、主要建(构)筑物和系统设计方案、外部运输方案、公用工程方案及其他配套设施方案。工程方案要充分考虑土地利用、地上地下空间综合利用、人民防空工程、抗震设防、防洪减灾、消防应急等要求,以及绿色和韧性工程相关内容,并结合项目所属行业特点,细化工程方案有关内容和要求。涉及分期建设的项目,需要阐述分期建设方案;涉及重大技术问题的,还应阐述需要开展的专题论证工作。

(四)用地用海征收补偿(安置)方案

涉及土地征收或用海海域征收的项目,应根据有关法律法规政策规定,提出征收补偿(安置)方案。土地征收补偿(安置)方案应当包括征收范围、土地现状、征收目的、补偿方式和标准、安置对象、安置方式、社会保障、补偿(安置)费用等内容。用海用岛涉及利益相关者的,应根据有关法律法规政策规定等,确定利益相关者协调方案。

(五)数字化方案

对于具备条件的项目,研究提出拟建项目数字化应用方案,包括技术、设备、工程、建设管理和运维、网络与数据安全保障等方面,提出以数字化交付为目的,实现设计—施工—运维全过程数字化应用方案。

(六)建设管理方案

提出项目建设组织模式和机构设置,制定质量、安全管理方案和验收标准,明确建设质量和安全管理目标及要求,提出拟采用新材料、新设备、新技术、新工艺等推动高质量建设的技术措施。根据项目实际提出拟实施以工代赈的建设任务等。

提出项目建设工期,对项目建设主要时间节点做出时序性安排。提出包括招标范围、招标组织形式和招标方式等在内的拟建项目招标方案。研究提出拟采用的建设管理模式,如代建管理、全过程工程咨询服务、工程总承包(EPC)等。

六、项目运营方案

(一)运营模式选择

研究提出项目运营模式,确定自主运营管理还是委托第三方运营管理,并说明主要理由。委托第三方运营管理的,应提出对第三方的运营管理能力要求。

（二）运营组织方案

研究项目组织机构设置方案、人力资源配置方案、员工培训需求及计划,提出项目在合规管理、治理体系优化和信息披露等方面的措施。

（三）安全保障方案

分析项目运营管理中存在的危险因素及其危害程度,明确安全生产责任制,建立安全管理体系,提出劳动安全与卫生防范措施,以及项目可能涉及的数据安全、网络安全、供应链安全的责任制度或措施方案,并制定项目安全应急管理预案。

（四）绩效管理方案

研究制定项目全生命周期关键绩效指标和绩效管理机制,提出项目主要投入产出效率、直接效果、外部影响和可持续性等管理方案。大型、复杂及分期建设项目,应按照子项目分别确定绩效目标和评价指标体系,并说明影响项目绩效目标实现的关键因素。

七、项目投融资与财务方案

（一）投资估算

对项目建设和生产运营所需投入的全部资金即项目总投资进行估算,包括建设投资、建设期融资费用和流动资金,说明投资估算编制依据和编制范围,明确建设期内分年度投资计划。

（二）盈利能力分析

根据项目性质,确定适合的评价方法。结合项目运营期内的负荷要求,估算项目营业收入、补贴性收入及各种成本费用,并按相关行业要求提供量价协议、框架协议等支撑材料。通过项目自身的盈利能力分析,评价项目可融资性。对于政府直接投资的非经营性项目,开展项目全生命周期资金平衡分析,提出开源节流措施。对于政府资本金注入项目,计算财务内部收益率、财务净现值、投资回收期等指标,评价项目盈利能力;营业收入不足以覆盖项目成本费用的,提出政府支持方案。对于综合性开发项目,分析项目服务能力和潜在综合收益,评价项目采用市场化机制的可行性和利益相关方的可接受性。

（三）融资方案

研究提出项目拟采用的融资方案，包括权益性融资和债务性融资，分析融资结构和资金成本。说明项目申请财政资金投入的必要性和方式，明确资金来源，提出形成资金闭环的管理方案。对于政府资本金注入项目，说明项目资本金来源和结构、与金融机构对接情况，研究采用权益型金融工具、专项债、公司信用类债券等融资方式的可行性，主要包括融资金额、融资期限、融资成本等关键要素。对于具备资产盘活条件的基础设施项目，研究项目建成后采取基础设施领域不动产投资信托基金（REITs）等方式盘活存量资产、实现项目投资回收的可能路径。

（四）债务清偿能力分析

对于使用债务融资的项目，明确债务清偿测算依据和还本付息资金来源，分析利息备付率、偿债备付率等指标，评价项目债务清偿能力，以及是否增加当地政府财政支出负担、引发地方政府隐性债务风险等情况。

（五）财务可持续性分析

对于政府资本金注入项目，编制财务计划现金流量表，计算各年净现金流量和累计盈余资金，判断拟建项目是否有足够的净现金流量维持正常运营。对于在项目经营期出现经营净现金流量不足的项目，研究提出现金流接续方案，分析政府财政补贴所需资金，评价项目财务可持续性。

八、项目影响效果分析

（一）经济影响分析

对于具有明显经济外部效应的政府投资项目，计算项目对经济资源的耗费和实际贡献，分析项目费用效益或效果，以及重大投资项目对宏观经济、产业经济、区域经济等所产生的影响，评价拟建项目的经济合理性。

（二）社会影响分析

通过社会调查和公众参与，识别项目主要社会影响因素和主要利益相关者，分析不同目标群体的诉求及其对项目的支持程度，评价项目采取以工代赈等方式在带动当地就业、促进技能提升等方面的预期成效，以及促进员工发展、社区发展和社会发展等方面的社会责任，提出减缓负面社会影响的措施或方案。

（三）生态环境影响分析

分析拟建项目所在地的环境和生态现状，评价项目在污染物排放、地质灾害防治、防洪减灾、水土流失、土地复垦、生态保护、生物多样性和环境敏感区等方面的影响,提出生态环境影响减缓、生态修复和补偿等措施,以及污染物减排措施,评价拟建项目能否满足有关生态环境保护政策要求。

(四)资源和能源利用效果分析

研究拟建项目的矿产资源、森林资源、水资源(含非常规水源)、能源、再生资源、废物和污水资源化利用,以及设备回收利用情况,通过单位生产能力主要资源消耗量等指标分析,提出资源节约、关键资源保障,以及供应链安全、节能等方面措施,计算采取资源节约和资源化利用措施后的资源消耗总量及强度。计算采取节能措施后的全口径能源消耗总量、原料用能消耗量、可再生能源消耗量等指标,评价项目能效水平以及对项目所在地区能耗调控的影响。

(五)碳达峰碳中和分析

对于高耗能、高排放项目,在项目能源资源利用分析的基础上,预测并核算项目年度碳排放总量、主要产品碳排放强度,提出项目碳排放控制方案,明确拟采取减少碳排放的路径与方式,分析项目对所在地区碳达峰碳中和目标实现的影响。

九、项目风险管控方案

(一)风险识别与评价

识别项目全生命周期的主要风险因素,包括需求、建设、运营、融资、财务、经济、社会、环境、网络与数据安全等方面,分析各风险发生的可能性、损失程度,以及风险承担主体的韧性或脆弱性,判断各风险后果的严重程度,研究确定项目面临的主要风险。

(二)风险管控方案

结合项目特点和风险评价,有针对性地提出项目主要风险的防范和化解措施。重大项目应当对社会稳定风险进行调查分析,查找并列出风险点、风险发生的可能性及影响程度,提出防范和化解风险的方案措施,提出采取相关措施后的社会稳定风险等级建议。对可能引发“邻避”问题的,应提出综合管控方案,保证影响社会稳定的风险在采取措施后处于低风险且可控状态。

(三)风险应急预案

对于拟建项目可能发生的风险,研究制定重大风险应急预案,明确应急处置及应急演练要求等。

十、研究结论及建议

（一）主要研究结论

从建设必要性、要素保障性、工程可行性、运营有效性、财务合理性、影响可持续性、风险可控性等维度分别简述项目可行性研究结论，评价项目在经济、社会、环境等各方面效果和风险，提出项目是否可行的研究结论。

（二）问题与建议

针对项目需要重点关注和进一步研究解决的问题，提出相关建议。

十一、附表、附图和附件

根据项目实际情况和相关规范要求，研究确定并附具可行性研究报告必要的附表、附图和附件等。

企业投资项目可行性研究报告编写参考大纲

（2023年版）

一、概述

（一）项目概况

项目全称及简称。概述项目建设目标和任务、建设地点、建设内容和规模（含主要产出）、建设工期、投资规模和资金来源、建设模式、主要技术经济指标等。

（二）企业概况

简述企业基本信息、发展现状、财务状况、类似项目情况、企业信用和总体能力，有关政府批复和金融机构支持等情况。分析企业综合能力与拟建项目的匹配性。属于国有控股企业的，应说明其上级控股单位的主责主业，以及拟建项目与其主责主业的符合性。

（三）编制依据

概述国家和地方有关支持性规划、产业政策和行业准入条件、企业战略、标准规范、专题研究成果，以及其他依据。

（四）主要结论和建议

简述项目可行性研究的主要结论和建议。

二、项目建设背景、需求分析及产出方案

(一)规划政策符合性

简述项目建设背景和前期工作进展情况,论述拟建项目与经济社会发展规划、产业政策、行业和市场准入标准的符合性。

(二)企业发展战略需求分析

对于关系企业长远发展的重大项目,论述企业发展战略对拟建项目的需求程度和拟建项目对促进企业发展战略实现的重要性和紧迫性。

(三)项目市场需求分析

结合企业自身情况和行业发展前景,分析拟建项目所在行业的业态、目标市场环境和容量、产业链供应链、产品或服务价格,评价市场饱和程度、项目产品或服务的竞争力,预测产品或服务的市场拥有量,提出市场营销策略等建议。

(四)项目建设内容、规模和产出方案

阐述拟建项目总体目标及分阶段目标,提出拟建项目建设内容和规模,明确项目产品方案或服务方案及其质量要求,并评价项目建设内容、规模以及产品方案的合理性。

(五)项目商业模式

根据项目主要商业计划,分析拟建项目收入来源和结构,判断项目是否具有充分的商业可行性和金融机构等相关方的可接受性。结合项目所在地政府或相关单位可以提供的条件,提出商业模式及其创新需求,研究项目综合开发等模式创新路径及可行性。

三、项目选址与要素保障

(一)项目选址或选线

通过多方案比较,选择项目最佳或合理的场址或线路方案,明确拟建项目场址或线路的土地权属、供地方式、土地利用状况、矿产压覆、占用耕地和永久基本农田、涉及生态保护红线、地质灾害危险性评估等情况。备选场址方案或线路方案比选要综合考虑规划、技术、经济、社会等条件。

(二)项目建设条件

分析拟建项目所在区域的自然环境、交通运输、公用工程等建设条件。其中,自然环境条件包括地形地貌、气象、水文、泥沙、地质、地震、防洪等;交通运

输条件包括铁路、公路、港口、机场、管道等；公用工程条件包括周边市政道路、水、电、气、热、消防和通信等。阐述施工条件、生活配套设施和公共服务依托条件等。改扩建工程要分析现有设施条件的容量和能力，提出设施改扩建和利用方案。

（三）要素保障分析

土地要素保障。分析拟建项目相关的国土空间规划、土地利用年度计划、建设用地控制指标等土地要素保障条件，开展节约集约用地论证分析，评价用地规模和功能分区的合理性、节地水平的先进性。说明拟建项目用地总体情况，包括地上（下）物情况等；涉及耕地、园地、林地、草地等农用地转为建设用地的，说明农用地转用指标的落实、转用审批手续办理安排及耕地占补平衡的落实情况；涉及占用永久基本农田的，说明永久基本农田占用补划情况；如果项目涉及用海用岛，应明确用海用岛的方式、具体位置和规模等内容。

资源环境要素保障。分析拟建项目水资源、能源、大气环境、生态等承载能力及其保障条件，以及取水总量、能耗、碳排放强度和污染减排指标控制要求等，说明是否存在环境敏感区和环境制约因素。对于涉及用海的项目，应分析利用港口岸线资源、航道资源的基本情况及其保障条件；对于需围填海的项目，应分析围填海基本情况及其保障条件。

四、项目建设方案

（一）技术方案

通过技术比较提出项目生产方法、生产工艺技术和流程、配套工程（辅助生产和公用工程等）、技术来源及其实现路径，论证项目技术的适用性、成熟性、可靠性和先进性。对于专利或关键核心技术，需要分析其获取方式、知识产权保护、技术标准和自主可控性等。简述推荐技术路线的理由，提出相应的技术指标。

（二）设备方案

通过设备比选提出拟建项目主要设备（含软件）的规格、数量和性能参数等内容，论述设备（含软件）与技术的匹配性和可靠性、设备和软件对工程方案的设计技术需求，提出关键设备和软件推荐方案及自主知识产权情况。必要时，对关键设备进行单台技术经济论证。利用和改造原有设备的，提出改造方案及其效果。涉及超限设备的，研究提出相应的运输方案，特殊设备提出安装要求。

(三)工程方案

通过方案比选提出工程建设标准、工程总体布置、主要建(构)筑物和系统设计方案、外部运输方案、公用工程方案及其他配套设施方案,明确工程安全质量和安全保障措施,对重大问题制定应对方案。涉及分期建设的项目,需要阐述分期建设方案;涉及重大技术问题的,还应阐述需要开展的专题论证工作。

(四)资源开发方案

对于资源开发类项目,应依据资源开发规划、资源储量、资源品质、赋存条件、开发价值等,研究制定资源开发和综合利用方案,评价资源利用效率。

(五)用地用海征收补偿(安置)方案

涉及土地征收或用海海域征收的项目,应根据有关法律法规政策规定,确定征收补偿(安置)方案,包括征收范围、土地现状、征收目的、补偿方式和标准、安置对象、安置方式、社会保障等内容。用海用岛涉及利益相关者的,应根据有关法律法规政策规定等,确定利益相关者协调方案。

(六)数字化方案

对于具备条件的项目,研究提出拟建项目数字化应用方案,包括技术、设备、工程、建设管理和运维、网络与数据安全保障等方面,提出以数字化交付为目的,实现设计—施工—运维全过程数字化应用方案。

(七)建设管理方案

提出项目建设组织模式、控制性工期和分期实施方案,确定项目建设是否满足投资管理合规性和施工安全管理要求。如果涉及招标,明确招标范围、招标组织形式和招标方式等。

五、项目运营方案

(一)生产经营方案

对于产品生产类企业投资项目,提出拟建项目的产品质量安全保障方案、原材料供应保障方案、燃料动力供应保障方案以及维护维修方案,评价生产经营的有效性和可持续性。

对于运营服务类企业投资项目,明确拟建项目运营服务内容、标准、流程、计量、运营维护与修理,以及运营服务效率要求等,研究提出运营服务方案。

(二)安全保障方案

分析项目运营管理中存在的危险因素及其危害程度,明确安全生产责任制,设置安全管理机构,建立安全管理体系,提出安全防范措施,制定项目安全应急管理预案。

(三)运营管理方案

简述拟建项目的运营机构设置方案,明确项目运营模式和治理结构要求,简述项目绩效考核方案、奖惩机制等。

六、项目投融资与财务方案

(一)投资估算

说明投资估算编制范围、编制依据,估算项目建设投资、流动资金、建设期融资费用,明确建设期内分年度资金使用计划。

(二)盈利能力分析

根据项目性质,选择适合的评价方法,估算项目营业收入和补贴性收入及各种成本费用,并按相关行业要求提供量价协议、框架协议等支撑材料,分析项目的现金流入和流出情况,构建项目利润表和现金流量表,计算财务内部收益率、财务净现值等指标,评价项目的财务盈利能力,并开展盈亏平衡分析和敏感性分析,根据需要分析拟建项目对企业整体财务状况的影响。

(三)融资方案

结合企业自身及其股东出资能力,分析项目资本金和债务资金来源及结构、融资成本以及资金到位情况,评价项目的可融资性。结合企业和项目经济、社会、环境等评价结果,研究项目获得绿色金融、绿色债券支持的可能性。对于具备条件的基础设施项目,研究提出项目建成后通过基础设施领域不动产投资信托基金(REITs)等模式盘活存量资产、实现投资回收的可能性。企业拟申请政府投资补助或贴息的,应根据相关要求研究提出拟申报投资补助或贴息的资金额度及可行性。

(四)债务清偿能力分析

按照负债融资的期限、金额、还本付息方式等条件,分析计算偿债备付率、利息备付率等债务清偿能力评价指标,判断项目偿还债务本金及支付利息的能力。必要时,开展项目资产负债分析,计算资产负债率等指标,评价项目资金结构的合理性。

（五）财务可持续性分析

根据投资项目财务计划现金流量表，统筹考虑企业整体财务状况、总体信用及综合融资能力等因素，分析投资项目对企业的整体财务状况影响，包括对企业的现金流、利润、营业收入、资产、负债等主要指标的影响，判断拟建项目是否有足够的净现金流量，确保维持正常运营及保障资金链安全。

七、项目影响效果分析

（一）经济影响分析

对于具有明显经济外部效应的企业投资项目，论证项目费用效益或效果，以及重大项目可能对宏观经济、产业经济、区域经济等产生的影响，评价拟建项目的经济合理性。

（二）社会影响分析

通过社会调查和公众参与，识别项目主要社会影响因素和关键利益相关者，分析不同目标群体的诉求及其对项目的支持程度，评价项目在带动当地就业、促进企业员工发展、社区发展和社会发展等方面的社会责任，提出减缓负面社会影响的措施或方案。

（三）生态环境影响分析

分析拟建项目所在地的生态环境现状，评价项目在污染物排放、地质灾害防治、防洪减灾、水土流失、土地复垦、生态保护、生物多样性和环境敏感区等方面的影响，提出生态环境影响减缓、生态修复和补偿等措施，以及污染物减排措施，评价拟建项目能否满足有关生态环境保护政策要求。

（四）资源和能源利用效果分析

对于占用重要资源的项目，分析项目所需消耗的资源品种、数量、来源情况，以及非常规水源和污水资源化利用情况，提出资源综合利用方案和资源节约措施，计算采取资源节约和资源化利用措施后的资源消耗总量及强度。计算采取节能措施后的全口径能源消耗总量、原料用能消耗量、可再生能源消耗量等指标，评价项目能效水平以及对项目所在地区能耗调控的影响。

（五）碳达峰碳中和分析

对于高耗能、高排放项目，在项目能源资源利用分析基础上，预测并核算项目年度碳排放总量、主要产品碳排放强度，提出项目碳排放控制方案，明确拟采取减少碳排放的路径与方式，分析项目对所在地区碳达峰碳中和目标实现的影响。

八、项目风险管控方案

（一）风险识别与评价

识别项目市场需求、产业链供应链、关键技术、工程建设、运营管理、投融资、财务效益、生态环境、社会影响、网络与数据安全等方面的风险，分析各风险发生的可能性、损失程度，以及风险承担主体的韧性或脆弱性，判断各风险后果的严重程度，研究确定项目面临的主要风险。

（二）风险管控方案

结合项目特点和风险评价，有针对性地提出项目主要风险的防范和化解措施。重大项目应当对社会稳定风险进行调查分析，查找并列出风险点、风险发生的可能性及影响程度，提出防范和化解风险的方案措施，提出采取相关措施后的社会稳定风险等级建议。对可能引发“邻避”问题的，应提出综合管控方案，保证影响社会稳定的风险在采取措施后处于低风险且可控状态。

（三）风险应急预案

对于拟建项目可能发生的风险，研究制定重大风险应急预案，明确应急处置及应急演练要求等。

九、研究结论及建议

（一）主要研究结论

从建设必要性、要素保障性、工程可行性、运营有效性、财务合理性、影响可持续性、风险可控性等维度分别简述项目可行性研究结论，重点归纳总结拟推荐方案的项目市场需求、建设内容和规模、运营方案、投融资和财务效益，并评价项目各方面的效果和风险，提出项目是否可行的研究结论。

（二）问题与建议

针对项目需要重点关注和进一步研究解决的问题，提出相关建议。

十、附表、附图和附件

根据项目实际情况和相关规范要求，研究确定并附具可行性研究报告必要的附表、附图和附件等。

关于投资项目可行性研究报告编写大纲的说明

（2023年版）

一、制定目的

党的二十大报告指出，要加快构建新发展格局，着力推动高质量发展。高质量发展需要高质量的投资，高质量的投资需要高质量的投资决策，而可行性研究是投资决策的核心环节。要坚持科学决策、民主决策、依法决策，提升我国投资项目前期论证的质量和水平，实现投资高质量发展，就必须强化投资项目可行性研究的基础作用。

为贯彻落实党的二十大精神，加强对项目前期工作的政策指导，巩固和深化投融资体制改革成果，推动投资高质量发展，根据《政府投资条例》《企业投资项目核准和备案管理条例》等规定，在2002年发布的《投资项目可行性研究指南（试用版）》基础上，经深入调查研究、广泛征求意见，制定了《政府投资项目可行性研究报告编写通用大纲（2023年版）》（以下简称《通用大纲》）和《企业投资项目可行性研究报告编写参考大纲（2023年版）》（以下简称《参考大纲》，两个大纲以下统称投资项目可行性研究报告编写大纲），供有关方面借鉴和参考。

投资项目可行性研究报告编写大纲是对项目可行性研究报告编写内容和深度的一般要求。为更好适应不同行业领域的特点和具体要求，相关管理部门或机构可参照两个编写大纲，在充分反映行业特殊性、根据实际需要对两个编写大纲有关内容进行合理调整的基础上，制定适用具体行业或领域的可行性研究报告编写大纲。

二、适用范围

（一）适用领域

投资项目可行性研究报告编写大纲用于指导有关方面开展投资项目的可行性研究工作，适用于我国境内各行业各类项目的可行性研究工作，其研究成果作为投资主体内部决策、政府审批和核准及备案、银行审贷、投资合作、工程设计、项目实施、竣工验收，以及项目后评价等工作的基本依据。其中，政府投资项目可行性研究报告原则上应按照《通用大纲》进行编写，以保障政府投资项目前期工作质量，提升投资决策的科学化和规范化水平。《参考大纲》在落实企业投资自主权基础上，主要是引导企业重视项目可行性研究，加强投资项目内部决策管理，促进依法合规生产经营，实现健康可持续发展。

（二）适用人群

投资项目可行性研究报告编写大纲是指导全国投资项目开展可行性研究工作的行政规范性文件，主要面向投资建设领域从事可行性研究工作的专业人员，也可供政府部门、企事业单位等从事投资管理工作，银行等金融机构负责投资决策和信贷融资决策人员，以及高等院校相关专业的师生参考使用。

（三）具体项目适用

投资项目可行性研究报告编写大纲是对投资项目可行性研究报告编写内容和深度的基础性要求。项目单位、工程咨询机构等主体在编写具体项目的可行性研究报告时，可结合项目的实际情况，对两个大纲所要求的内容予以适当调整。比如，若论证的项目不涉及编写大纲中的部分内容，可在说明情况后不再予以详细论证；对于编写大纲未涉及的内容，必要时应结合行业特点进行论证。对于建设内容单一、投资规模较小、技术方案简单的项目，可以按照国家有关规定简化编写大纲中的有关内容；对于重大或复杂项目，可行性研究报告正文前面可以形成摘要，综述项目概况、可行性研究过程、主要结论和建议等内容。

三、原则要求

（一）坚持推动高质量发展

编写可行性研究报告要完整、准确、全面贯彻新发展理念，坚持以人民为中心的发展思想，更加注重发挥宏观战略、发展规划和产业政策的引领作用。同时，要立足投资项目全生命周期管理，研究借鉴可持续发展要求，更加注重经济、社会、环境评价等新理念新方法的应用，将绿色发展、自主创新、共同富裕、国家安全、风险管理等理念以及投资建设数字化等要求融入可行性研究，推动建立适应高质量发展的投资项目可行性研究制度规范。

（二）坚持政府投资项目和企业投资项目分类管理

可行性研究应充分发挥市场在资源配置中的决定性作用，更好发挥政府作用，根据政府投资项目和企业投资项目分类管理要求，明确政府投资项目和企业投资项目可行性研究的不同侧重。其中,政府投资项目可行性研究应突出经济社会综合效益,并根据经济社会发展需要和财政可负担性,合理确定建设标准、建设内容、投资规模等,防范地方政府隐性债务风险;企业投资项目可行性研究应突出经济性,聚焦企业自主投资决策所关注的投资收益、市场风险规避等内容,引导企业提高投资决策的科学性和财务的可持续性。

(三)坚持以"三大目标、七个维度"为核心内容

围绕投资项目建设必要性、方案可行性及风险可控性三大目标开展系统、专业、深入论证,重点把握"七个维度"的研究内容。其中,项目建设必要性应从需求可靠性维度研究得出结论,项目方案可行性应从要素保障性、工程可行性、运营有效性、财务合理性和影响可持续性等五个维度进行研究论证,项目风险可控性应通过各类风险管控方案维度研究得出结论。

四、项目可行性研究报告的主要内容及编写说明

(一)概述

拟建项目和项目单位基本情况是项目决策机构掌握项目全貌、决定是否建设的前提和基础,也是投资项目可行性研究报告的重要内容。

"项目概况"是对拟建项目的建设地点、建设内容和规模、总体布局、主要产出、总投资和资金来源、主要技术经济指标等内容的阐述,为项目决策机构对拟建项目的相关事项开展分析评价奠定基础。

"项目单位(企业)概况"是对项目单位基本信息的阐述,为项目决策机构分析判断项目单位是否具备承担拟建项目的能力、国有控股企业是否聚焦主责主业等提供依据。拟新组建项目法人的,提出项目法人组建方案。政府资本金注入项目还需简述项目法人基本信息、投资人(或者股东)构成及政府出资人代表等情况。

"编制依据"主要说明拟建项目取得相关前置性审批要件、主要标准规范及专题研究成果等情况,为相关研究评价和数据提供来源和支撑。

"主要结论和建议"简述可行性研究的主要结论和建议,必要时可进行列表展示。

(二)项目建设背景和必要性

"项目建设背景"主要简述项目提出背景、前期工作进展等情况,便于项目决策机构掌握项目来源、工作基础和需要解决的重要问题等。说明项目投资

管理手续办理情况，如建设项目用地预审与选址意见书、环境影响评价、排污许可、文物保护、矿产压覆、水土保持、地震安全性评价等行政审批手续，以及相关手续取得的保障条件。

“规划政策符合性”应体现经济社会发展战略和规划，从扩大内需、共同富裕、乡村振兴、科技创新、节能减排、碳达峰碳中和、国家安全、基本公共服务保障等重大政策目标层面进行分析，研究提出项目建设的必要性，评价项目与战略目标、政策要求的一致性。

“项目建设必要性”主要从宏观、中观和微观层面展开分析，研究项目建设的理由和依据。对于主要满足社会公共需求的非经营性项目，应进行社会需求研究，通过对项目的产出品、投入品或服务的社会容量、供应结构和数量等进行分析，为确定项目的目标受益群体、建设规模和服务方案提供依据。

（三）项目需求分析与产出方案

“需求分析”要根据经济社会发展规划、国家和地方标准规范以及项目自身特点，通过文案资料、现场调研、数字化技术等方法，分析需求现状和未来预期等情况，研究提出拟建项目近期和远期目标、产品或服务的需求总量及结构，为研究确定项目建设内容和规模提供支撑。对于重大项目，应立足于构建以国内大循环为主体、国内国际双循环相互促进的新发展格局，研究两个市场、两种资源，促进畅通循环，论证产业链供应链的韧性和安全性。企业投资项目以满足市场需求为导向，应结合“企业发展战略需求分析”，更多从“项目市场需求分析”、市场竞争力等角度研究论证项目建设的必要性。

“项目建设内容和规模”“产出方案”在需求分析基础上，阐述拟建项目总体目标及分阶段目标，提出拟建项目建设内容和规模，明确项目产品方案或服务方案及其质量要求，并评价项目建设内容、规模以及产品方案的合理性。企业投资项目还要研究“项目商业模式”，分析拟建项目收入来源和结构，判断项目是否具有充分的商业可行性和金融机构等相关方的可接受性，并研究项目综合开发等模式创新路径及可行性。

（四）项目选址与要素保障

“项目选址或选线”应坚持国土空间“唯一性”要求，从规划条件、技术条件、经济条件和资源节约集约利用等方面，以国土空间规划和用途管制规则为基本依据，基于国土空间规划“一张图”，将耕地和永久基本农田保护、生态红线保护、节约集约利用土地作为方案比选核心要素,对拟定的备选场址方案或线路方案进行比较和择优。选址方案研究应鼓励公众参与,充分考虑不同影响和风险因素的早期筛查判断和初步分析成果,并结合利益相关方的诉求或建议反馈,完善和优化选址选线方案。

“项目建设条件”主要分析拟建项目所在地的自然环境、交通运输、公用工程等支撑项目建设的外部因素。

“要素保障分析”包括土地要素保障,以及水资源、能耗、碳排放强度和污染减排指标控制要求及保障能力等。对于新占用土地的投资项目,应当明确拟建项目场址或选线的土地权属、供地方式、土地利用状况、矿产压覆、占用耕地和永久基本农田、涉及生态保护红线、地质灾害危险性评估等情况。对于涉及新增占用耕地的项目,应明确耕地占补平衡落实方案。对于涉及耕地、永久基本农田、生态保护红线的项目,开展节约集约用地研究,评价土地资源节约集约利用水平。根据“要素跟着项目走”原则,重大项目应根据法规政策要求,提出要素予以特别保障的方案。企业投资项目应鼓励市场化配置资源,重点分析项目亟需的用地、用能、碳排放等要素的可得性。

(五)项目建设方案

项目建设方案主要从工程技术方案及工程实体建设的角度研究工程可行性,在绿色低碳、节约集约、智慧创新、安全韧性等方面加强比选。为有序推进项目实施,建设方案要对项目组织实施、工期安排、招标方案等进行分析,明确“建设管理方案”,并根据项目实际情况研究提出“数字化方案”,促进投资建设全过程数字化应用。同时,要对项目“技术方案”“设备方案”“工程方案”的合理性、先进性、适用性、自主性、可靠性、安全性、经济性等进行多方案比选,研究工程技术方案的可行性。根据生态文明建设、推进绿色发展、全面节约资源等要求,“工程方案”应重视节约集约用地、绿色建材、绿色建筑、超低能耗建筑、装配式建筑、生态修复等绿色及韧性工程相关内容。

“用地用海征收补偿(安置)方案”应根据有关法律法规政策规定,对于投资项目涉及土地征收或用海海域征收的,明确征收范围、土地现状、征收目的、补偿方式和标准、安置对象、安置方式、社会保障、补偿(安置)费用等内容。其中,土地征收涉及补偿和安置等内容,用海征收一般只涉及补偿,不涉及安置。项目土地征收需要采取集中安置的,应提出集中安置点规划设计方案。项目采取过渡安置方式的,应明确过渡期限等,并分析其合理性。项目用地征收补偿(安置)方案应保证被征地农民原有生活水平不降低、长远生计有保障。

(六)项目运营方案

可行性研究要改变"重建设、轻运营"的做法,强调项目全生命周期的方案优化和系统性论证,既要重视工程建设方案可行性研究,也要重视项目建成后的运营方案可行性研究。同时,还要结合项目的工程技术特点,遵循有关部门颁布的各类运营管理标准(包括强制性标准和参考性标准等),确保满足产品或服务质量、安全标准等要求。

运营方案要重视研究"运营模式选择"和创新。政府投资项目要评价市场化运营的可行性和利益相关方的可接受性,企业投资项目要确定"生产经营方案",突出运营有效性。项目运营需要研究"运营组织方案",并制定项目全生命周期关键绩效指标和绩效管理机制,提出项目主要投入产出效率、直接效果、外部影响和可持续性等绩效管理要求,即"绩效管理方案"。

项目运营要牢固树立安全发展理念,提出"安全保障方案",明确安全生产责任和应急管理要求,强化运营单位主体责任,落实政府监管要求。

(七)项目投融资与财务方案

项目投融资与财务方案是在明确项目产出方案、建设方案和运营方案的基础上,研究项目投资需求和融资方案,计算有关财务评价指标,评价项目盈利能力、偿债能力和财务持续能力,据以判断拟建项目的财务合理性,分析项目对不同主体的价值贡献,为项目投资决策、融资决策和财务管理提供依据。

可行性研究阶段对项目"投资估算"的准确度要求在±10%以内,以切实提高投资估算的精度,为项目全过程投资控制提供依据。政府投资项目的投资估算应依据国家颁布的投资估算编制办法和指标进行编制。投资估算要充分考虑项目周期内有关影响和风险管理的费用安排,如环境保护与治理、社会风险防范与管控、节能与减碳、安全与卫生健康等相关建设投入和费用支出等。

对于政府资本金注入项目和企业投资项目,"盈利能力分析"是项目财务方案的重要内容。项目"融资方案"是在对项目自身盈利能力进行分析的基础上,研究项目的可融资性,以及采用政策性开发性金融工具、发行产业基金、权益型金融工具、专项债等融资方式的可行性。债务融资的投资项目要重视评价债务清偿能力;如果项目经营期出现经营净现金流量不足,还应研究提出资金接续方案,重点评价项目财务可持续性。

项目“盈利能力分析”重点是现金流分析,通过相关财务报表计算财务内部收益率、财务净现值等指标,判断投资项目盈利能力。财务收入是构成投资项目财务现金流入的主要来源;成本费用是项目产品定价的基础,也是项目财务现金流出的主要构成。对于没有营业收入的非经营性项目,可不进行盈利能力分析,主要开展项目建设和运营阶段资金平衡分析,提出开源节流措施。如果营业收入不足以覆盖项目成本费用,应研究提出可行性缺口补助方案。

为了适应投资项目融资主体多元化、融资渠道多样化、融资方式复杂化的变化,项目“融资方案”研究需要强化对融资结构、融资成本和融资风险等的分析。政府投资项目要从公共财政角度分析论证财政资金支持的必要性、支持途径和方式,以及资金筹措替代方案等,关注如何更好发挥政府作用。企业投资项目要关注项目业主、出资人、股东合法权益和价值实现,从财务管理的角度设计合理的投资模式和融资方案,评价项目的可融资性。综合性开发项目需要关注项目潜在综合收益,拓展项目市场化发展空间。基础设施项目应根据需要,研究项目建成后采取基础设施领域不动产投资信托基金(REITs)等方式盘活存量资产、实现项目投资回收的路径。

“债务清偿能力分析”是论证项目计算期内是否有足够的现金流量,按照债务偿还期限、还本付息方式偿还项目的债务资金,从而判断项目支付利息、偿还到期债务的能力。政府投资或付费类项目还要分析评价当地财政可负担性和是否可能引发隐性债务等情况。

“财务可持续性分析”是根据财务计划现金流量表,综合考察项目计算期内各年度的投资活动、融资活动和经营活动所产生的各项现金流入和流出,计算净现金流量和累计盈余资金,判断项目是否有足够的净现金流量维持项目的正常运营。

(八)项目影响效果分析

可行性研究报告应重视经济社会、资源环境等外部影响效果的评价,并注意与节能评价、环境影响评价等专项评价的结果相衔接。

“经济影响分析”是从经济资源优化配置的角度,利用经济费用效益分析或经济费用效果分析等方法，评价项目投资的真实经济价值，判断项目投资的经济合理性，从而确保项目取得合理的经济影响效果。重大投资项目还要分析其对宏观经济、区域经济和产业经济的影响。

"社会影响分析"主要从项目可能产生的社会影响、社会效益和社会接受性等方面，研究项目对当地产生的各种社会影响，评价项目在促进个人发展、社区发展和社会发展等方面的社会责任，并提出减缓负面社会影响的措施和方案。

"生态环境影响分析"是从推动绿色发展、促进人与自然和谐共生的角度，分析拟建项目所在地的生态环境现状，评价项目在污染物排放、生态保护、生物多样性和环境敏感区等方面的影响。

"资源和能源利用效果分析"是从实施全面节约战略、发展循环经济等角度，分析论证除了项目用地（海）之外的各类资源节约集约利用的合理性和有效性，提出关键资源保障和供应链安全等方面的措施，评价项目能效水平以及对当地能耗调控的影响。

"碳达峰碳中和分析"通过估算项目建设和运营期间的年度碳排放总量和强度，评价项目碳排放水平，以及与当地"双碳"目标的符合性，提出生态环境保护、碳排放控制措施。

此外，根据项目特点和实际需要，还可以开展安全影响效果论证，更好统筹发展和安全，提升供应链韧性和安全水平，实现经济效益、社会效益、生态效益和安全效益相统一。

（九）项目风险管控方案

可行性研究应重视风险管控，确保有效规避项目全生命周期风险。"风险识别与评价"主要是识别项目存在的各种潜在风险因素，包括市场需求、要素保障、关键技术、供应链、融资环境、建设运营、财务盈利性、生态环境、经济社会等领域的风险，并分析评价风险发生的可能性及其危害程度，提出规避重大和较大风险的对策措施及应急预案，即"风险管控方案"和"风险应急预案"，建立健全投资项目风险管控机制。

重大项目应当对社会稳定风险进行调查分析，征询相关群众意见，查找并列出风险点、风险发生的可能性及影响程度，提出防范和化解风险的方案措施，提出采取相关措施后的社会稳定风险等级建议。可能引发"邻避"问题的，应提出综合管控方案。要通过深入分析评价，论证相关风险管控方案能否将项目各种风险均降低到可接受的状态。

五、投资项目可行性研究报告与投资决策其他手续的关系

（一）与政府投资项目建议书的关系

政府投资项目建议书重在论述项目建设的必要性，主要对项目的功能定位、主要建设内容和规模、投资匡算、资金筹措、社会效益和经济效益进行初步分析，为后续开展可行性研究提供基础。可行性研究报告主要研究项目建设的技术经济可行性，贯彻多方案比选理念，对项目的建设规模和内容、建设方案、运营方案、融资方案、财务方案、外部影响和效益等方面开展深入研究分析，为政府投资决策提供依据，是项目建议书的深化研究。政府投资项目建议书的编写，可参考《通用大纲》，并对相关内容予以适当简化。

（二）与企业投资项目申请书的关系

企业投资建设属于政府核准目录范围内的项目，须按照规定向核准机关提交项目申请书。项目申请书主要基于可行性研究的成果，重点分析企业投资项目在符合发展建设规划、技术标准和产业政策的前提下，可能产生的资源利用、公共利益等外部影响，旨在获得项目核准许可。企业投资项目可行性研究报告为企业投资决策提供依据，也为项目申请书提供编写基础，可行性研究相关成果可以转化为项目申请书相关内容。

国家发展改革委有关负责同志就投资项目可行性研究报告编写大纲及说明答记者问

国家发展改革委投资司

近日，国家发展改革委印发投资项目可行性研究报告编写大纲及说明（发改投资规〔2023〕304号，以下简称可研大纲），具体包括《政府投资项目可行性研究报告编写通用大纲（2023年版）》《企业投资项目可行性研究报告编写参考大纲（2023年版）》和《关于投资项目可行性研究报告编写大纲的说明（2023年版）》（以下分别简称《通用大纲》《参考大纲》和《编写说明》）。国家发展改革

委有关负责同志就此接受采访,回答记者提问。

问:可研大纲的制定背景是什么?

答:可行性研究是投资项目决策阶段的基础性工作,是投资决策的重要依据。20世纪80年代初,学习借鉴世界银行和联合国工业发展组织推进项目建设的有益经验,我国探索引入可行性研究制度。1983年,原国家计委发布《关于建设项目进行可行性研究的试行管理办法》,明确可行性研究是建设前期工作的重要内容,是基本建设程序的组成部分,标志着可行性研究制度在我国的正式确立。2002年,原国家计委印发《投资项目可行性研究指南(试用版)》(以下简称《指南》),作为国家层面上用以指导全国投资项目可行性研究工作的规范性文本。20多年来,《指南》在指导项目可行性研究工作、引领我国投资项目科学决策等方面发挥了重要作用。但随着我国经济社会发展形势的变化,投资法规政策制度的持续完善,投融资体制改革的不断深化,《指南》有关内容已难以适应我国投资管理的实践需要。主要是《指南》对坚持以人民为中心的发展思想、共同富裕、绿色发展、数字经济,以及增强投资对优化供给结构的关键作用等高质量发展的要求体现不够,以审批制为核心确立的可行性研究报告框架已不符合政府投资项目和企业投资项目分类管理的要求,对项目全生命周期管理的理念关注不够等。

党的二十大报告指出,要加快构建新发展格局,着力推动高质量发展。高质量发展需要高质量的投资,高质量的投资需要高质量的投资决策,而可行性研究是投资决策的核心环节,投资项目是投资活动的微观基础。要实现投资高质量发展,就必须强化投资项目可行性研究的基础作用,深入把握项目可行性研究的重点,注重防控项目决策、建设、运营风险,着重提高投资综合效益,推动投资项目转化为有效投资,助力经济社会健康可持续发展。为此,国家发展改革委在系统总结2002年《指南》使用经验的基础上,立足新发展阶段,广泛征求各方意见,凝聚各方共识,制定印发了可研大纲。

问:可研大纲的主要内容和创新亮点有哪些?

答:此次颁布的可研大纲与2002年的《指南》是承继关系,对于大纲没有涵盖的可行性研究方法等内容,仍然适用《指南》有关规定。但相对于《指南》,可研大纲更加突出可行性研究重点内容的前后逻辑和统筹协调,重点补充完善碳达峰碳中和、扩大内需、自主创新、共同富裕、国家安全、数字经济等体现高质量发展的内容。

关于《通用大纲》。共11个部分39条,主要包括项目概述、项目建设背景和必要性、需求分析与项目产出、项目选址与要素保障、项目建设方案、项目运营方案、项目投融资与财务方案、项目影响效果分析、项目风险管控方案、研究结论及建议等。《通用大纲》要求政府投资项目的可行性研究重点聚焦经济社会发展需要,在满足基本需求时更加关注社会效果评价;在适用上,《通用大纲》属于强制适用,政府投资项目可行性研究报告原则上应按照大纲进行编写,并作为项目审批的基本依据。

关于《参考大纲》。共10个部分38条,结构基本与《通用大纲》保持一致,但在具体内容上,《参考大纲》更加突出引导企业投资项目聚焦市场需求分析,合理测算企业投资收益,关注企业财务的可持续性,指导企业切实防范各类风险。《参考大纲》不具有强制性,属于参考适用,主要是引导企业重视项目可行性研究,加强项目内部决策管理,促进依法合规生产经营,实现健康可持续发展。

关于《编写说明》。共5个部分。第一、二、三部分主要明确了可研大纲的制定目的、适用范围和原则要求。第四部分按照《通用大纲》和《参考大纲》确定框架结构,重点阐述了项目可行性研究报告的主要内容及相应编写说明。第五部分阐明了可行性研究报告与政府投资项目建议书、企业投资项目申请书等投资决策其他手续的关系。

此次颁布的可研大纲创新亮点在于,立足新发展阶段,贯彻新发展理念,在2002年《指南》基础上,坚持以着力推动投资高质量发展为主线,按照政府投资项目和企业投资项目分类管理的总体思路,围绕项目建设必要性、方案可行性及风险可控性等三大目标,更加注重发挥重大战略、重大规划和产业政策的引领作用,更加注重从项目全生命周期出发统筹拟定项目投融资和建设实施方案,更加注重经济、社会、环境等新评价理念的应用,更加注重可行性研究重点内容的前后逻辑和统筹协调,将扩大内需、碳达峰碳中和、自主创新,以及投资建设数字化等新要求有机融入可行性研究制度规范。

问:可研大纲明确了哪些开展可行性研究工作的原则要求?

答:此次颁布的可研大纲,明确开展可行性研究工作要按照政府投资项目和企业投资项目分类管理的要求,围绕项目建设必要性、方案可行性及风险可控性三大目标，将投资项目全生命周期等新理念新要求融入可行性研究，推动建立适应高质量发展的投资项目可行性研究制度规范。

一是要贯彻投资项目全生命周期管理的理念。可行性研究应从项目全生命周期管理的角度出发，全面系统分析各环节涉及的因素，客观进行经济、社会、环境等影响论证评价，准确识别和管控各类风险，在此基础上择优提出项目建设实施方案，重点突出“四个强化”，即强化规划政策符合性，强化投资建设全过程数字化应用方案分析，强化项目运营方案的比较分析，强化项目融资方案和财务可持续性保障分析。

二是要体现政府投资项目和企业投资项目分类管理的要求。可行性研究应充分发挥市场在资源配置中的决定性作用，更好发挥政府作用，根据政府投资项目和企业投资项目分类管理要求，明确政府投资项目和企业投资项目可行性研究的不同侧重。其中，政府投资项目可行性研究应突出经济社会综合效益，并根据经济社会发展需要和财政可负担性，合理确定建设标准、建设内容、投资规模等，防范地方政府隐性债务风险；企业投资项目可行性研究应突出经济性，聚焦企业自主投资决策所关注的投资收益、市场风险规避等内容，引导企业提高投资决策的科学性和财务的可持续性。

三是要聚焦“三大目标、七个维度”的核心内容。无论是《通用大纲》，还是《参考大纲》都强调，可行性研究要围绕投资项目建设必要性、方案可行性及风险可控性三大目标开展系统、专业、深入论证，重点要把握“七个维度”的研究论证内容。其中，项目建设必要性应从需求可靠性维度研究得出结论，项目方案可行性应从要素保障性、工程可行性、运营有效性、财务合理性和影响可持续性等五个维度进行研究论证，项目风险可控性应通过各类风险管控方案维度研究得出结论。

问：如何推动可研大纲更好落地实施？

答：可研大纲的颁布实施，将引领工程咨询服务和投资管理工作理念、模式的转变和创新。国家发展改革委将以可研大纲颁布为契机，推动各有关方面更加重视项目可行性研究工作，将有关要求落实落细到投资各行业各领域各主体，以高质量的可行性研究工作提升投资决策的科学化水平，助力扩大有效投资。下一步，国家发展改革委将从两个方面，推动可研大纲的贯彻落实工作。

一方面，加强可研大纲的宣传解读和专题培训。组织新闻媒体、行业协会和专家学者多渠道、多角度广泛开展宣传解读，并针对各地方、企业、咨询机构和金融企业等分层次、有重点开展系列专题培训。推动各级投资主管部门和其他有关部门落实可研大纲要求，加强项目可行性研究重点内容的审核，提升投资管理法治化水平。指导各类投资主体和工程咨询机构在投资项目谋划、储备和上报阶段，更加重视项目可行性研究工作，促进全过程工程咨询深入发展，切实提升项目前期工作质量。引导金融机构注重把握可研大纲有关财务及投融资管理的内容，促进投贷联动。推动高校、科研院所设置可行性研究理论和方法专业课程，促进相关理论研究和实践发展。

另一方面，建立可研大纲动态调整机制。投资项目可行性研究工作也要随着经济社会发展和改革的不断深化，因应形势、与时俱进，在实践中不断地总结、改进、提升。国家发展改革委将加强可研大纲阶段性评估和动态调整，及时收集、整理各方面对可研大纲的意见建议，并结合投资管理新形势新要求适时予以修订，形成实践和制度相互检验、相互促进、共同发展的良性循环。

加强投资项目可行性研究 着力推动投资高质量发展

——《投资项目可行性研究报告编写大纲及说明》解读之一

国家发展改革委投资司

近日，国家发展改革委印发投资项目可行性研究报告编写大纲及说明（发改投资规〔2023〕304号，以下简称可研大纲），包括《政府投资项目可行性研究报告编写通用大纲（2023年版）》（以下简称《通用大纲》）、《企业投资项目可行性研究报告编写参考大纲（2023年版）》（以下简称《参考大纲》）和《关于投资项目可行性研究报告编写大纲的说明（2023年版）》。在组织起草可研大纲过程中，我们坚持贯彻党的二十大精神，立足我国国情，强化系统观念，努力推动建立适应高质量发展要求，符合中国投资实践活动的投资项目可行性研究制度规范。可研大纲的颁布实施，将为扩大有效投资，促进高质量发展提供有力支撑。

(一)深刻认识加强投资项目可行性研究的重要性和迫切性

党中央、国务院高度重视投资项目前期工作。习近平总书记在2022年中央经济工作会议的重要讲话中指出,要加强项目储备和前期工作,强化要素保障。党的二十大报告强调,要增强投资对优化供给结构的关键作用。党的十八大以来,投融资体制改革持续深化,投资法规制度体系逐步健全,投资政策工具不断丰富,投资形势和结构发生深刻变化,可研大纲作为开展项目可行性研究工作的基础指南,顺应经济社会发展新形势新要求,巩固和深化投融资体制改革成果,着力加强对项目前期工作的政策指导,将为各有关方面高质量开展项目可行性研究工作,切实提升项目前期工作质量提供重要基础性技术支撑和制度遵循。

加强投资项目可行性研究是实现投资高质量发展的基础支撑。党的二十大报告指出,要加快构建新发展格局,着力推动高质量发展。高质量发展需要高质量的投资,高质量的投资需要高质量的投资决策,高质量的投资决策需要高质量的可行性研究。要实现投资高质量发展,就必须强化投资项目可行性研究的基础作用,深入把握项目可行性研究的重点,着重提高投资综合效益,注重防控项目决策、建设、运营风险,推动投资项目转化为有效投资,助力经济社会健康可持续发展。

加强投资项目可行性研究是巩固和深化投融资体制改革的客观需要。2004年《国务院关于投资体制改革的决定》确立了政府投资和企业投资分类管理的改革框架。2016年《中共中央 国务院关于深化投融资体制改革的意见》,部署深化投资领域"放管服"改革,推进投资审批由串联改为并联。2016年、2019年《企业投资项目核准和备案管理条例》《政府投资条例》先后颁布,标志着投资管理全部纳入法治化轨道。贯彻落实充分发挥市场在资源配置中的决定性作用和更好发挥政府作用的精神,可研大纲根据政府投资项目和企业投资项目分类管理要求,明确两类项目可行性研究的不同侧重,努力将投融资体制改革成果转化制度规范,并通过制度促进改革不断向纵深推进。

加强投资项目可行性研究是提升投资决策科学化法治化水平的内在要求。20世纪80年代初,学习借鉴世界银行和联合国工业发展组织推进项目建设的有益经验,我国探索引入可行性研究制度。2002年原国家计委印发

《投资项目可行性研究指南(试用版)》(以下简称《指南》),在指导项目可行性研究工作、引领我国投资项目科学决策等方面发挥了重要作用。随着我国经济社会发展形势的深刻变化,《指南》有关内容需要根据我国投资管理的实践进行相应修改。可研大纲在《指南》基础上,着力补充完善绿色发展、共同富裕、数字经济等高质量发展的内容,着力加强可行性研究工作重点内容的统筹协调,有助于深化项目可行性研究的广度和深度,将为各类投资主体推进项目科学决策提供重要指引,为各级人民政府依法加强和改进投资管理提供基础依据。

(二)准确把握可研大纲的原则要求,着力深化可行性研究工作

此次颁布的可研大纲,立足新发展阶段,贯彻新发展理念,在2002年《指南》基础上,坚持以着力推动投资高质量发展为主线,按照政府投资项目和企业投资项目分类管理的总体思路,围绕项目建设必要性、方案可行性及风险可控性等三大目标,更加注重发挥重大战略、重大规划和产业政策的引领作用,更加注重从项目全生命周期出发统筹拟定项目投融资和建设实施方案,更加注重经济、社会、环境等新评价理念的应用,更加注重可行性研究重点内容的逻辑衔接,将扩大内需、碳达峰碳中和、自主创新,以及投资建设数字化等新要求有机融入可行性研究制度规范。在具体适用过程中,要重点把握好三方面的原则要求。

1.可行性研究要贯彻投资项目全生命周期管理的理念

从投资项目全生命周期来看,投资项目包括项目决策、建设、运营三个主要阶段。在三个主要阶段中,具体包括项目发起、可行性研究、项目决策、建设准备、建设实施、运营管理,以及涉及项目全生命周期的投融资与财务管理、风险管控等一系列具体环节。这些环节既有先后顺序,也互相交叉、影响和制约。为了保证投资决策达到预期效果,提升投资决策的科学性和精准性,可行性研究应从项目全生命周期管理的角度出发,全面系统分析各环节涉及的因素,客观进行经济、社会、环境等影响论证评价,准确识别和管控各类风险,在此基础上择优提出项目建设实施方案。可研大纲重点突出“四个强化”。

强化规划政策符合性分析。可行性研究应体现经济社会发展战略和规划要求，从扩大内需、共同富裕、乡村振兴、科技创新、节能减排、碳达峰碳中和、国家安全、基本公共服务保障等重大政策目标层面进行分析，研究提出项目建设的必要性，评价项目与战略规划目标、政策要求的一致性。

强化投资建设全过程数字化应用方案分析。投资建设数字化转型有利于带动项目建设和建筑材料产业的数字化、网络化、智能化转型，实现投资项目造价、进度、质量、安全的精准有效控制，促进项目全生命周期降本增效。因此，可行性研究在确定项目建设方案时，应重视数字化应用，在对项目组织实施、工期安排、招标方案等进行分析，明确建设管理方案基础上，结合项目实际研究提出推进项目设计、施工、运维数字化应用和交付的方案。

强化项目运营方案的比较分析。可行性研究要改变以往“重建设、轻运营”的做法，更加重视项目运营方案分析研究。在可行性研究提出项目运营方案时，要注意运营模式的选择和创新，制定项目全生命周期关键绩效指标和绩效管理机制，着力加强基于项目全生命周期的运营方案优化和系统性论证。

强化项目融资方案和财务可持续性保障分析。可行性研究要在统筹明确项目产出方案、建设方案和运营方案的基础上，精准研究拟定项目投资需求和融资方案。对于使用债务融资的项目，要评价项目债务清偿能力，以及是否增加当地政府财政支出负担、引发地方政府隐性债务风险等。对于企业投资项目，要突出财务可持续性论证，分析投资项目对企业整体财务状况的影响，判断项目是否有足够的净现金流量，确保维持正常运营及保障资金链安全。

2.可行性研究要体现政府投资项目和企业投资项目分类管理的要求

可行性研究作为投资项目决策的重要依据，是国际通行的项目决策管理工具。无论是政府投资项目还是企业投资项目，在进行决策时都应高度重视可行性研究工作。但基于两类项目在投资目的、投资方向、资金来源、决策程序和管理的差异性，应区分两类项目在可行性研究内容的不同侧重，增强研究论证的精准性和科学性，为科学化投资决策提供基础支撑。

政府投资项目可行性研究应突出经济社会综合效益。《通用大纲》要求政府投资项目的可行性研究重点聚焦经济社会发展需要，在满足基本需求时更加关注社会效果评价。在编写过程中,政府投资项目可行性研究应根据经济社会发展需要和财政可负担性,合理确定建设标准、建设内容、投资规模等,切实防范地方政府隐性债务风险。《通用大纲》属于强制适用范畴,政府投资项目可行性研究报告原则上应按照《通用大纲》进行编写,并作为各级政府及有关部门审批政府投资项目的基本依据。

企业投资项目可行性研究应突出经济性和可持续性。根据《参考大纲》,企业投资项目可研大纲在落实企业投资自主权基础上,重在引导企业重视项目可行性研究,关注战略、规划和政策的引导,以满足市场需求为导向,加强企业发展战略需求分析,引导企业提高项目决策的科学性和财务的可持续性,促进依法合规生产经营,防范各类风险,实现健康可持续发展。《参考大纲》不具有强制性,属于参考适用。

3.可行性研究要聚焦"三大目标、七个维度"的核心内容

可行性研究的主要内容是对项目产出、资源保障、建设规模、工艺路线、设备选型、资金筹措等方案进行策划,从需求、建设、运营、财务、影响及风险管控等角度进行综合研究分析,提出项目是否值得投资以及如何进行建设与运营的结论与建议。无论是《通用大纲》,还是《参考大纲》都强调,可行性研究要围绕投资项目建设必要性、方案可行性及风险可控性三大目标开展系统、专业、深入论证,重点要把握"七个维度"的研究论证内容。

项目建设必要性应重点论证需求可靠性。项目建设必要性应主要从宏观、中观和微观层面展开分析,研究项目建设的依据和理由。对于主要满足社会公共需求的投资项目,应进行社会需求研究。要通过对项目的产出品、投入品或服务的社会容量、供应结构和数量等进行分析,为确定项目的目标受益群体、建设规模和服务方案提供依据。

项目方案可行性应重点论证要素保障性、工程可行性、运营有效性、财务合理性和影响可持续性。其中,要素保障性分析应包括项目选址、土地要素保障,以及水资源、能耗、碳排放强度和污染减排指标控制要求及保障能力等。工程可行性分析应包括技术方案、设备方案、工程方案,并明确建设管理方案等。运营有效性分析应包括运营模式选择、运营组织、安全保障、绩效管理等。财务合理性分析应研究项目投资需求和融资方案,计算有关财务评价指标,评价项目财务盈利能力、偿债能力和财务持续能力。影响可持续性应重视经济

社会、资源能源、生态环境等外部影响效果的评价，并注意与节能评价、环境影响评价等专项评价的结果相衔接。

项目风险可控性应重点论证风险管控方案。可行性研究应重视识别项目存在的各种潜在风险因素，并分析评价风险发生的可能性及其危害程度，提出风险管控方案和风险应急预案。重大项目还应当对社会稳定风险进行调查分析，对可能引发“邻避”问题的，应提出综合管控方案。

（三）抓好可研大纲贯彻实施，切实提升投资项目前期工作质量

可研大纲的颁布实施，将引领工程咨询和投资管理理念、模式的转变和创新。要以可研大纲颁布为契机，推动各有关方面更加重视项目可行性研究，将有关要求落实落细到投资各行业各领域各主体，确保理解到位、贯彻到位，以高质量的可行性研究提升投资决策的科学化水平，助力扩大有效投资。

1.推进准确全面适用

一是把握好承继适用的关系。可研大纲与2002年的《指南》是承继关系，对于可研大纲没有涵盖的可行性研究方法等内容，仍然适用《指南》有关规定。二是把握好与行业适用的关系。可研大纲适用于我国境内各行业各类投资项目的可行性研究工作，是对投资项目可行性研究报告编写内容和深度的一般要求和基础指引。为更好适应不同行业领域的特点和要求，有关行业主管部门可根据实际需要对大纲有关内容进行合理调整，制定适用具体行业或领域的可行性研究报告编写大纲或实施细则。三是把握好灵活适用的关系。在编写具体项目可行性研究报告时，可结合项目实际对大纲所要求的内容予以适当调整。对于建设内容单一、投资规模较小、技术方案简单的项目，可简化有关内容。对于重大或复杂项目，可在可行性研究报告正文之前形成摘要，综述项目概况、可行性研究过程、主要结论和建议等。

2.加强宣传解读和专题培训

组织新闻媒体、行业协会和专家学者多渠道、多角度广泛开展宣传解读，并针对各地方、企业、咨询机构和金融企业等分层次、有重点开展系列专题培训。推动各级投资主管部门和其他有关部门落实可研大纲要求，加强项目可

行性研究重点内容的审核,提升投资管理法治化水平。指导各类投资主体和工程咨询机构在投资项目谋划、储备和上报阶段,更加重视项目可行性研究工作,促进全过程工程咨询深入发展,切实提升项目前期工作质量。引导金融机构注重把握可研大纲有关财务及投资融资管理的内容,促进投贷联动。推动高校、科研院所设置可行性研究理论和方法专业课程,促进相关理论研究和实践发展。

3.建立跟踪反馈和动态调整机制

改革永远在路上,投融资体制改革也在不断巩固和深化过程中。投资项目可行性研究工作也要随着经济社会发展和改革的不断深化,因应形势、与时俱进,在实践中不断地总结、改进、提升。要建立可行性研究报告编写大纲阶段性评估和动态调整机制,及时收集、整理各方面对可研大纲的意见建议,并结合投资管理新形势新要求适时予以修订,形成实践和制度相互检验、相互促进、共同发展的良性循环。

贯彻大纲理念要求 践行行业使命担当 以高质量咨询服务引领行业转型升级

——《投资项目可行性研究报告编写大纲及说明》解读之二

中国工程咨询协会会长　肖凤桐

2023年3月,国家发展改革委印发《政府投资项目可行性研究报告编写通用大纲(2023年版)》和《企业投资项目可行性研究报告编写参考大纲(2023年版)》(以下分别简称《通用大纲》和《参考大纲》),在我国工程咨询行业引发热烈反响。可行性研究是建设项目前期工作的重中之重,是投资决策的核心环节。两个大纲坚持以习近平新时代中国特色社会主义思想为指导,贯彻新发展理念,系统总结了2002年以来可行性研究编制工作经验,融入新时代投资建设要求,是投融资体制改革的巩固和深化,是新时期做好工程咨询服务的重要规范。工程咨询行业要高度重视,迅速行动,深入学习和认真执行两个大纲，进一步提升工程咨询质量，更好服务投资高质量发展。

（一）两个大纲是深化投融资体制改革成果，推动投资高质量发展的创新举措

2004年印发的《国务院关于投资体制改革的决定》（国发〔2004〕20号），奠定了我国现行投资管理体制的根基，确立了政府投资项目和企业投资项目分类管理的改革框架。《决定》按照“谁投资、谁决策、谁收益、谁承担风险”的原则，彻底改革此前不分投资主体、不分资金来源、不分项目性质，一律实行审批的做法，改为区分政府投资项目和企业投资项目，分别实行审批、核准和备案制度。2016年7月印发的《中共中央 国务院关于深化投融资体制改革的意见》（中发〔2016〕18号），部署推进投资领域“放管服”改革，提出了坚持企业投资核准范围最小化、试点企业投资项目承诺制、建设投资项目在线审批监管平台、实行并联审批核准、简化整合投资项目报建手续等一系列影响深远的改革措施。2016年、2019年，《企业投资项目核准和备案管理条例》（国令第673号）、《政府投资条例》（国令第712号）2部行业法规相继颁布实施，我国投资管理领域进一步实现了法治全覆盖，投资管理纳入法治化轨道。两个大纲巩固深化投融资体制改革成果，贯彻落实充分发挥市场在资源配置中的决定性作用、更好发挥政府作用的精神，按照政府和企业投资项目分类管理要求，明确两类项目可行性研究的不同侧重，努力将投融资体制改革的成果转化成可行性研究制度规范，用以指导投资实践活动更加科学规范推进。

（二）两个大纲是助力可研科学化规范化水平提升，指导工程咨询行业发展的重要指引

可行性研究重点解决项目“能不能干”的问题，是投资项目决策的核心关键环节，在整个投资项目决策过程中起着承上启下的作用。科学规范的可行性研究体系是工程咨询行业的职责使命所在。改革开放前，我国工程项目的建设前期工作主要围绕设计任务书开展，工程设计单位承担着建设前期工作论证任务，为项目提供决策服务，当时尚未产生“工程咨询”概念。20世纪80年代初，我国学习借鉴世界银行和联合国工业发展组织推进项目建设的有益

经验,探索引入可行性研究制度。工程咨询行业因应形势而不断发展壮大,经过40多年的拼搏发展,截至2022年底,备案单位33079家,备案单位从业总人数369万人,工程咨询行业已经成为党和政府以及市场主体决策的重要"智囊团"和参谋助手。如今,两个大纲的发布和实施,为行业发展释放了重要的指引和信号,可从以下三个方面重点把握。

1.重视项目全生命周期咨询,提升行业综合咨询能力

投资项目建设是一项系统性工程,前期工作事关投资建设成败。提高前期工作质量,关键在于扎实、深入、充分做好可行性研究工作。两个大纲改变过去"重建设、轻运营"的做法,从项目全生命周期管理的视角出发,进一步完善可行性研究报告在内容和深度方面的基础性要求,提出可行研究报告要围绕投资项目建设必要性、方案可行性及风险可控性"三大目标"开展系统、专业、深入论证,既要重视工程建设方案可行性研究,也要重视项目运营方案研究,强调做好项目全生命周期的方案优化和系统性论证,完善需求可靠性、要素保障性、工程可行性、运营有效性、财务合理性、影响可持续性、各类风险管控方案等"七个维度"研究内容,对工程咨询行业项目全过程咨询能力提出更高要求。工程咨询机构要对标大纲要求,优化咨询资源配置,加强咨询模式创新,发挥前期咨询引领带动作用,积极发展投资决策综合性咨询和全过程工程咨询,不断提升包含项目前期咨询、项目实施/工程建设咨询、项目运行维护咨询等在内的全阶段一体化咨询能力。

2.重视数字化咨询,加快行业数字化转型发展

中共中央、国务院印发《数字中国建设整体布局规划》,提出要推进一二三产业全产业链数字化发展。工程咨询行业加快推进数字化转型刻不容缓。两个大纲对投资建设领域数字化转型提出明确要求,"对于具备条件的项目,研究提出拟建项目数字化应用方案,包括技术、设备、工程、建设管理和运维、网络与数据安全保障等方面,提出以数字化交付为目的,实现设计—施工—运维全过程数字化应用方案"。工程咨询机构要加强数字化建设的顶层设计,坚持数字化战略导向,坚持数字化与投资决策综合性咨询、全过程工程咨询等模式创新相结合,在制度激励、组织机构、人才建设、流程管理等方面加强配套改革,释放数字化发展活力;强化数字信息基础建设,完善工程咨询数据资源体系建设,激活数据要素潜能,利用数据资源推动工程咨询业务全价值链协同;

着力开发构建特色鲜明、应用丰富的工程咨询数字化咨询平台，形成智能咨询能力；注意做好数据安全保障工作，有效防范数据风险事件，通过投资建设领域数字化转型，着力为项目咨询提供数据驱动、智慧管理、高效协同的数字化服务。

3.重视保障安全发展，提升行业统筹谋划水平

当前，面对艰巨繁重的改革发展稳定任务和日趋复杂严峻的外部环境，安全发展的重要性和紧迫性更为凸显。两个大纲对投资领域的安全发展给予了充分强化和重视，《通用大纲》提出政府投资项目要注意防范地方政府隐性债务风险，《参考大纲》提出企业投资项目要特别防范市场风险。两个大纲要求投资项目要提高投资估算精度，充分考虑项目周期内有关影响和风险管理的费用安排；盈利能力分析既要重视项目自身盈利能力，也要研究项目可融资性及债务清偿能力；财务持续能力分析要综合考察项目现金流情况，判断是否有足够的净现金流维持项目正常运营；开展安全影响效果论证，重视供应链安全；做好项目风险管控方案研究，建立健全投资项目风险管控机制。工程咨询机构要提高站位，把握好投资建设整体和局部、当前和长远、宏观和微观、主要矛盾和次要矛盾、特殊和一般的规律，在咨询服务过程中不断提高战略思维、辩证思维、系统思维、创新思维、底线思维能力，统筹发展与安全，坚持问题导向，增强忧患意识，推进投资安全理论研究创新，深化风险研究标准建设，用好数字化新技术手段，有效识别、规避各类风险，使投资项目“真可行”，提升工程咨询行业保障安全发展的咨询服务能力和水平。

（三）准确把握两个大纲工作要求，推动工程咨询服务质效升级

两个大纲借鉴国际经验，立足我国国情，从投资建设实际出发，系统总结新时代以来投资建设正反两面经验，进一步深化项目可行性研究工作要求，体现了可行性研究规范时代性、科学性、原则性的有机统一。做好投资项目的可行性研究是工程咨询行业的看家本领，也是基本功。工程咨询机构在服务投资项目建设的过程中，要将大纲要求与项目实际有机结合，特别是把握好以下五方面要求：

1.注重服务国家战略

我国坚定实施创新驱动发展战略、区域协调发展战略、军民融合发展战

略等国家重大战略，重视规划引领作用。投资在推进落实国家重大战略、实施重大规划等方面发挥着不可替代的重要作用。两个大纲重视投资项目规划政策符合性，在项目背景方面，要求阐述项目与经济社会发展规划、区域规划、专项规划、国土空间规划等重大规划的衔接性，与扩大内需、共同富裕、乡村振兴、科技创新、节能减排、碳达峰碳中和、国家安全和应急管理等重大政策目标的符合性；重视项目需求分析，提出对于重大项目，应立足于构建以国内大循环为主体、国内国际双循环相互促进的新发展格局，研究两个市场、两种资源，促进畅通循环。工程咨询机构在咨询服务过程中，要聚焦国家重大战略推进重大项目，聚焦区域协调发展扩大有效投资，聚焦关键领域和薄弱环节补短板强弱项，助力增强投资优化供给结构关键作用。

2.注重生态文明建设

投资领域贯彻新发展理念，实现更高质量、更有效率、更加公平、更可持续发展，就要正确处理投资与环境、资源的关系，坚定不移走生产发展、生活富裕、生态良好的文明发展道路。两个大纲重视从源头上抓好管理，强化项目选址或选线要求，加强资源环境要素保障分析，论证拟建项目水资源、能源、大气环境、生态等承载能力及其保障条件；重视节约资源，资源开发类项目要制定资源开发和综合利用方案，评价资源利用效率；重视能耗控制，加强资源和能源利用效果分析，对于占用重要资源的项目，评价项目能效水平以及对项目所在地区能耗调控的影响；重视碳达峰碳中和，要求预测并核算项目年度碳排放总量、主要产品碳排放强度，提出项目碳排放控制方案，明确拟采取减少碳排放的路径与方式，分析项目对所在地区碳达峰碳中和目标实现的影响；注重绿色建设，工程方案应重视节约集约用地、绿色建材、绿色建筑、超低能耗建筑、装配式建筑、生态修复等绿色及韧性工程相关内容。工程咨询机构在咨询服务过程中，要站在人与自然和谐共生的高度谋划发展，加快发展方式绿色转型，做好环境污染防治，提升生态系统多样性、稳定性、持续性，积极稳妥推进碳达峰碳中和，实现投资项目建设与生态环境的协调统一。

3.注重项目自主创新

全面建设社会主义现代化强国，实现第二个百年奋斗目标，必须走自主创新之路。在项目建设上也要贯彻自主创新要求，两个大纲重视技术方案比较，通过比较提出项目预期达到的技术目标、技术来源及其实现路径，确定核心技术方案和核心技术指标，对于专利或关键核心技术，需要分析其取得方式的可靠性、知识产权保护、技术标准和自主可控性等；重视设备方案比选，提出关键设备和软件推荐方案及自主知识产权情况；重视数字化创新，加强全过程数字化应用。工程咨询机构在咨询服务过程中，要瞄准技术前沿，着力推动全过程数字化应用，全面提升投资项目创新水平。同时，工程咨询机构要面向未来，在规划编制、项目评估等工作中，着力推进新型工业化，加快发展数字经济，促进数字经济和实体经济深度融合，推动战略性新兴产业融合集群发展，助力构建新一代信息技术、人工智能、生物技术、新能源、新材料、高端装备、绿色环保等一批新的增长引擎，服务推动产业结构和产业价值链跃升，塑造我国竞争新优势，在更高水平上参与全球竞争。

4.贯彻新发展理念，注重民生福祉保障

消除贫困、改善民生、实现共同富裕是社会主义的本质要求。两个大纲提出项目建设必要性研究要从宏观、中观、微观层面展开分析，对于主要满足社会公共需求的非经营性项目，应进行社会需求研究；项目用地征收补偿（安置）方案应保证被征地农民原有生活水平不降低、长远生计有保障；在项目影响分析中，主要从项目可能产生的社会影响、社会效益和社会接受性等方面，研究项目对当地产生的各种社会影响，评价项目在促进个人发展、社区发展和社会发展等方面的社会责任。工程咨询机构在咨询服务过程中，要牢固树立以人民为中心的发展思想，加强项目社会性影响论证，持续打造民生精品工程、示范工程，满足人民美好生活需要；要结合实际，因地制宜，发挥行业智力优势和专业特长，加大对乡村建设、义务教育、基本医疗、住房和饮水安全、育幼养老等方面咨询服务投入力度，推动实现基本公共服务均等化。

5.注重风险综合防范

政府投资项目和企业投资项目要综合把好“风险关”，两个大纲重视防范规划选址风险，提出选址方案研究应鼓励公众参与，充分考虑不同影响和风险因素的早期筛查判断和初步分析成果，并结合利益相关方的诉求或建议反馈，完善和优化选址选线方案；重视要素保障，提出要分析土地要素保障，以及水资源、能耗、碳排放强度和污染减排指标控制要求及保障能力等，对重大项目要根据法规政策要求提出要素予以特别保障的方案，企业投资项目重点分析用地、用能、碳排放等要素的市场化配置可得性；重视安全建设，提出建设方案要加强安全韧性等方面比选；重视运营安全，提出安全保障方案，明确安全生产责任和应急管理要求，强化运营单位主体责任，落实政府监管要求；重视融资安全，全面评价融资风险和债务清偿能力；加强现金流风险分析，科学、精准判断项目能否正常运营。工程咨询机构在咨询服务过程中，应把防范和化解各类风险作为可行性研究重要任务，使风险研究成为项目是否可行的有效判断依据，避免投资损失。

（四）认真做好两个大纲宣贯实施，持续落实跟踪反馈工作要求

党的二十大报告指出要发挥投资对优化供给结构的关键作用。工程咨询行业要贯彻党的二十大精神，进一步提升咨询服务质量，以高质量咨询供给创造引领高质量咨询需求，加快构建新发展格局，推进中国式现代化。《通用大纲》和《参考大纲》是新时期做好投资项目前期工作的重要准则，中国工程咨询协会高度重视，在两个大纲对外征求意见阶段，就积极组织工程咨询机构参与讨论、提出修改完善建议。下一步，协会将进一步加大工作力度，组织行业深入贯彻落实《通用大纲》和《参考大纲》要求，在新时代咨询服务实践中继续总结经验，持续开拓创新，在新征程上作出新业绩谱写新篇章。

1.加强宣传培训服务促进落实

协会将开展行业宣传培训工作，在咨询工程师（投资）继续教育环节有针对性地增加大纲学习内容。多渠道加强社会宣传，使各有关投资决策方、研究人员、高等院校相关专业师生充分认识新版大纲对于实现投资高质量发展的意义，不断扩大两个大纲的影响力，形成提升咨询服务质量的合力。

2.有效检验咨询质量推进落实

协会将认真对照《通用大纲》和《参考大纲》，突出标准导向，使大纲要求有机融入协会业务工作，推动工程咨询行业深入落实两个大纲。以两个大纲的有关要求作为协会开展行业执业检查和咨询成果质量检查等工作的重要评价依据。

3.推动行业标准建设深化落实

协会将以两个大纲为典型示范样本，进一步加强行业标准规范的编制工

作，提升行业各项标准建设水平，推动行业标准化体系建设向纵深发展，有效提升行业咨询服务质量和水平。组织专家针对不同专业投资项目，细化大纲要求，编制配套细则；做好各类咨询标准与两个大纲的有机衔接，增强标准的全面性、科学性、系统性、专业性。

4.跟踪落实大纲动态调整机制

协会将按照国家发展改革委的统筹安排，发挥行业协会优势、主动担当作为，积极承担两个大纲的跟踪反馈工作，及时收集整理各方面的意见建议，经梳理研究后定期报送国家发展改革委，助力两个大纲的持续迭代完善。

项目可行性研究制度创新推动高质量投资

项目可行性研究自20世纪80年代初随着改革开放传入我国，成为项目投资决策的必经程序并不断规范发展。近日，国家发展改革委出台《关于印发投资项目可行性研究报告编写大纲及说明的通知》(发改投资规〔2023〕304号)(以下简称《可研大纲》)，这是继《投资项目可行性研究指南(试用版)》(以下简称《可研指南》)之后，时隔二十年关于可行性研究报告编写工作的重大制度创新，对于推动高质量投资具有里程碑意义。

(一)可行性研究应遵循“三大目标、七个维度”框架

2002年发布的《可研指南》，对项目可行性研究报告篇章结构和内容深度的规范要求，更多地体现了工业项目的技术经济特点。新发布的《可研大纲》将境内各行各业千差万别的可行性研究内容进行归纳提炼，提出了以“三大目标、七个维度”为核心的结构化分析框架(如图1)，但并没有对可行性研究报告的具体章节安排做出硬性约束规定，这将有利于推动可行性研究工作从重视格式化文本的报告编写到重视专业性论证的内容转变。

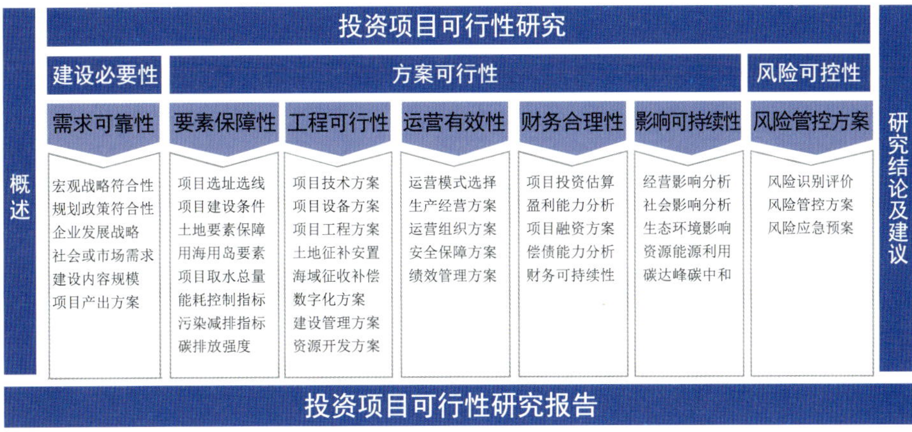

投资项目可行性研究报告的分析框架

作为报告的重要组成，前面的“概述”主要综述项目和项目单位概况、编制依据、主要结论和建议等内容，便于报告阅读者快速了解项目概貌，做出初步判断；后面的“研究结论和建议”主要归纳提炼项目七个维度研究的结论，做出项目是否可行的综合判断，并对项目需要重点关注的问题提出建议；“附表、附图和附件”是报告正文的重要支撑。

1.建设必要性统筹宏观、中观和微观的需求

任何投资项目的提出都有其特定的背景，不应孤立地就项目论项目，从而割裂微观投资项目与宏观战略、中观层面的行业和区域发展需求之间的有机联系。项目建设必要性分析强调从经济社会发展及战略规划管理的视角，通过宏观战略、发展规划、社会需求、市场预测和企业战略等角度进行调查分析，研究建设的理由，作为提出拟建项目近期和远期目标、产品或服务的需求总量及结构，以及研究确定项目建设内容和规模的重要依据。

2.方案可行性强调多方案比选优化

选址和要素保障是项目建设的前提条件。项目选址或选线是比选和择优项目场址或线路方案的过程，应体现坚持国土空间“唯一性”要求，落实项目建设条件。项目要素范围较广，《可研大纲》聚焦项目建设所必备的土地、资源、环境等约束性要素指标，要求项目建设应先行落实土地、岸线、航道、水资源、能耗、碳排放强度和污染减排等要素保障条件。

建设方案主要从固定资产形成的角度研究工程可行性。建设方案一直是可行性研究的重点内容，包括技术方案、设备方案和工程方案以及建设管理方

案等。近年来,投资建设数字化转型快速发展,对项目全过程数字化应用能力提出了更高要求。对于具备条件的项目,《可研大纲》鼓励推动数字化设计—施工—运维等模式创新,建立以数字化交付为目的的建设运行新机制。

运营方案通过有效运营实现项目投资产出和回报。《可研大纲》从投资—建设—运营一体化的视角,将运营方案与建设方案并列,这是项目全生命周期视角下,资源优化配置的内在要求。运营方案包括运营模式选择、运营组织方案、安全保障方案、绩效管理方案等内容。按照产出形态,运营方案可分为两类:一是制造业项目的生产保障方案,应明确项目所需主要原材料、燃料动力等资源要求;二是基础设施项目的运营服务方案,应明确项目提供服务的标准及其变更要求,制定试运营、运营维护与修理、更新改造及追加投资、运营服务计量等内容。

投融资和财务方案强调从项目周期视角分析产出效率。《可研大纲》除了要求提高项目投资估算的准确性,以及加强财务盈利能力、债务清偿能力和财务可持续性之外,更加突出项目融资方案研究。经营性项目应分析权益性融资和债务性融资的来源及结构、融资方式和融资成本等情况,通过比较项目内部收益率与加权资金成本,评价项目可融资性,并关注项目获得绿色金融、绿色债券等金融支持的可能性。

项目影响效果评价强调绿色发展和以人民为中心。影响效果分析是在项目方案研究的基础上,预测和分析投资项目在经济社会、资源环境、碳达峰碳中和等外部影响效果,从而判断项目产生的外部正面效果、负面代价及可持续性。《可研大纲》还要求根据项目特点和实际需要,重视开展安全影响效果论证,更好地统筹发展和安全,提升供应链韧性和安全水平,实现经济效益、社会效益、生态效益和安全效益相统一。

3.风险管控方案旨在确定项目可行边界及其转换机制

风险管控方案是从底线思维的角度,通过识别项目的主要风险因素,在风险分析和评价的基础上,研究确定项目面临的主要风险,有针对性地提出项目主要风险的防范和化解措施,研究制定重大风险应急预案。对于可能引发“邻避”问题的重大项目,应开展社会稳定风险评价工作,论证项目采取应对措施后,相关风险能否都降为低风险且处于可控状态。

(二)政府和企业投资项目可行性研究实行分类管理

2004年《国务院关于投资体制改革的决定》正式提出了投资项目审批、核准和备案的审查管理要求。2016年和2019年国务院先后发布企业投资核准备案管理条例和政府投资条例。本次正式发布《政府投资项目可行性研究报告编写通用大纲(2023版)》(简称《通用大纲》)和《企业投资项目可行性研究报告编写参考大纲(2023版)》(简称《参考大纲》)在遵循"三大目标、七个维度"的基本框架下,突显了政府与企业投资项目可行性研究报告的差异性和特殊要求。

1.政府投资项目与企业投资项目的不同导向

政府投资项目以非经营性为主,追求公共利益最大化,强调公平优先,兼顾效率,其可行性研究应突出经济社会综合效益,主要开展项目全生命周期资金平衡分析,提出确保财务可持续性的措施方案。

企业投资项目主要遵循市场机制,其可行性研究突出经济性和商业价值,关注企业发展战略对拟建项目的战略诉求,维护股东合法权益和追求股东价值最大化,并统筹考虑企业整体财务状况、信用条件及综合融资能力等因素,分析项目对企业财务影响。

2.可行性研究发挥着不可替代的作用

可行性研究为项目决策提供专业性方法、分析模式和科学依据,避免项目决策的盲目性。政府和企业投资项目都要重视发挥可行性研究在项目科学决策中的基础性作用。

政府投资项目实行审批制,由政府投资主管部门审批项目可行性研究报告;企业投资项目可行性研究报告不再需要政府投资主管部门审批,主要用于企业内部决策、银行贷款审查和项目申请报告(或项目申请书)编写的参考依据,也是指导工程设计、建设准备、服务和设备采购、投融资和运营管理的行动指南。

3.内容体现不同投资主体的关注侧重

一是需求方案的差异。政府和企业投资重大项目的可行性研究报告均应重视宏观战略规划分析,但企业投资重大项目建设的必要性需要分析企业战略需求。在微观层面上,政府投资项目主要满足社会公共需求,企业投资项目提供的产品或服务产出应以满足市场需求为导向。

二是建设方案的差异。相比政府投资项目,企业投资项目的技术专业性更强,一般需要详细描述生产方法、生产工艺技术和流程,论证项目技术的适用性、成熟性、可靠性和先进性。企业投资还可能涉及资源开发类项目,应研究制定资源开发和综合利用方案,评价资源利用效率。

三是运营方案的差异。政府和企业投资项目都要重视研究运营模式的选择和创新方案。政府投资项目要评价市场化运营的可行性和利益相关方的可接受性,研究制定项目全生命周期关键绩效指标和绩效管理方案。企业投资项目一般需要详细论证生产运营方案,对于关键技术、专有品牌或原材料供应来源于境外的企业投资项目,要充分考虑供应链风险。

四是投融资和财务方案的差异。政府投资项目应根据经济社会发展需要和财政可负担性,合理确定建设标准、建设内容、投资规模等,防范地方政府隐性债务风险。企业投资项目通常以盈利性为主要目标,其可行性研究聚焦项目投资收益研究和相关风险规避等内容。

(三)新内容弥补了高质量可行性研究的空白

《可研大纲》从推动实现高质量发展的角度,特别强调了要素保障、数字化方案、绩效管理方案、可融资性评价、REITs盘活存量资产分析、碳达峰碳中和分析等新内容,为提升可行性研究能力、弥补专业知识短板指明了新方向。

1.要素保障分析

项目跟着规划走,资金和要素跟着项目。《可研大纲》需要对影响项目落地的要素保障进行全面系统深入分析,提出解决要素制约瓶颈的措施方案,重点关注土地要素保障,以及水资源、能耗、碳排放强度和污染减排指标控制要求及保障能力等。

2.数字化方案

投资建设正面临着全过程、全要素向数字化、在线化、智能化转型的需求。对于具备条件的投资项目,可行性研究应提出拟建项目的数字化应用方案,包括技术、设备、工程、建设管理和运维、网络与数据安全保障等数字化转型实施方案,提出以数字化交付为目的,实现“设计—施工—运维”全过程数字化应用方案。

3.绩效管理方案

绩效是效率概念的延伸,即政府获得的有效公共服务与公共支出之比。对政府投资项目,要求研究制定项目全生命周期关键绩效指标和绩效管理机制,提出项目主要投入、产出效率、直接效果、外部影响和可持续性等管理方案。

4.项目可融资性评价

《关于印发投资项目可行性研究报告编写大纲及说明的通知》(发改投资规〔2023〕304号)(以下简称《可研大纲》)提出在投资估算的基础上,先行开展项目自身的盈利能力分析,评价项目可融资性。政府直接投资的非经营性项目应开展项目全生命周期的资金平衡分析,政府资本金注入项目应分析项目盈利能力,营业收入不足以覆盖项目成本费用的项目应提出政府支持方案。综合性开发项目应分析项目的服务能力和潜在综合收益。

5.REITs盘活存量资产分析

基础设施REITs是盘活存量资产的权益性融资,沪深证券交易所的成功上市实践为实现“项目—资产—资本—资金—投资”的良性循环提供了现实可行性。《可研大纲》提出在可行性研究阶段对具有潜在上市条件的项目开展REITs盘活存量资产分析。以终为始,基础设施REITs将倒逼有关各方在项目可行性研究阶段重视投资管理合规性、运营收益稳定性等内容。

6.碳达峰碳中和分析

实现碳达峰碳中和,是我国统筹国内国际两个大局作出的重大战略决策。《可研大纲》提出,高耗能、高排放项目应在项目能源资源利用分析的基础上,预测并核算项目年度碳排放总量、主要产品碳排放强度,提出项目碳排放控制方案,明确拟采取减少碳排放的路径与方式,分析项目对所在地区碳达峰碳中和目标实现的影响。这是从源头上严格控制化石能源消费、提升能源利用效率,助推实现碳达峰碳中和目标任务的重要举措。

适应新形势的能源电力行业项目可行性研究报告大纲编制说明

（一）新形势下能源电力行业可研大纲编制要求

在“双碳”目标背景下，新版大纲为能源电力行业的可行性研究报告大纲的编制给出了明确指引。《政府投资项目可行性研究报告编写通用大纲（2023年版）》（以下简称《通用大纲》）是申请政府投资项目，所需可行性研究报告的标准格式要求，具有强制性要求，申报企业需要完全按照大纲要求进行报告编制；《企业投资项目可行性研究报告编写参考大纲（2023年版）》（以下简称《参考大纲》）为企业在投资项目前编制可研大纲的参考格式要求，其不具有强制性要求，企业可根据自身实际情况及决策关注重点，参考本大纲进行可研报告的编制工作。考虑到两个大纲的编制思路及相关主体内容要求基本类似，以下就《关于印发投资项目可行性研究报告编写大纲及说明的通知》（发改投资〔2023〕304号）（以下简称《可研大纲》）进行统一解读说明。

1.概述

新形势下能源发展技术及形态演变的特点是能源发展的总体趋势向着绿色、低碳、智慧演变，带来从能源技术产业、能源组织形式、承载网络、商业形态等各方面的变化。在概述部分应简要说明能源行业整体发展趋势，及本项目在能源政策、产业政策、节能减排、绿色低碳、运营模式等方面所开展的工作及预期将取得的成效。

项目概况。应明确项目全称及简称，项目全称应与项目最终核准/备案名称一致。此小节是有关项目的研究成果的概述，包括项目建设目标和任务、建设地点、要素保障情况、建设内容和规模、总体布局、建设工期、建设模式、运营模式、投资规模和资金来源、主要采用的先进技术方案、技术经济指标、节能减排指标等。

项目单位(企业)概况。简述企业基本信息、发展现状、财务状况、在建及在运能源电力项目情况、有关政府批复和金融机构支持等情况,分析企业综合能力与拟建项目的匹配性。拟新组建项目法人的,提出项目法人组建方案。属于国有控股企业的,应说明其上级控股单位的主责主业,以及拟建项目与其主责主业的符合性。政府资本金注入项目需简述项目法人基本信息、投资人(或者股东)构成及政府出资人代表等情况。

编制依据。概述国家和地方有关支持性规划、前置性审批要件、产业政策和行业准入条件、企业战略、标准规范、专题研究成果,以及为相关研究评价和数据提供来源和支撑的其他依据。

主要结论和建议。简述项目可行性研究的主要结论和建议,主要结论可列表展示能源/资源条件、设备主要参数、技术经济主要指标等。

2.建设必要性

项目建设背景。简述项目建设背景、前期工作进展等情况,便于项目决策机构掌握项目来源、工作基础和需要解决的重要问题等。说明项目投资管理手续办理情况,如建设项目用地预审与选址意见书、环境影响评价、排污许可、文物保护、矿产压覆、水土保持、地震安全性评价等行政审批手续,以及相关手续取得的保障条件。

规划政策符合性。简述项目与战略目标、政策要求的一致性,体现经济社会发展战略和规划,从扩大内需、共同富裕、乡村振兴、科技创新、节能减排、碳达峰碳中和、国家安全、基本公共服务保障等重大政策目标层面进行分析。

需要重点论证项目符合规划。能源电力项目规划可分为两大类:一类规划的刚性体现在总量的刚性、全局的刚性,符合产业政策,但不体现在具体项目上,典型的是以风光发电为主的电源,其市场性很高,具有非排他性,刚性体现在全社会的总量。另一类项目规划的总量不严格,需要纳入国家或省级层面的规划,但是具体操作层面刚性很强,典型的如核电、电网,具有市场性的排他特点。

项目建设必要性。从宏观、中观和微观层面展开分析,研究项目建设的理由和依据。对于能源项目,应进行能源供需平衡、未来发展需求、绿色低碳发展需求等多个方面进行研究,通过对项目产出、原料投入、社会需求容量、供应结构及布局、存量规模等进行分析,为确定项目的目标受益群体、建设规模和项目工程方案提供依据。

3.项目需求分析与产出方案

企业发展战略需求分析。对于关系企业长远发展的重大项目,论述企业发展战略对拟建项目的需求程度和拟建项目对促进企业发展战略实现的重要性和紧迫性。可从内因和外因两个层面分析:外因层面,国际大形势下对于低碳能源、能源安全领域的投资热度一直较高,国资委对能源央国企能源结构、投资结构的考核;内因层面,主要包括企业盈利、企业社会形象、长远战略转型等。

能源电力需求分析。从能源电力消费结构角度分析项目所在区域不同能源类型的消费比例、能源消费趋势及优化方向。考虑当地经济发展和人口增长对能源需求的影响,预测未来能源电力需求的增长情况。考虑能源电力供应的稳定性和充足性,能源储备和应急备用能源的需要,分析国家能源政策和环境政策对能源消费的影响,以及不同品种能源在项目所在区域的推广和应用情况。

项目建设内容、规模和产出方案。阐述拟建项目总体目标及分阶段目标,提出拟建项目建设内容和规模,明确项目产出方案及其质量要求,并评价项目建设内容、规模以及产出方案的合理性。

项目商业模式。根据项目主要商业计划,分析拟建项目收入来源和结构,判断项目是否具有充分的商业可行性和金融机构等相关方的可接受性。结合项目所在地政府或相关单位可以提供的条件,提出商业模式及其创新需求,研究项目综合开发等模式创新路径及可行性。

4.方案的可行性

能源的高质量发展离不开土地、资源等要素保障,先进技术的应用,充足资金支撑以及高效生产运行方式。《可研大纲》提出了明确的编写要求。

一是要素保障性,主要涉及项目选址或选线、项目建设条件、要素保障分析等。

项目选址或选线。从规划条件、技术条件、经济条件和资源节约集约利用等方面,以国土空间规划和用途管制规则为基本依据,明确拟建项目场址或线路的土地权属、供地方式、土地利用状况、矿产压覆、占用耕地和永久基本农田、涉及生态保护红线、地质灾害危险性评估等情况。涉及用海的项目需明确国土空间规划、海岸带保护与利用规划、海洋功能区划等空间规划及“三线一单”(生态保护红线、环境质量底线、资源利用上线和生态环境准入清单)的管控要求,与海洋功能区划及岸线规划、港口规划、海洋环境保护规划、海岛保护规划、海域航路规划等相协调。备选场址方案或线路方案比选要综合考虑规划、技术、经济、社会等条件。选址方案研究应鼓励公众在内的利益相关方参与,并结合利益相关方的诉求或建议反馈,充分考虑不同影响和风险因素的早期筛查判断和分析成果。

重大能源电力项目要予以特别保障,已经列入国家重大项目清单的重大项目,相关部委机构协调推进,通过发挥社会主义制度优越性的方式来支持重大能源电力项目。企业投资项目鼓励市场化配置资源。

项目建设条件。分析拟建项目所在区域的自然环境、交通运输、公用工程等建设条件。其中,自然环境条件包括地形地貌、气象、水文、泥沙、地质、地震、防洪等;交通运输条件包括铁路、公路、港口、机场、管道等;公用工程条件包括周边市政道路、水、电、气、热、消防和通信等。阐述施工条件、生活配套设施和公共服务依托条件等。改扩建工程要分析现有设施条件的容量和能力,提出设施改扩建和利用方案。

要素保障分析。要素保障分析是《可研大纲》的一个重大变化,这也是充分考虑新阶段新形势下我国能源电力项目投资建设中面临的现实情况而提出的要求:

(1)土地要素保障。分析拟建项目相关的国土空间规划、土地利用年度计划、建设用地控制指标等土地要素保障条件,开展节约集约用地论证分析,评价用地规模和功能分区的合理性、节地水平的先进性。说明拟建项目用地总体情况,包括地上(下)物情况等;涉及耕地、园地、林地、草地等农用地转为建设用地的,说明农用地转用指标的落实、转用审批手续办理安排及耕地占补平衡的落实情况;涉及占用永久基本农田的,说明永久基本农田占用补划情况;如果项目涉及用海用岛,应明确用海用岛的方式、具体位置和规模等内容。

土地要素保障是项目开发和建设的基础,应在项目可行性研究阶段强化和深化土地要素的研究,既要排查潜在的颠覆性因素,也要对土地的权属进行初步摸排。如沙戈荒新能源大基地项目、海上风电基地项目等重大能源电力项目,对颠覆性因素和土地权属的核查尤其重要。

(2)资源环境要素保障。分析拟建项目所需的能源资源,评估资源储量、可获得性和可靠性,确保项目能够稳定供应所需的能源资源。分析拟建项目水资源、大气、土壤等生态承载能力及其保障条件,以及取水总量、能耗、碳排放强度和污染减排指标控制要求等,说明是否存在环境敏感区和环境制约因素。对于涉及用海的项目,应分析利用港口岸线资源、航道资源的基本情况及其保障条件,同时应对海域使用进行论证,分析相关海洋法律法规的适用性和执行情况,确保海洋资源的合法、安全和可持续利用。对于需要围填海的项目,应分析围填海基本情况及其保障条件。

除土地要素,资源环境要素保障也可能成为制约项目建设的重要因素。以水资源为例,目前能够支持基础电源的主要还是化石能源,化石能源可以提供可控的安全保障,但是需要大量用水,而在西北地区水的指标是有限的,水资源可能成为制约因素。

5.项目建设方案

《可研大纲》充分考虑资源特性、设备方案、从全局系统的角度选择合适的技术方案,最后用工程的理念实现项目建设。

资源开发方案。在能源电力行业,资源开发方案和分析方案应放在第一位。煤电对应的资源是煤源、水源,新能源对应的是风能资源、太阳能资源、土地资源等。对于资源开发类项目,应对项目所在地区的能源资源情况进行调研和评估,依据资源开发规划、资源储量、资源品质、赋存条件、开发价值等,考虑资源的可持续性和环境影响,研究制定合理的资源开发和综合利用方案,包括能源类型的选择、开采和开发方法、项目规模等。

技术方案。技术方案是从技术本质上解决项目设计方面涉及的问题。能源电力项目,需要明确给出负荷预测与电力电量平衡方面的分析研究内容,为技术方案提供支撑。通过技术对比分析能源电力类项目的生产方法、生产工艺技术和流程、配套工程(辅助生产和公用工程等)、技术来源及其实现路径,论证项目技术的适用性、成熟性、可靠性和先进性。对于专利或关键核心技术,需要分析其获取方式、知识产权保护、技术标准和自主可控性等。需要简述推荐技术路线的理由,并提出相应的技术指标。

设备方案。通过设备比选提出拟建项目主要设备(含软件)的规格、数量和性能参数等内容,论述设备(含软件)与技术的匹配性和可靠性、设备和软件对工程方案的设计技术需求，提出关键设备和软件推荐方案及自主知识产权情况。必要时，对关键设备进行单台技术经济论证。利用和改造原有设备的，提出改造方案及其效果。涉及超限设备的，研究提出相应的运输方案，特殊设备提出安装要求。

工程方案。规划和设计项目的实施方案，包括能源生产设施的布置、运营设施的规划以及环境保护设施的设计等。通过方案比选提出工程建设标准、工程总体布置、主要建（构）筑物和系统设计方案、外部运输方案、公用工程方案及其他配套设施方案，明确工程安全质量和安全保障措施，对重大问题制定应对方案。涉及分期建设的项目，需要阐述分期建设方案；涉及重大技术问题的，还应阐述需要开展的专题论证工作。

用地用海征收补偿（安置）方案。涉及土地征收或用海海域征收的项目，应根据有关法律法规政策规定，确定征收补偿（安置）方案，包括征收范围、土地现状、征收目的、补偿方式和标准、安置对象、安置方式、社会保障等内容。用海用岛涉及利益相关者的，应根据有关法律法规政策规定等，确定利益相关者协调方案。项目土地征收需要采取集中安置的，应提出集中安置点规划设计方案。项目采取过渡安置方式的，应明确过渡期限等，并分析其合理性。项目用地征收补偿（安置）方案应保证被征地农民原有生活水平不降低、长远生计有保障。

数字化方案。数字化方案是《可研大纲》的又一重大变化。对于具备条件的项目，研究提出拟建项目数字化应用方案，包括技术、设备、工程、建设管理和运维、网络与数据安全保障等方面，提出以数字化交付为目的，实现设计—施工—运维全过程数字化应用方案。

2023年3月国家能源局《关于加快推进能源数字化智能化发展若干意见》提出在能源电力行业要加快数字化转型升级，推进应用试点示范，推动共性技术突破，健全发展支撑体系，加大组织保障力度。能源行业与数字技术融合发展是新时代推动我国能源产业基础高级化、产业链现代化的重要引擎，是建设新型能源体系的有效措施，对提升能源产业核心竞争力、推动能源高质量发展具有重要意义。

数字化将贯穿能源项目全寿命周期。采用数字化之后可以更有效地实施项目工程设计、咨询、运行，甚至项目的退役改造。数字化、网络化和智能化的基础设施是建设智慧社会的重要基础。数字化、网络化和智能化相辅相成、交错演进。能源电力天然具有网络化特征，数字化、智能化能源电力体系必将成为智慧社会发展的重要助力和支撑基石。数字化能源体系是实现城市可持续发展的必由之路。

目前，我国能源电力行业投资建设的数字化转型还面临突出的一些问题。一是投入水平低，我国投资建设领域的数字化投资在建筑业总产值占比仅为0.08%，而欧美国家普遍为1%左右；二是自主性不足，投资建设领域自主知识产权的工程软件受应用场景制约，难以得到推广，影响产业安全和信息安全；三是取费缺乏依据，投资项目概算内缺乏相应科目设置，导致目前数字化取费只能通过挤占设计费实现。《可研大纲》对数字化方案部分内容的要求，正是通过重视可行性研究阶段研究，助力支持能源电力行业数字化转型。

能源电力行业投资咨询可以在以下几方面实施数字化咨询。1)基于预测预报的数字化工作，如发展新能源和水能功率预测技术，统筹分析有关气象要素、电源状态、电网运行、用户需求、储能配置等变量因素。2)推动数字技术深度应用于核电设计、制造、建设、运维等各领域各环节，打造全面感知、智慧运行的智能核电厂。3)推动实体电网数字呈现、仿真和决策，探索人工智能及数字孪生在电网智能辅助决策和调控方面的应用。4)推动柔性负荷智能管理、虚拟电厂优化运营、分层分区精准匹配需求响应资源等，提升绿色用能多渠道智能互动水平。5)依托能源新型基础设施建设，推动能源消费环节节能提效与智慧城市、数字乡村建设统筹规划，支撑区域能源绿色低碳循环发展体系构建。从城市、乡村、绿色低碳循环体系构建的角度提出数字化的应用前景，以及示范方向。6)提升氢能基础设施智能调控和安全预警水平，推动氢电融合发展。7)推进综合能源服务与新型智慧城市、智慧园区、智能楼宇等用能场景深度耦合，利用数字技术提升综合能源服务绿色低碳效益。

建设管理方案。提出项目建设组织模式、进度计划、控制性工期和分期实施方案，确定项目建设是否满足投资管理合规性和施工安全管理要求。如果涉及招标，明确招标范围、招标组织形式和招标方式等。

6.项目运营方案

能源电力投资项目运营方案的可行性研究要改变“重建设、轻运营”的做法，强调项目全生命周期的方案优化和系统性论证，既要重视工程建设方案可行性研究，也要重视项目建成后的运营方案可行性研究。项目策划阶段就应考虑对未来的预期和边界条件的判断，合理选择运营模式；此外，还需考虑项目运营期结束之后的退役或升级改造。

同时，还要结合项目的工程技术特点，遵循有关部门颁布的各类运营管理标准（包括强制性标准和参考性标准等），确保满足产品或服务质量、安全标准等要求。

生产经营方案。明确拟建项目运营服务内容、标准、流程、计量、运营维护与修理，以及运营服务效率要求等，研究提出运营服务方案，制定项目的生产经营计划和流程，包括能源发电工艺流程、设备运维与保养计划等，确定生产经营方案，研究运营组织方案，制定绩效管理方案，创新运营模式。

新形势下能源电力行业项目呈现由单一项目向联营的一个转变特点，如煤炭和煤电联营、煤电和新能源联营，往往采取一体化经营的方式。投资项目如果采用联营的生产经营方案，涉及界面较多，比如碳排放权的收益是提供给市场还是企业自用，以及企业主体之间的关系等等，这些都与企业的战略发展息息相关。

安全保障方案。分析能源电力类项目生产运营管理中存在的危险因素及其危害程度，明确安全生产责任制，设置安全管理机构，建立安全管理体系，提出安全防范措施，制定项目安全应急管理预案。

牢固树立安全发展理念。提出安全保障方案，明确安全生产责任和应急管理要求，强化运营单位主体责任，落实政府监管要求。

运营管理方案。简述拟建项目的运营机构设置方案，明确项目运营模式和治理结构要求。制定管理流程和制度，并明确各级管理人员和员工的职责和权限，简述项目评价机制、绩效考核方案、奖惩机制等。

7.项目投融资与财务方案

投资估算。说明投资估算编制范围、编制依据，估算项目建设投资、流动资金、建设期融资费用，明确建设期内分年度资金使用计划。充分考虑项目周期内有关影响和风险管理的费用安排，如环境保护与治理、社会风险防范与管控、节能与减碳、安全与卫生健康等相关建设投入和费用支出等。

盈利能力分析。根据项目性质，选择适合的评价方法，估算项目营业收入和补贴性收入及各种成本费用，并按相关行业要求提供量价协议、框架协议等支撑材料,分析项目的现金流入和流出情况,构建项目利润表和现金流量表,计算财务内部收益率、财务净现值等指标,评价项目的财务盈利能力,并开展盈亏平衡分析和敏感性分析,根据需要分析拟建项目对企业整体财务状况的影响。

融资方案。结合企业自身及其股东出资能力,分析项目资本金和债务资金来源及结构、融资成本以及资金到位情况,评价项目的可融资性。结合企业和项目经济、社会、环境等评价结果,研究项目获得绿色金融、绿色债券支持的可能性。对于具备条件的基础设施项目,研究提出项目建成后通过基础设施领域不动产投资信托基金(REITs)等模式盘活存量资产、实现投资回收的可能性。企业拟申请政府投资补助或贴息的,应根据相关要求研究提出拟申报投资补助或贴息的资金额度及可行性。

在当前投资项目融资主体多元化、融资渠道多样化、融资方式复杂化的背景下,除了提高项目投资估算精度、加强项目财务分析评价外,项目融资方案研究重要性更加凸显。

结合企业自身及其股东出资能力、投资主体资信程度、投资项目特性,分析融资方式、融资结构、融资成本、融资期限、融资风险等要素,并在项目自身盈利能力分析的基础上,评价项目的可融资性。

融资方式作为核心要素,直接影响项目融资结构、融资成本等其他要素。目前项目融资方式主要分为债务性融资和权益性融资两类。其中,债务性融资主要涉及银行贷款、债券融资(公司债、企业债、专项债、资产支持证券等)、融资租赁、保理融资等。债务性融资多为传统融资方式,如银行贷款和债券融资为常用融资工具,融资流程成熟规范、融资便利度高,对于高资质主体融资效率高、综合成本低。但债务性融资更依赖于主体信用资质或抵质押物资产价值,企业具有刚性兑付义务,会增加有息负债规模及资产负债率。权益性融资主要为Pre－REITs、产业基金、权益类债券等权益型金融工具。权益性融资主要通过股权投资等方式引入权益资金,降低债性资金需求,控制企业资产负债率,释放举债空间。

能源电力项目在融资方案设计时,注重融资方式与项目周期的适配性和资产盘活分析,考虑全周期资本运作方案,形成“投、融、建、管、退”闭环。项目前期可通过Pre－REITs、产业基金、银行借款、债券等方式进行融资,在解决资本金问题的同时,搭建合理的融资结构。项目运营初期,产生稳定现金流后，可通过类REITs、资产证券化等方式，阶段性盘活能源电力项目，置换存量债务或补充营运资金。项目成熟稳定后，可考虑通过基础设施领域不动产投资信托基金（REITs）等模式盘活存量资产，引入权益资金，提前回笼资金进行再投资，让存量资产变为有效增量。因此在项目可行性研究阶段，重视投资管理合规性、运营收益稳定性等内容，分析项目开展基础设施REITs的可行性。

对于清洁能源项目，可结合企业和项目经济、社会、环境等评价结果，在融资方案设计时关注获得绿色金融支持的可能性。绿色信贷、绿色债券、绿色基金等绿色金融工具融资效率高、资金成本低，为企业绿色低碳转型提供大规模资金补充。

对于政府投资项目，除上述融资方案外，还要从公共财政角度分析论证财政资金支持的必要性、支持途径和方式，资金筹措替代方案以及形成资金闭环的管理方案等。同时，分析评价此方案是否增加当地政府财政支出负担、引发地方政府隐性债务风险等情况。

债务清偿能力分析。按照负债融资的期限、金额、还本付息方式等条件，分析计算偿债备付率、利息备付率等债务清偿能力评价指标，判断项目偿还债务本金及支付利息的能力。必要时，开展项目资产负债分析，计算资产负债率等指标，评价项目资金结构的合理性。

财务可持续性分析。中国经济新常态的背景下，企业所面临的环境日益动荡，能源电力行业投资充满了不确定性，而不确定性会对财务合理性分析结论造成较大影响，需要引起关注。不确定性不等同于风险，而是一些不确定性会导致风险。

不确定性的来源有以下几方面：我国宏观经济水平的波动和政策变化，企业自身经营水平、竞争对手、上游成本控制、下游市场份额等，由此带来融资成本、技术路线、建设成本、参与电力市场及经营收益的不确定。

对于国内电力项目，只要符合国家规划、产业政策，银行基本就认为收益有保障。然而在电力现货市场条件下并非如此。项目方案设计（包括配置的储能类型及时长）与投运之后参与电力市场的收益能力有关系，需要工程项目咨询工程师预判项目投运后电力市场的边界条件和规则。在新形势下，能源电力行业对融资方提供的真正价值会逐渐得到认可和重视，有能力、有水平的咨询机构出具的可研报告在可靠性、未来的把握方面更有保障。

因此，可行性研究报告应根据投资项目财务计划现金流量表，统筹考虑企业整体财务状况、总体信用及综合融资能力等因素，分析投资项目对企业的整体财务状况影响，包括对企业的现金流、利润、营业收入、资产、负债等主要指标的影响，判断拟建项目是否有足够的净现金流量，确保维持正常运营及保障资金链安全。

8.项目影响效果分析

经济影响分析。从经济资源优化配置的角度，利用经济费用效益分析或经济费用效果分析等方法，评价项目投资的真实经济价值，判断项目投资的经济合理性，从而确保项目取得合理的经济影响效果。重大投资项目还要分析其对宏观经济、区域经济和产业经济的影响。

社会影响分析。通过社会调查和公众参与，识别项目主要社会影响因素和关键利益相关者，分析不同目标群体的诉求及其对项目的支持程度，评价项目在带动当地就业、促进企业员工发展、社区发展和社会发展等方面的社会责任，提出减缓负面社会影响的措施或方案。

生态环境影响分析。分析拟建项目所在地的生态环境现状，评价项目在污染物排放、地质灾害防治、防洪减灾、水土流失、土地复垦、生态保护、生物多样性和环境敏感区等方面的影响，提出生态环境影响减缓、生态修复和补偿等措施，以及污染物减排措施，评价拟建项目能否满足有关生态环境保护政策要求。

不同品种的电源项目的生态环境影响分析有所差异，如化石能源项目重点分析先进的节能降耗技术、降低污染排放，风光新能源项目重点分析防风固沙、改善生态等等。

资源和能源利用效果分析。对于占用重要资源的项目，分析项目所需消耗的资源品种、数量、来源情况，以及非常规水源和污水资源化利用情况，提出资源综合利用方案和资源节约措施，计算采取资源节约和资源化利用措施后的资源消耗总量及强度。计算采取节能措施后的全口径能源消耗总量、原料用能消耗量、可再生能源消耗量等指标，评价项目能效水平以及对项目所在地区能耗调控的影响。

碳达峰碳中和分析。对于高耗能、高排放项目，在项目能源资源利用分析基础上，预测并核算项目年度碳排放总量、主要产品碳排放强度，提出项目碳排放控制方案，明确拟采取减少碳排放的路径与方式，分析项目对所在地区碳达峰碳中和目标实现的影响。

能源电力项目属于基建项目，需要进行碳达峰、碳中和这种重大的长远性国策的分析。评估能源电力项目实施后可能实现的碳减排潜力，包括技术革新、效率提升、替代传统能源等方面的减排潜力。评估新能源项目参与碳市场的前景，包括碳交易、碳抵消和碳交易机制等，进一步发挥碳中和效果。

9.项目风险管控方案

风险识别与评价。识别项目市场需求、要素保障、产业链供应链、关键技术、工程建设、运营管理、投融资、财务效益、生态环境、社会影响、网络与数据安全、经济等方面的风险，分析各风险发生的可能性、损失程度，以及风险承担主体的韧性或脆弱性，判断各风险后果的严重程度，研究确定项目面临的主要风险。

风险管控方案。结合项目特点和风险评价，有针对性地提出项目主要风险的防范和化解措施。重大项目应当对社会稳定风险进行调查分析，查找并列出风险点、风险发生的可能性及影响程度，提出防范和化解风险的方案措施，提出采取相关措施后的社会稳定风险等级建议。对可能引发“邻避”问题的，应提出综合管控方案，保证影响社会稳定的风险在采取措施后处于低风险且可控状态。

不同能源品类项目的风险类别、风险点、风险管控及管理体系各不相同，需结合实际能源品种及项目规模因地制宜地进行风险分析并提出风险管控方案。水电需重点考虑社会风险（如社会稳定、移民安置等）、政治或战争风险、环境风险、技术风险等。火电需重点考虑生态环境风险、经营类风险、运营风险等。风光新能源需重点考虑经营类、政策、自然灾害、生态环境风险等。电网需重点考虑人身安全（如触电、高空坠落）、运营生产风险等。

风险应急方案。对于拟建项目可能发生的风险，研究制定重大风险应急预案，明确应急处置及应急演练要求等。

10.结论及建议

从建设必要性、要素保障性、工程可行性、运营有效性、财务合理性、影响可持续性、风险可控性等维度分别简述项目可行性研究结论，重点归纳总结拟推荐方案的项目市场需求、建设内容和规模、运营方案、投融资和财务效益，并评价项目各方面的效果和风险，提出项目是否可行的研究结论。针对项目需要重点关注和进一步研究解决的问题，提出相关建议。附具可行性研究保供必要的附表、附图和附件等。

（二）可研大纲在实际工程中的应用

1.《可研指南》的继承、创新和发展

《可研大纲》从推动实现高质量发展的角度，相较《投资项目可行性研究指南（试用版）》（以下简称《可研指南》特别强调了多个体现新发展理念要求的研究内容，为提升可行性研究能力、弥补专业知识短板、完善投资项目报告内容提出了新的要求。但是这种新的要求，是在《可研指南》的基础上，进行了继承、创新和发展。《可研大纲》继承了《可研指南》的基本框架和内容，保留了《可研指南》中仍然适用的部分，如可行性研究的目的、内容、方法、步骤和要求等。

《可研大纲》在《可研指南》的基础上进行了发展创新，以适应新的形势和要求。《可研大纲》更加突出了可行性研究重点内容的前后逻辑和统筹协调，增加补充了数字化设计和应用、项目全周期方案、政府投资项目运营指定绩效管理方案，在项目节能效果分析基础上增加了碳达峰碳中和分析等内容。

《可研大纲》对《可研指南》中存在的一些问题和不足也进行了改进和完善。例如，在项目选址与要素保障章节中，增加了永久基本农田和用海用岛的土地要素保障分析，重大投资项目的资源环境要素保障分析，同时删除了保障性指标分析内容；在项目投融资与财务方案中，删除了更新改造和追加投资计划等事项；在项目影响效果分析中，增加了资源节约和资源化利用措施后的资源消耗量的计算，以及采用节能措施后的总量、原料量、可再生能源量等指标的计算；在项目风险管控方案中，则侧重风险识别与评价，删除了管控方案的内容。

2. 能源电力领域适用性调整，做到因地制宜

此次颁布的《可研大纲》创新点及亮点在于立足现今发展的新阶段和新的发展理念，在《可研指南》基础上，以着力推动投资、高质量发展为主线，围绕项目建设必要性、方案可行性及风险可控性等三大目标，更加注重从项目全生命周期出发统筹拟定项目投融资和建设实施方案、可行性研究重点内容的前后逻辑和统筹协调等内容，同时将扩大内需、碳达峰碳中和、自主创新，以及投资

建设数字化等新要求有机地融入到可行性研究规范制度中。整体而言,《可研大纲》是各类项目可行性研究报告内容的一般要求和基础指引,不同类型的行业和项目不能照本宣科地直接沿用《可研大纲》的要求和内容,还需要根据行业类型的需求和差异,在其基础上进行扩展、补充和合理调整。具体就能源电力行业而言,也是如此。

现今,能源电力行业中许多已实施应用的可行性研究报告编制方面的规程、规范,均是在《可研指南》基础上进行的适用性调整后制定的,如《火力发电厂可行性研究报告内容深度规定》(DL/T5375—2018)、《陆上风电场工程可行性研究报告编制规程》(NB/T31105—2016)、《光伏发电工程可行性研究报告编制规程》(NB/T32043—2018)、《水利水电工程可行性研究报告编制规程》(SL/T618—2021)等,但是对比《企业投资项目可行性研究报告编写参考大纲(2023年版)》,这些规程规范已不能很好地体现新发展阶段和新发展理念的需求,需要进行相应的补充调整。当然能源类型不同,需要补充、调整的内容也会有一些差异。

首先,需要补充和调整的方面为要素保障分析。要素保障是能源项目方案可行性的基础条件,虽然在火电、风电、光伏、水电等各能源电力类别中可研报告大纲中有一些相关论述,但是相关内容和维度相对薄弱。如《火力发电厂可行性研究报告内容深度规定》(DL/T5375—2018)中对燃料、场址条件进行了分类论述,《陆上风电场工程可行性研究报告编制规程》(NB/T31105—2016)和《光伏发电工程可行性研究报告编制规程》(NB/T32043—2018)重点论述了风能资源、太阳能资源的情况,《水利水电工程可行性研究报告编制规程》(SL/T618—2021)中也从水文条件方面进行了阐述。但是整体而言,各类能源的可研编制规范对要素保障方面缺少系统性、完整性的要求和论述,也没有将相应的内容提升到要素保障的维度和高度。因此,各类型能源电力的可研编制规程规范还需要基于《可研大纲》的要求,逐步将要素保障作为一个特定维度进行专业研究和描述,并基于能源电力类型的差异性进行有针对性的补充和调整,从而确保在今后项目的开发过程中,进一步体现市场机制在推进要素资源配置的基础性作用。

第二,项目运营方案在以往的各类能源领域的可研编制规程规范中基本没有提及。但是《可研大纲》要求,可行性研究阶段要改变过去“重建设、轻运营”的做法，需要从“投资—建设—运营一体化”的视角进行全方位、全过程的论述，即从前期阶段就要对项目进行全生命周期整体统筹考虑：既要重视工程建设方案的可行性研究，也要重视运营方案的研究制定。《可研大纲》中将“项目运营方案”模块作为可研内容独立的章节进行单列，既能大幅度提升项目投资者对项目运营的关注度，又能强调项目全生命周期的方案优化和系统性论证，从而进一步提升了项目全生命周期的盈利能力。基于此，火电、风电、光伏、水电等各类能源电力在今后的可行性研究阶段，就需要根据各自的特点增加项目运营方案方面的内容，从而为项目的全周期管理运营提供基本的依据和方向。

第三是数字化方案方面。能源电力行业与数字技术融合发展是新时代推动我国能源产业基础高级化、产业链现代化的重要引擎，是建设新型能源体系的有效措施，对提升能源产业核心竞争力、推动能源高质量发展具有重要意义。由此可以看出，数字化方案在项目可行性研究中的重要作用。但是现今，数字化方案在火电、风电、光伏、水电等各类能源电力领域的可研编制规程规范中并没有充分明确的要求和体现，因此这也是各类能源电力在今后可研阶段需要重点关注和补充的内容。

第四是项目融资方案方面。以往的能源电力领域，在可研编制过程中，更多的是重视投资估算和财务评价方面相关的内容，但在融资方案、债务清偿能力等方面关注较少（《火力发电厂可行性研究报告内容深度规定》（DL/T5375—2018）中提到了融资方案）。基于此，在火电、风电、光伏、水电等各类能源的可研阶段需要进一步深入研究融资方案，分析项目资本金和债务资金来源及结构、融资成本以及资金到位情况，评价项目的可融资性，尤其是绿色金融、绿色债券、REITs等创新型金融方式支持项目建设的可能性；再者是深入研究债务清偿能力，按照负债融资的期限、金额、还本付息方式等条件，分析债务清偿能力评价指标，判断项目偿还债务本金及支付利息的能力。

最后，在项目招标方案、项目风险管控方案等方面，不同类型的能源电力可研阶段也缺少相应的研究，需要根据各自的特点开展相应的分析论述，从而制定有针对性的方案。

综上所述，针对不同类型能源电力的可研大纲，需要进行相应的调整，做到因地制宜，从而保证能源电力领域高质量的投资，进而引领能源电力的高质量发展。

针对不同类型的能源电力领域，可行性研究阶段需要依据《可研大纲》的要求进行调整细化，但是对于某个特定的项目而言，就需要具体情况具体分析，做到灵活应用。如建设内容单一、投资规模较小、技术方案简单的项目，可基于《可研大纲》进行适当的简化；而对于重大项目或复杂的项目，则可在正文前形成必要的摘要。

综上而言，《可研大纲》的颁布实施，是投资管理工作和工程咨询行业发展的一件大事，将引领工程咨询和投资管理理念、模式的转变和创新。能源电力领域要以《可研大纲》颁布为契机，推动投资企业更加重视项目的可行性研究，以高质量的项目前期工作提升投资决策的科学化、规范化和法治化水平，从而为扩大有效投资，增强投资对优化能源电力供给结构的关键作用作出积极贡献。

商业模式前置研究有助提升企业投资项目可行性研究质量

（一）商业模式在投资决策中重要作用

一个成功的商业模式可以提高投资项目可行性、企业核心竞争力，可以重构价值链，甚至改变竞争规则。

1.可研缺少商业模式设计弊端

商业模式是一个系统性的工程，如果不提前设计商业模式和项目决策及建设相结合，项目一旦建成且投产，整体商业模式中的大部分关键因素已经被固定下来，比如生产和服务的种类、设施完善性和功能符合性、需要建设或购买的设备设施的型号和生产能力、组织生产方式、原材料获得方式等，后期可以调整的空间就比较小。一旦发现项目盈利能力下降，可以采取的措施也将非常有限。

2.可研进行商业模式设计意义

在投资项目决策阶段考虑商业模式首先可以避免造成投资浪费。建设项目有明显重投资属性且不可逆性,一旦建成投产后不满足运营阶段使用要求,会造成企业重大经济损失。其次,可以提高项目决策科学性。在投资项目决策阶段提前设计商业模式可以得到更为准确的评价结果、提高融资概率和取得更好运营效果。再者可为项目盈利创造先机。对一个准备新建的投资项目来讲,在项目设计之初就充分结合行业竞争情况,充分分析各个关键环节和关键因素,提前思考设计商业模式,不仅会提高项目决策科学性,也会为项目盈利创造先机。

3.可研阶段应该考虑关键问题

对于企业投资项目,成熟的投资人或者咨询人应该在投资决策阶段考虑好“做什么?怎么做?怎么实现交易?需要什么资源?怎么盈利?”具体又包括如下9件细分事项,详见表1。

表1　企业投资项目决策阶段应该考虑的重要事项

序号	重要事项	备注
1	投资项目客户价值主张是什么?	即投资项目解决了目标客户什么核心痛点
2	投资项目的目标客户是谁?	即投资项目需要明确目标客户
3	投资项目提供什么产品或服务?	即投资项目的产品或服务种类、生产规模
4	投资项目如何传递价值?	即投资项目如何把产品或服务的价值传递给客户,并与客户形成交易
5	投资项目如何创造价值?	即投资项目高质量、高效率生产产品或服务的需要开展核心业务
6	投资项目需要哪些关键资源?	即投资项目完成创造价值和传递价值的全过程所需要的关键资源
7	投资项目需要哪些关键伙伴?	即投资项目完成创造价值和传递价值的全过程所需要的关键伙伴
8	投资项目收入如何构成?	即投资项目的收入来源构成
9	投资项目成本如何构成?	即投资项目的成本费用构成

(二)企业投资项目商业模式要素分析

1.商业模式发展背景

出现于20世纪50年代,发展于20世纪末,至今为止学术界对商业模式尚未形成明确定义,但在整体逻辑框架层面形成了基本共识。目前对商业模式有不同定义,但以如下四种定义为主流。

定义一:商业模式就是关于做什么、如何做,怎么赚钱的问题,贯穿于企业资源开发、研发模式、制造方式、营销体系、市场流通等各个环节。

定义二:商业模式是一个三维立体模式,包括"客户价值主张"(是指一个既定价格上企业向客户或消费者提供服务或产品时所需要完成的任务)、"资源和生产过程"(既支持客户价值主张和盈利模式的具体经营方式),和"盈利模式"(既企业用以为股东实现经济价值的过程)

定义三:一个公司在组织其可利用的各种资源(资金、原材料、设备设施、人力资源、品牌和知识产权等)选择、生产并销售服务和/或产品的过程/和服务的方式、营销方式、客户关系管理等中为客户创造独特价值并使公司获得最大限度经济效益的方式

笔者比较认同"商业模式就是一个组织创造、传递以及获得价值的战略战术模型"的定义。

2.商业模式表现形式

商业模式主要包括经济、运营、战略和网络4种模式型。Osterwalder(2005)网络式商业模式最为经典:商业模式定义为一种由众多要素组成,用来说明特定企业商业逻辑的概念性工具,可用以描述公司如何通过价值创造、管理控制及客户网络的构建传递价值、开拓市场,并从中获得持续的收入流量和利润空间。

目前普遍存在对"商业模式与企业战略"之间的模糊理解,存在"商业模式与其他模式"之间的模糊理解。

企业商业模式与企业发展战略有明显的区别和不同。企业商业模式相对较为长期、隐形,企业发展战略相对较为短期、显性。企业商业模式重路径、重布局,企业发展战略重目标!对于已经经营一段时间的企业,企业商业模式高于并指导于企业发展战略。对于新创立的企业,最好先有企业发展战略,在此基础上打磨完善企业商业模式,企业商业模式与企业发展战略应该是融合和补充的关系。从某种程度上说,企业发展战略是关于绩效的,而企业商业模式与"赚钱"有关,应包括战略和运营有效性的利润导向,与盈利性息息相关。企业发展战略具有竞争特征,通过建立并保持竞争优势进而战胜对手并获取优良绩效,这是战略的主要目的和内容;而企业商业模式主要描述企业各部分怎样构成一个系统,没有把影响业绩的竞争因素考虑进去。因此,企业发展战略

重视企业外部竞争与竞争策略，而企业商业模式则关注企业内部经营与竞争基础和依据；企业发展战略强调战胜对手获取利润，而企业商业模式强调企业本身是否就有巨大的盈利潜力。

项目商业模式与其他模式的区别。依据笔者观点，项目商业模式是项目开发建设阶段的项目投建模式和项目投产运营阶段的企业商业模式融合发展的产物。过去，通常投资人、建设人和运营人分别在投资项目决策阶段、工程建设阶段和运营维护阶段独立出现，加之工程咨询单位和企业咨询单位更是呈现出碎片化咨询状态，故一个投资项目很难站在全生命周期角度去思考和实施。在项目投资决策阶段，项目建议书、可行性研究报告等工程咨询单位依据旧版可研大纲编写可行性研究报告，主要为投资项目立项所用，缺乏对投资项目建设阶段和运营维护阶段工作的考虑；而在工程建设阶段，工程勘察、工程设计、工程造价、工程监理和项目管理等工程咨询单位也很少将咨询业务触角延伸到同一项目的投资决策阶段和项目运营维护阶段；而运营维护阶段的商业模式、企业发展战略、生产运营咨询和商务运营咨询等企业咨询更是在项目建成投产后才进入，此时固定资产投资行为已经形成，基本没有可调整空间，造成很多投资项目建成即停产或建成即改造的局面，形成了巨大的浪费，更有甚者因固定资产投资过大导致企业现金流中断或企业市场经营不好，将企业拖入破产的深渊。

由于碎片化服务状况由来已久，工程咨询单位很少从事企业咨询类业务，故对企业战略咨询、商业模式咨询、运营咨询缺少全面和正确认知，通常将项目开发模式、投融资模式、建设模式、管理模式等同于商业模式；此外由于西方企业管理学的引进，各种以模式命名的管理模型层出不穷，故也有绝大部分人将营销模式、运营模式、盈利模式等同于商业模式，为了正确区分商业模式同其他模式，本报告将商业模式和其他模式进行区分，详见表2。

表2分析基本是围绕“开发模式、投融资模式、建设模式、管理模式、运营模式、营销模式、盈利模式”这个主链条开展的，遵循了现金流入转化为产品、产品流出转化为增值的现金这个基本路线。任何一个项目的决策及建设要考虑的主要因素也是基本依照以上主要流程展开，因此结合项目商业模式设计进行分析、设计、决策十分有必要。除了针对以上各个关键因素进行单独考虑之外，还必须深入研究他们之间的联合优化的可行性，把他们作为一个整体予

以仔细推敲，使他们互相支持，共同作用，形成一个良性的循环。

表2　企业投资项目商业模式同其他模式对比表

<table>
<tr><th colspan="2" rowspan="2">易混模式</th><th rowspan="2">常见表现类型</th><th rowspan="2">项目开发模式与公司商业模式关系与区别</th><th colspan="3">影响覆盖阶段</th></tr>
<tr><th>投资决策</th><th>工程建设</th><th>运营维护</th></tr>
<tr><td rowspan="4">企业投资项目商业模式</td><td>开发模式</td><td>ABO、PPP、EOD、BOT、众筹、其他开发模式等，也有其他划分方式，比如社区共建模式、机构共建模式、与旅游和商业地产合作、保险模式、酒店模式等</td><td>对商业模式中的股权结构有较大关系，但开发模式并没有覆盖运营、销售等阶段的工作。易混点为综合开发项目：大部分人认为综合开发项目通过土地收入实现项目总体开发收益，就认为该投资项目商业模式是成功的，这仅能说明项目开发模式是成功的，因为开发模式并没说明白项目业态集群中的商业项目如何实现运营和销售的</td><td>较大</td><td>较大</td><td>一般</td></tr>
<tr><td>投融资模式</td><td>如全资自筹、合作投资等，融资方式包括股权融资、政策性金融、产业基金、专项债、专项债、权益性金融、风险投资、供应链金融、保单金融、REITS、其他融资方案</td><td>与商业模式中投资主体性质有关系，商业模式的好坏对投资融资效果有直接影响，在我国现实金融环境下，央国企融资与民营资本融资环境差别很大，央国企可以用专项债等政策金融工具，而民企较少有机会获得；对于标准融资产品，大多数为当铺思维，没有对等抵押物不会给民营企业贷款，但产业基金、保单金融和订单金融等非标产品对民营企业是个最容易实现可融资性的产品，但这类金融产品在融资阶段非常看重商业模式</td><td>较大</td><td>较大</td><td>较大</td></tr>
<tr><td>建设模式</td><td>EPC、BT、DBB及其他建设模式</td><td>对商业模式相互影响较少，建设模式影响几乎没有延伸到运营、销售阶段</td><td>较大</td><td>较大</td><td>较小</td></tr>
<tr><td>管理模式</td><td>全过程工程咨询、代建管理、PM及其他咨询管理模式</td><td>对商业模式有一定影响，尤其管理模式延伸到了运营管理阶段，在商业模式中应该把覆盖运营的管理模式，纳入到企业关键资源中进行考虑</td><td>较大</td><td>较大</td><td>一般</td></tr>
</table>

续表

易混模式		常见表现类型	项目开发模式与公司商业模式关系与区别	影响覆盖阶段		
				投资决策	工程建设	运营维护
企业投资项目商业模式	运营模式	自主运行、委托第三方运营及其他运营方式	运营模式是企业内部的人、财、物、信息等各种要素的结合方式,属于商业模式的核心层面。每一个环节都需要以实现最大经济效益为目的来精心考虑和设计。如果缺乏合理有效的运营模式,即使高效的销售模式也会由于缺乏持续而优质的产品服务供应而变得空心化。运营模式对项目定位、功能定位等影响巨大,为此运营模式咨询一定要前置到投资决策阶段	较大	一般	较大
	营销模式	品牌打造、公共关系、分销、售后服务等	营销模式的核心为销售模式,销售模式是指产品或服务的销售方式,是商业模式的最基本体现,是商业模式的实现通道。缺乏有效的销售模式,看起来再好的商业模式也没有用	较大	一般	较大
	盈利模式	价格、收费策略等	盈利模式也称为收入模式,是针对服务和产品收费的策略,比如利润乘式模式,从单一产品获取最大利润提升到重复多次利用这个产品盈利	较大	一般	较大

3.商业模式画布理论

商业模式画布理论是一种用来描述商业模式、可视化商业模式、评估商业模式以及改变商业模式的通用语言。商业模式画布理论最早由Alexander Osterwalder等人于2005年提出,2011年Alexander Osterwalder又将该理论进行完善,并与Yves Pigneurder等著有《商业模式新生代》一书中,该书作为商业模式的经典教材,提出商业模式包含四大界面、九个要素的理论模型,具体详见表3和表4。

4.商业模式要素分析

在商业模式画布中,价值主张位于商业画布的中心,左半侧体现效率,右半侧描绘价值,具体详见表3:商业模式四大界面。具体逻辑顺序为:先明确自己企业的定位,锁定目标客户,确定目标客户的需求及痛点,从而明确企业的价值主张,接着要思考怎样才能将企业的价值主张传递给客户,与客户建立怎样的关系才能更好地稳定客户资源、做好客户服务的同时获得更高的收益。当然企业在获得收益的同时必须有成本的付出,且往往产品的提供和服务的提供需要多方配合,因此企业在锁定关键业务的同时还需要明确核心资源及主要合作伙伴,由此确定成本及损耗。

客户细分、客户关系、渠道通路,帮助企业锁定了目标客户、明晰了客户关系及价值的传播渠道,是企业商业模式的价值体现。重要合作、关键业务、核心资源,描绘了商业模式有效运作的重要因素,是企业商业模式的效率体现。成本结构、收入来源是企业收支情况的反映,体现着企业的盈利。具体详见表4:商业模式九大要素。

表3　商业模式四大界面

<table>
<tr><th>资产管理界面</th><th>产品或服务界面</th><th>客户界面</th></tr>
<tr><td colspan="3">财务界面</td></tr>
</table>

表4　商业模式九大要素

<table>
<tr><th>重要合作</th><th>关键业务</th><th>价值主张</th><th>客户关系</th><th>客户细分</th></tr>
<tr><td rowspan="3">企业与其他企业、供应商、服务提供者等之间围绕商业模式的有效运作达成的合作关系</td><td>商业模式运行过程中的核心、重点任务</td><td rowspan="3">企业的服务理念、以怎样的产品和服务,解决客户问题,满足客户需求</td><td>企业与特定客户群体间的合作方式或关系类型</td><td rowspan="3">企业锁定的各类目标客户</td></tr>
<tr><th>核心资源</th><th>渠道通路</th></tr>
<tr><td>企业推动、运营、维护商业模式运转、稳定、发展的必备资源</td><td>价值主张通过沟通、分发以及销售渠道传递给客户</td></tr>
<tr><th colspan="3">成本结构</th><th colspan="2">收入来源</th></tr>
<tr><td colspan="3">企业在构建上述要素过程中所要付出的成本</td><td colspan="2">获取收益的价值模块</td></tr>
</table>

（三）企业投资项目商业模式咨询模型

在企业投资项目可行性研究报告编写参考大纲中，项目商业模式位于第二章第五节。项目商业模式章节应在保证项目商业模式模型完整性的前提下，同企业投资项目可行性研究报告编写参考大纲总体框架相协调，对于产品或服务界面的价值主张、资产管理界面的核心资源、客户界面的客户细分、财务界面的成本结构和收入来源等方面内容已在大纲其他章节有不同程度的体现，宜在本节可适当概括性引用和补充描述，即融合性表述；而对于资产管理界面的关键业务和重要合作、客户界面的渠道通路和客户关系等方面内容在大纲其他章节没有体现，应在本节做系统性重点阐述，即补充性表述，具体详见表5。

表5　项目商业模式章节咨询模型

<table>
<tr><th colspan="2">商业模式内容</th><th rowspan="2">九大要素在可研章节中的体现</th><th rowspan="2">商业模式章节需完善的内容</th></tr>
<tr><th>四大界面</th><th>九大要素</th></tr>
<tr><td>产品或服务界面</td><td>价值主张VP</td><td>已在企业概况、规划政策复合性、企业发展战略需求、项目建设内容规模和产出方案中有所表述</td><td>融合性表述</td></tr>
<tr><td rowspan="3">资产管理界面</td><td>核心资源KR</td><td>已在资源和能源利用效果分析中有所表述，但对其他核心资源如专利、品牌等无形资源、人才资源等无任何表述</td><td>融合性+补充性表述</td></tr>
<tr><td>关键业务KA</td><td rowspan="2">无</td><td rowspan="2">补充性表述</td></tr>
<tr><td>重要合作KP</td></tr>
<tr><td rowspan="3">客户界面</td><td>客户细分CS</td><td>已在项目市场需求分析对市场业态、目标市场环境和容量、产业链供应链、市场饱和度有分析中有所表述，但对细分客户等无任何表述</td><td>融合性+补充性表述</td></tr>
<tr><td>渠道通路CH</td><td rowspan="2">无</td><td rowspan="2">补充性表述</td></tr>
<tr><td>客户关系CR</td></tr>
<tr><td rowspan="2">财务界面</td><td>成本结构CS</td><td>已在生产经营方案、安全保证方案、运营管理方案、投资估算中有所表述</td><td rowspan="2">融合性表述</td></tr>
<tr><td>收入来源RS</td><td>已在盈利能力分析、融资方案、债务清偿能力分析、财务可持续性分析</td></tr>
</table>

1.商业模式SBC评价模型

项目商业模式SBC评价模型包括第一评价层级和第二评价层级，第一评价层级和第二评价层级具体内容详见表6。

表6　企业投资项目商业模式评价模型（SBC）

第一评价层级	第二评价层级
社会性	国家及政府
	经营者
	员工及家庭
	上下游企业
	股东
	客户
	当地地区
	地球和环境
经济合理性	以提高可持续性经营为目的
	重视资本效率化的经营
	追求改革与创新
创造性	引入新的利益相关者
	采用新的科技手段
	创造新的现金流
	提供新的核心价值

2.企业投资项目商业模式案例分享

本案例为商业模式重构案例，在企业陷入生产经营困难时，委托作者单位进行提升改造，签订全过程工程咨询服务合同，包括市场调查、产业规划、商业模式设计、工程咨询和运营咨询等内容。

项目概况：为积极响应国家“精准扶贫”战略，北京市某企业通过招商引资形式被引至河北省某县，并在该县投资建设6万头生猪养殖扶贫产业项目，该项目于2020年立项，总投资3亿元，一期投资1.2亿元，为自有资金，已建成8条生猪生产线，年产值约2000万元。

发展现状：项目建成投产后，企业面临严重生存困难，最突出困境是经营难、融资难、无明显核心竞争力。

在市场调研基础上，对企业现况商业模式进行了分析，形成表7。

表7　商业模式重构前画布

<table>
<tr><th>重要合作</th><th>关键业务</th><th>价值主张</th><th>客户关系</th><th>客户细分</th></tr>
<tr><td rowspan="3">当地政府机构
母猪繁殖场</td><td>重点抓工程建设</td><td rowspan="3">无客户
价值主张</td><td>活猪供应
农业产品供应</td><td rowspan="3">目标客户当地农贸市场和散户</td></tr>
<tr><td>核心资源</td><td>渠道通路</td></tr>
<tr><td>除1亿元启动资金外,无明显核心资源</td><td>直销</td></tr>
<tr><td colspan="3">成本结构</td><td colspan="2">收入来源</td></tr>
<tr><td colspan="3">建设成本生产成本(估计不足)
金融成本(估计不足)</td><td colspan="2">销售收入:活猪销售、农产品销售
政府补助收入</td></tr>
</table>

2.1 商业模式重构前的评价

——依照SBC评价模型,进行社会层面分析:

国家及政府:产业方向基本符合国家政策,属于重点鼓励发展方向,但对国家省、市、县各级产业政策了解基本处于空白状态。解决方案:加强各级政策复合性研究,最大程度利用好各项产业利好政策为企业发展赋能。

地球及环境:养殖后端粪肥等废弃物处理不足。解决方案:增加养殖场后端粪肥处理配套沼气设备,产生的沼气可作为能源循环利用。设备投入可通过碳资产开发交易回收成本并创造额外价值。

当地地区:符合地区发展战略,为地区就业及税收做贡献,但对当地农民致富带动能力不强。解决方案:优化合作模式,完善同当地政府、村集体、合作社及村民的共生共建关系。

经营者:有较好的发展意识,愿意向规范化、合理化和可持续发展方向努力,但商业思维不强,链接核心关键资源能力不强。解决方案:聘请第三方外脑,完善实战版商业计划书,积极拓展具有资源链接能力的关键合作伙伴。

上下游企业:产业链不完整,没有形成闭环。解决方案:研究当地产业链上下游资源。投入生物有机肥生产设备,利用靶向饲料提高富硒猪肉产品的质量,同时降低生产成本。下游战略合作屠宰加工企业,通过股权置换等方式整合下游加工企业,形成标准化可流通产品产能。

股东:股东一致行动,但国有成分股东决策流程长,效率低,对市场灵活调整带来限制。

客户:客户体量不足。解决方案:提供整合营销策划服务,设计符合流通及互联网属性的产品,对接供应链及大型零售企业供应商,打通产品销售环节。

员工及家庭:管理良好,关怀到位。

依照SBC评价模型,进行经济合理性层面分析:

在商业模式不成熟和关键资源配置不到位情况下,项目着急上马,急于建设,导致持续性经营能力差。解决方案:充分市场调研,确定农康旅及加工一体化的发展方向,配置产业链供应链等重要伙伴资源,制定可行的市场营销方案。

投融资模式不清晰,农业设施无法进入金融市场,导致融资困难,没有形成品牌价值和专利技术等无形资产价值。解决方案:完善投融资模式设计,争取获得风投机构关注;以订单促生产,增强订单金融和供应链金融的可能性;此外创新融资方式,开发保险金融等。加快核心产品的专利技术转让,培养企业品牌和产品品牌,提高企业无形资产价值。

企业对市场敏感度及把控力不足,利润低。解决方案:从产品的品牌定位、渠道策略、价格体系、营销推广等角度进行整合营销策划,对接部分流通及线上渠道,保障产能良性运行。

——依照SBC评价模型,进行创造性层面分析:

引入新的利益相关者。解决方案:通过与屠宰加工企业、大型农贸市场、医院、高档社区的合作,共同提升价值及利润

创造新的现金流。解决方案:单一的生猪销售收入结构,到饲料、加工、产品销售等多元收入结构。

采用新的科技手段。解决方案:引入碳资产开发的手段,解决硬件投入的成本,并长期创造额外价值。

提供新的核心价值。解决方案:从养殖技术为核心价值,到引入产品的品牌化营销,形成无形资产的核心价值。

2.2 商业模式重构后的画布

在市场调研及现况商业模式基础上,对企业商业模式进行了重构设计,形成表8。

表8 商业模式重构后画布

<table>
<tr><th>重要合作</th><th>关键业务</th><th>价值主张</th><th>客户关系</th><th>客户细分</th></tr>
<tr><td rowspan="3">当地政府机构
母猪繁殖场
国家部委机构(新增)
科研院所(新增)
医院(新增)
保险公司(新增)
金融机构(新增)
屠宰场(新增)
国家级农贸市场(新增)</td><td>重构商业模式
收购富硒产业核心知识产权
打通下游屠宰场客户
建立专业化营销团队
增加大客户意向订单
争取国家政策补贴和政策贷款</td><td rowspan="3">让富硒产品造福人类</td><td>活猪供应
饲料、肥料供应
农产品供应
咨询和护理</td><td rowspan="3">目标客户为屠宰场、大型食品加工、医院食堂、部委机构食堂、高端卖场、高端社区</td></tr>
<tr><td>核心资源</td><td>渠道通路</td></tr>
<tr><td>养猪生产线
富硒饲料生产线
富硒肥料生产线
富硒产品专利技术
企业品牌和产品品牌</td><td>直销
代理
认养
会员
电商
直播带货</td></tr>
<tr><td colspan="2">成本结构</td><td colspan="3">收入来源</td></tr>
<tr><td colspan="2">建设成本 生产成本 金融成本</td><td colspan="3">销售收入:活猪销售、富硒饲料、肥料销售、富硒产品销售、农产品销售、咨询和会员收费
政府补助收入</td></tr>
</table>

2.3 商业模式重构后的效果

本案例经过商业模式重构后,取得了较好的效果,具体为:

完成市场调查:出具富硒产业发展报告,含泛富硒产业图谱及产业链,构思富硒产业投资项目。

完成商业模式重构设计:客户画像、产品定位、营销策划、运营模式、投建模式、融资模式等方面进行重新策划设计。

向上争资争策:目前已成功获河北省标准化畜禽养殖项目称号(目前正在申报国家级),并获 2022 年河北省农业产业化重点项目,成功入《农业农村基础设施基础建设重大项目储备库》(农办计财〔2022〕23 号),成功申请政府扶贫资金支持约2600万元,

协助落实核心资源:链接国家科研机构资源,协助收购富硒产业核心知识产权。

完成富硒生态高效循环农业项目立项。

完成整合营销策划:共同推动系列直播电商活动。

协助重建重要合作伙伴关系:链接产业链供应链资源,并签订相关合作协议。

协助成功融资:协助融资约1亿元。

(四)总结与建议

1.投资项目可行性研究报告编制大纲有助于提升投资决策科学化水平

可行性研究是建设项目前期工作的重中之重,是投资决策的核心环节。新版可研大纲坚持以习近平新时代中国特色社会主义思想为指导,系统总结了2002年以来可行性研究编制工作经验,贯彻新发展理念,融入新时代投资建设要求,是投融资体制改革的巩固和深化,是新时期做好工程咨询服务的重要规范。工程咨询行业要高度重视,迅速行动,深入学习和认真执行新版可研大纲,进一步提升工程咨询质量,更好服务投资高质量发展。

2.投资项目可行性研究报告编制大纲有助于促进工程咨询企业转型升级

投资项目建设是一项系统性工程,前期工作事关投资建设成败。提高前期工作质量,关键在于扎实、深入、充分做好可行性研究工作。新版可研大纲改变过去"重建设、轻运营"的做法,从项目全生命周期管理的视角出发,进一步完善可行性研究报告在内容和深度方面的基础性要求,提出可行研究报告要围绕投资项目建设必要性、方案可行性及风险可控性"三大目标"开展系统、专业、深入论证,既要重视工程建设方案可行性研究,也要重视项目运营方案研究,强调做好项目全生命周期的方案优化和系统性论证,完善需求可靠性、要素保障性、工程可行性、运营有效性、财务合理性、影响可持续性、各类风险管控方案等"七个维度"研究内容,对工程咨询行业项目全过程咨询能力提出更高要求。工程咨询机构要对标大纲要求,优化咨询资源配置,加强咨询模式创新,发挥前期咨询引领带动作用,积极发展投资决策综合性咨询和全过程工程咨询,不断提升包含项目前期咨询、项目实施/工程建设咨询、项目运行维护咨询等在内的全阶段一体化咨询能力。

3.投资项目可行性研究报告编制大纲有助于促进工程咨询人员认知升维

产业融合是产业发展的必然趋势,工程咨询与其他咨询服务业也在快速融合发展,对比国际知名咨询公司早已进入综合性赛道,也为我国碎片化工程咨询向综合型咨询发展指明了方向。作为工程咨询人员,在认识上要不断突破升维,要增加对工程咨询业发展趋势的正确研判,不断提升自己的商业思维;在行动上也要主动求变,要从内心真正接受商业模式咨询,不能把商业模式咨询看成负担,相反应该把商业模式咨询看成是工程咨询行业转型的机会,抢占其他咨询市场的重要抓手;在态度上要认真对待,商业模式设计咨询是一个极为系统的咨询,是一门专业、一门科学,极具个性化,每个项目都要量身定做,没有固定范式直接套用。工程咨询人员要专业化研究商业模式,为高质量的企业投资项目可行性研究报告做支撑,最终为提高投资决策科学水平做出贡献!

《关于规范实施政府和社会资本合作新机制的指导意见》及解读

国务院办公厅转发国家发展改革委、财政部《关于规范实施政府和社会资本合作新机制的指导意见》的通知

国办函〔2023〕115号

各省、自治区、直辖市人民政府,国务院各部委、各直属机构:

国家发展改革委、财政部《关于规范实施政府和社会资本合作新机制的指导意见》已经国务院同意,现转发给你们,请认真贯彻落实。

国务院办公厅

2023年11月3日

(此件公开发布)

关于规范实施政府和社会资本合作新机制的指导意见

国家发展改革委　财政部

政府和社会资本合作(PPP)实施近十年来,一定程度上起到了改善公共服务、拉动有效投资的作用,但在实践中也出现了一些亟待解决的问题。为贯

彻落实党中央、国务院决策部署,进一步深化基础设施投融资体制改革,切实激发民间投资活力,现就规范实施政府和社会资本合作新机制(简称新机制)提出如下指导意见。

一、准确把握新机制的总体要求

以习近平新时代中国特色社会主义思想为指导,深入贯彻党的二十大精神,坚持稳中求进工作总基调,完整、准确、全面贯彻新发展理念,加快构建新发展格局,着力推动高质量发展,统筹发展和安全,规范实施政府和社会资本合作新机制,充分发挥市场机制作用,拓宽民间投资空间,坚决遏制新增地方政府隐性债务,提高基础设施和公用事业项目建设运营水平,确保规范发展、阳光运行。

(一)聚焦使用者付费项目。政府和社会资本合作项目应聚焦使用者付费项目,明确收费渠道和方式,项目经营收入能够覆盖建设投资和运营成本、具备一定投资回报,不因采用政府和社会资本合作模式额外新增地方财政未来支出责任。政府可在严防新增地方政府隐性债务、符合法律法规和有关政策规定要求的前提下,按照一视同仁的原则,在项目建设期对使用者付费项目给予政府投资支持;政府付费只能按规定补贴运营、不能补贴建设成本。除此之外,不得通过可行性缺口补助、承诺保底收益率、可用性付费等任何方式,使用财政资金弥补项目建设和运营成本。

(二)全部采取特许经营模式。政府和社会资本合作应全部采取特许经营模式实施,根据项目实际情况,合理采用建设—运营—移交(BOT)、转让—运营—移交(TOT)、改建—运营—移交(ROT)、建设—拥有—运营—移交(BOOT)、设计—建设—融资—运营—移交(DBFOT)等具体实施方式,并在合同中明确约定建设和运营期间的资产权属,清晰界定各方权责利关系。

(三)合理把握重点领域。政府和社会资本合作应限定于有经营性收益的项目,主要包括公路、铁路、民航基础设施和交通枢纽等交通项目,物流枢纽、物流园区项目,城镇供水、供气、供热、停车场等市政项目,城镇污水垃圾收集处理及资源化利用等生态保护和环境治理项目,具有发电功能的水利项目,体育、旅游公共服务等社会项目,智慧城市、智慧交通、智慧农业等新型基础设施项目,城市更新、综合交通枢纽改造等盘活存量和改扩建有机结合的项目。

(四)优先选择民营企业参与。要坚持初衷、回归本源,最大程度鼓励民营企业参与政府和社会资本合作新建(含改扩建)项目,制定《支持民营企业参与的特许经营新建(含改扩建)项目清单(2023年版)》(以下简称清单,见附件)并动态调整。市场化程度较高、公共属性较弱的项目,应由民营企业独资或控股;关系国计民生、公共属性较强的项目,民营企业股权占比原则上不低于35%;少数涉及国家安全、公共属性强且具有自然垄断属性的项目,应积极创造条件、支持民营企业参与。对清单所列领域以外的政府和社会资本合作项目,可积极鼓励民营企业参与。外商投资企业参与政府和社会资本合作项目按照外商投资管理有关要求并参照上述规定执行。

(五)明确管理责任分工。国家发展改革委要牵头做好特许经营模式推进工作,切实加强政策指导。地方各级人民政府要切实负起主体责任,规范推进本级政府事权范围内的特许经营项目。地方各级人民政府可依法依规授权有关行业主管部门、事业单位等,作为特许经营项目实施机构(以下简称项目实施机构),负责特许经营方案编制、特许经营者选择、特许经营协议签订、项目实施监管、合作期满移交接收等工作。地方各级发展改革部门要发挥综合协调作用,严格把关项目特许经营方案等有关内容,依法依规履行项目审批、核准或备案职责。各级财政部门要严格执行预算管理制度,加强地方政府债务管理,加大财会监督力度,严肃财经纪律。

(六)稳妥推进新机制实施。把握好工作力度、节奏,2023年2月政府和社会资本合作项目清理核查前未完成招标采购程序的项目,以及后续新实施的政府和社会资本合作项目,均应按照本指导意见规定的新机制执行,不再执行2015年5月印发的《国务院办公厅转发财政部发展改革委人民银行关于在公共服务领域推广政府和社会资本合作模式指导意见的通知》(国办发〔2015〕42号)。

二、规范推进建设实施

(七)严格审核特许经营方案。对拟采取特许经营模式实施的项目,项目实施机构应参照可行性研究报告编写规范,牵头编制特许经营方案,并比照政府投资项目审批权限和要求,由有关方面履行审核手续,以合理控制项目建设内容和规模、明确项目产出(服务)方案。在审核特许经营方案时,要同步开展特许经营模式可行性论证,对项目是否适合采取特许经营模式进行认真比较和论证;必要时可委托专业咨询机构评估,提高可行性论证质量。

（八）公平选择特许经营者。项目实施机构应根据经批准的特许经营方案，通过公开竞争方式依法依规选择特许经营者（含特许经营者联合体，下同）。应将项目运营方案、收费单价、特许经营期限等作为选择特许经营者的重要评定标准，并高度关注其项目管理经验、专业运营能力、企业综合实力、信用评级状况。选定的特许经营者及其投融资、建设责任原则上不得调整，确需调整的应重新履行特许经营者选择程序。根据国家有关规定和项目建设投资、运营成本、投资回收年限等，合理确定特许经营期限，充分保障特许经营者合法权益。特许经营期限原则上不超过40年，投资规模大、回报周期长的特许经营项目可以根据实际情况适当延长，法律法规另有规定的除外。

（九）规范签订特许经营协议。项目实施机构与特许经营者应在法律地位平等、权利义务对等的基础上签订特许经营协议。需成立项目公司的，项目实施机构应当与特许经营者签订协议，约定其在规定期限内成立项目公司，并与项目公司签订特许经营协议。特许经营协议应明确项目实施范围、产出（服务）质量和标准、投资收益获得方式、项目风险管控、协议变更、特许经营期限等内容，约定双方的权利、义务和责任。

（十）严格履行投资管理程序。对政府采用资本金注入方式给予投资支持的特许经营项目，应按照《政府投资条例》有关规定履行审批手续；对由社会资本方单独投资的项目，应按照《企业投资项目核准和备案管理条例》有关规定履行核准或备案手续。规范履行项目调整程序，完成审批、核准或备案手续的项目如发生变更建设地点、调整主要建设内容、调整建设标准等重大情形，应报请原审批、核准机关重新履行项目审核程序，必要时应重新开展特许经营模式可行性论证和特许经营方案审核工作。特许经营项目法人确定后，如与前期办理审批、用地、规划等手续时的项目法人不一致，应依法办理项目法人变更手续，项目实施机构应给予必要支持和便利。

（十一）做好项目建设实施管理。特许经营者应做深做实项目前期工作，严格按照有关规定优化工程建设方案，合理安排工期，有效控制造价，保障工程质量，做好运营筹备。对地质条件复杂、施工风险较大、存在维修养护困难的项目，应完善勘察和施工设计，强化建设风险控制，防止项目烂尾。项目建成后，应依法依规及时组织竣工验收和专项验收。需要试运行或试运营的项目，应在投入试运行或试运营前符合相应要求并取得试运行或试运营许可。

三、切实加强运营监管

（十二）定期开展项目运营评价。项目实施机构应会同有关方面对项目运营情况进行监测分析，开展运营评价，评估潜在风险，建立约束机制，切实保障公共产品、公共服务的质量和效率。项目实施机构应将社会公众意见作为项目监测分析和运营评价的重要内容，加大公共监督力度，按照有关规定开展绩效评价。

（十三）惩戒违法违规和失信行为。如特许经营者存在违反法律法规和国家强制性标准，严重危害公共利益，造成重大质量、安全事故或突发环境事件等情形，有关方面应依法依规责令限期改正并予以处罚。对提供的公共产品、公共服务不满足特许经营协议约定标准的，特许经营者应按照协议约定承担违约责任。依法依规将项目相关方的失信信息纳入全国信用信息共享平台。

（十四）规范开展特许经营协议变更和项目移交等工作。在特许经营协议有效期内，如确需变更协议内容，协议当事人应在协商一致的基础上依法签订补充协议。特许经营期限届满或提前终止的，应按协议约定依法依规做好移交或退出工作，严禁以提前终止为由将特许经营转变为通过建设—移交（BT）模式变相举债；拟继续采取特许经营模式的，应按规定重新选择特许经营者，同等条件下可优先选择原特许经营者。特许经营期限内因改扩建等原因需重新选择特许经营者的，同等条件下可优先选择原特许经营者。对因特许经营协议引发的各类争议，鼓励通过友好协商解决，必要时可根据争议性质，依法依规申请仲裁、申请行政复议或提起行政、民事诉讼，妥善处理解决。

（十五）建立常态化信息披露机制。项目实施机构应将项目建设内容、特许经营中标结果、特许经营协议主要内容、公共产品和公共服务标准、运营考核结果等非涉密信息，依托全国投资项目在线审批监管平台，及时向社会公开。特许经营者应将项目每季度运营情况、经审计的年度财务报表等信息，通过适当方式向社会公开。

四、加大政策保障力度

（十六）加强组织实施。各地区要压紧压实主体责任，完善工作机制，精心组织实施。各有关部门要强化协同联动，明确政策规定，加强实施监管。国家发展改革委要制定特许经营方案编写大纲、特许经营协议范本和实施细则，指导各地区按照新机制要求依法合规、稳妥有序实施政府和社会资本合作项目，并会同有关方面及时修订完善特许经营相关制度文件，营造良好制度环境。

（十七）做好要素保障和融资支持。支持在不改变项目地表原地类和使用现状的前提下，利用地下空间进行开发建设，提高土地使用效率。支持依法依规合理调整土地规划用途和开发强度，通过特许经营模式推动原有资产改造与转型，提高资产利用效率。探索分层设立国有建设用地使用权，支持项目依法依规加快办理前期手续。鼓励金融机构按照风险可控、商业可持续的原则，采用预期收益质押等方式为特许经营项目提供融资支持。积极支持符合条件的特许经营项目发行基础设施领域不动产投资信托基金（REITs）。

（十八）支持创新项目实施方式。鼓励特许经营者通过技术创新、管理创新和商业模式创新等降低建设和运营成本，提高投资收益，促进政府和社会资本合作项目更好实施。特许经营者在保障项目质量和产出（服务）效果的前提下，通过加强管理、降低成本、提升效率、积极创新等获得的额外收益主要归特许经营者所有。鼓励符合条件的国有企业通过特许经营模式规范参与盘活存量资产，形成投资良性循环。

附件：支持民营企业参与的特许经营新建（含改扩建）项目清单（2023年版）

附件

支持民营企业参与的特许经营新建（含改扩建）项目清单（2023年版）

一、应由民营企业独资或控股的项目

（一）环保领域

1.垃圾固废处理和垃圾焚烧发电项目

（二）市政领域

2.园区基础设施项目

3.公共停车场项目

（三）物流领域

4.物流枢纽、物流园区项目

（四）农业林业领域

5.农业废弃物资源化利用项目

6.旅游农业、休闲农业基础设施项目

7.林业生态项目

(五)社会领域

8.体育项目

9.旅游公共服务项目

二、民营企业股权占比原则上不低于35%的项目

(一)环保领域

10.污水处理项目

11.污水管网项目

(二)市政领域

12.城镇供水、供气、供热项目

(三)交通运输领域

13.城际铁路、资源开发性铁路和支线铁路,铁路客货运输商业类、延伸类业务项目

14.收费公路项目(不含投资规模大、建设难度高的收费公路项目)

15.低运量轨道交通项目

(四)物流领域

16.机场货运处理设施项目

17.国家物流枢纽、国家骨干冷链物流基地项目

(五)水利领域

18.具有发电功能的小型水利项目

(六)新型基础设施领域

19.智慧城市、智慧交通、智慧农业、智慧能源项目

20.数据中心项目

21.人工智能算力基础设施项目

22.民用空间基础设施项目

三、积极创造条件、支持民营企业参与的项目

(一)交通运输领域

23.列入中长期铁路网规划、国家批准的专项规划和区域规划的铁路项目

24.投资规模大、建设难度高的收费公路等项目

25.城市地铁、轻轨和市域(郊)铁路项目

26.民用运输机场项目

(二)能源领域

27.农村电网改造升级项目

28.油气管网主干线或支线项目

29.石油、天然气储备设施项目

(三)水利领域

30.具有发电功能的大中型水利项目

国家发展改革委投资司有关负责同志就《关于规范实施政府和社会资本合作新机制的指导意见》答记者问

国家发展改革委投资司

政府和社会资本合作(PPP)实施近十年来,一定程度上起到了改善公共服务、拉动有效投资的作用,但在实践中也出现了一些亟待解决的问题。规范实施政府和社会资本合作新机制,有利于畅通民间资本参与基础设施投资的渠道,拓宽民间投资空间,有利于充分发挥市场机制作用,提高基础设施和公用事业项目建设运营水平,有利于遏制新增地方政府隐性债务,确保规范发展、阳光运行,对促进经济社会高质量发展意义重大。按照国务院确定的工作分工,国家发展改革委会同财政部研究起草了《关于规范实施政府和社会资本合作新机制的指导意见》(以下简称《指导意见》),报国务院同意后以国务院办公厅名义转发各地方、各部门贯彻实施。

问:新机制主要包括哪些内容?

答:《指导意见》共四个部分18条,从准确把握新机制的总体要求、规范推进建设实施、切实加强运营监管、加大政策保障力度等方面,对政府和社会资本合作新机制作了系统规范,确保政府和社会资本合作规范发展、阳光运行。一是准确把握新机制的总体要求。明确新机制聚焦使用者付费项目,全部采

取特许经营模式,合理把握重点领域,优先选择民营企业参与,明确管理责任分工,稳妥推进新机制实施。二是规范推进建设实施。严格审核特许经营方案,公平选择特许经营者,规范签订特许经营协议,严格履行投资管理程序,做好项目建设实施管理。三是切实加强运营监管。定期开展项目运营评价,规范开展特许经营协议变更和项目移交等工作,建立常态化信息披露机制,惩戒违法违规和失信行为。四是加大政策保障力度。加强组织实施,做好要素保障和融资支持,支持创新项目实施方式。

问:如何理解新机制优先选择民营企业参与政府和社会资本合作?

答:最大程度鼓励民营企业参与,是政府和社会资本合作新机制的一个重点,这样安排主要出于三方面考虑。

一是贯彻落实党中央、国务院决策部署。习近平总书记高度重视发展民营经济、促进民间投资有关工作,多次强调党中央始终坚持"两个毫不动摇""三个没有变",始终把民营企业和民营企业家当作自己人,明确要求激发民间资本投资活力。今年7月,我委报请党中央、国务院印发《中共中央 国务院关于促进民营经济发展壮大的意见》,并先后出台《国家发展改革委关于进一步抓好抓实促进民间投资工作努力调动民间投资积极性的通知》《国家发展改革委等部门关于实施促进民营经济发展近期若干举措的通知》等具体落实文件。《指导意见》提出最大程度鼓励民营企业参与政府和社会资本合作,是进一步贯彻落实党中央、国务院决策部署的具体举措。

二是回归PPP本源。PPP(Public—Private Partnership)直译为公私合作伙伴关系,其中Public指公共部门,Private指私人机构,在我国主要为民营企业和外资企业。我国推进PPP的初衷,主要是借鉴国外经验,在基础设施和公用事业领域引入民间资本和外商投资,提升运营效率和管理水平。为坚持初衷、回归本源,新机制鼓励优先选择民营企业参与。

三是进一步调动民间投资积极性。近年来受房地产开发民间投资下行影响,民间投资总体增长承压较大。但分领域看,民间投资结构出现积极变化,民间投资重点逐步转向实体经济,今年1—9月,制造业民间投资、基础设施民间投资同比增长9.0%和14.5%,分别高出全部制造业投资、全部基础设施投资2.8、8.3个百分点,呈现出较强投资活力。新机制明确优先选择民营企业参与,将进一步调动民间投资积极性,推动民间投资结构持续优化调整。

问:如何理解聚焦使用者付费项目?

答:从国际经验看,政府和社会资本合作(PPP)主要分为基于使用者付费的特许经营(Concession)和基于公共部门(政府)付费的私人融资计划(PFI)两种模式。PFI模式主要在英国实施,但由于多种原因,英国政府已于2018年暂停推行。我国此前推行的以政府付费为主的PPP项目也出现了一些问题,加重了地方政府的财政支出压力。为规范实施政府和社会资本合作新机制,《指导意见》明确,将聚焦使用者付费项目,明确收费渠道和方式,项目经营收入能够覆盖建设投资和运营成本、具备一定投资回报,不因采用政府和社会资本合作模式额外新增地方财政未来支出责任。同时,新机制将特许经营期限延长至40年,投资规模大、回报周期长的项目还可以适当延长,允许在项目建设期依法依规接受政府投资支持,明确通过加强管理、降低成本、提升效率、积极创新等获得的额外收益主要归特许经营者所有,这些都有助于提升民间资本参与使用者付费项目的积极性。

问:如何理解政府和社会资本合作、使用者付费、特许经营等概念之间的关系,以及与BOT等实施方式的关系?

答:如上所述,政府和社会资本合作(PPP)包括基于使用者付费的特许经营和基于政府付费的私人融资计划(PFI)两种主要类型,BOT及其衍生形式则属于上述两种类型的具体实施方式。按照新机制要求,所有基础设施和公用事业领域的政府和社会资本合作项目均须采用基于使用者付费的特许经营模式,具体实施方式主要包括建设—运营—移交(BOT)、转让—运营—移交(TOT)、改建—运营—移交(ROT)、建设—拥有—运营—移交(BOOT)、设计—建设—融资—运营—移交(DBFOT)等。

问:如何理解《支持民营企业参与的特许经营新建(含改扩建)项目清单(2023年版)》?

答:《指导意见》提出要最大程度鼓励民营企业参与政府和社会资本合作新建(含改扩建)项目,同时根据不同项目公共属性强弱,结合实际情况,将政府和社会资本合作新建(含改扩建)项目分为三类,制定了《支持民营企业参与的特许经营新建(含改扩建)项目清单(2023年版)》。市场化程度较高、公共属性较弱的项目,应由民营企业独资或控股;关系国计民生、公共属性较强的项目,民营企业股权占比原则上不低于35%;少数涉及国家安全、公共属性强且具有自然垄断属性的项目,应积极创造条件、支持民营企业参与。此外,《指导意见》明确,对清单所列领域以外的政府和社会资本合作项目,也应积极鼓励民营企业参与。

在具体实施过程中,需把握以下要点:一是清单采取了不完全列举形式,清单所列领域以外的政府和社会资本合作新建(含改扩建)项目,也要参照清单精神,积极鼓励民营企业参与。二是清单不是对特许经营行业范围的限定,未在清单中明确的行业领域项目,也可以按照新机制规定采取特许经营模式。三是清单规范范围为政府和社会资本合作新建(含改扩建)项目,符合条件的国有企业通过特许经营模式规范参与盘活存量资产不属于清单规范范围。四是建立了清单动态调整机制,后续国家发展改革委将及时收集、整理各方面对清单实施过程中的意见建议,并结合投资管理新形势新要求,对项目清单进行动态调整,真正做到最大程度鼓励民营企业参与。

问:如何推动政府和社会资本合作新机制更好落地实施?

答:政府和社会资本合作新机制落地实施需要各方面共同推动,形成合力。国家发展改革委将加强宣传解读和政策指导,抓紧制定特许经营配套文件,营造良好制度环境,牵头做好特许经营模式推进工作。地方各级人民政府要规范推进本级政府事权范围内的特许经营项目,依法依规明确特许经营项目实施机构,切实负起主体责任。社会资本方和咨询机构要全面准确理解政府和社会资本合作新机制内涵,客观合理地从专业角度解读文件精神、推动具体项目,为新机制落地实施贡献自己的力量。

《固定资产投资项目节能审查办法》及解读

《固定资产投资项目节能审查办法》原文

为全面贯彻党的二十大精神，完善能源消耗总量和强度调控，进一步促进固定资产投资项目科学合理利用能源，近日，国家发展改革委修订印发《固定资产投资项目节能审查办法》（国家发展和改革委员会令2023年第2号，以下简称《办法》）。

修订印发《办法》是贯彻落实党中央、国务院决策部署的一项重要工作，有利于进一步提升节能审查工作效能，将对各地区扎实有序推进节能降碳工作形成有力支撑。《办法》加强与能源消耗总量和强度调控政策的有效衔接，突出重点控制化石能源消费的导向，补充完善节能审查变更、节能验收、不单独进行节能审查项目条件等制度要求，调整优化省级节能审查权限、强化节能审查服务指导等重点环节，并进一步加强节能审查事中事后监管，明确了相关违法违规行为的法律责任。

下一步，国家发展改革委将会同有关方面持续加强工作指导和监督管理，推动地方和项目建设单位落实好《办法》要求，切实发挥好节能审查能效源头把关作用，推动提高新上项目能效水平，坚决遏制高耗能高排放低水平项目盲目发展，加快经济社会发展全面绿色转型步伐。

中华人民共和国国家发展和改革委员会令

第2号

《固定资产投资项目节能审查办法》已经2023年3月17日第1次委务会议审议通过，现予公布，自2023年6月1日起施行。

主任：郑栅洁

2023年3月28日

固定资产投资项目节能审查办法

第一章　总则

第一条　为完善能源消耗总量和强度调控，促进固定资产投资项目科学合理利用能源，加强用能管理，推进能源节约，防止能源浪费，提高能源利用效率，推动实现碳达峰碳中和，根据《中华人民共和国节约能源法》《中华人民共和国行政许可法》《民用建筑节能条例》《公共机构节能条例》等有关法律法规，制定本办法。

第二条　本办法适用于各级人民政府投资主管部门管理的在我国境内建设的固定资产投资项目。本办法所称节能审查，是指根据节能法律法规、政策标准等，对项目能源消费、能效水平及节能措施等情况进行审查并形成审查意见的行为。

第三条　固定资产投资项目节能审查意见是项目开工建设、竣工验收和运营管理的重要依据。政府投资项目，建设单位在报送项目可行性研究报告前，需取得节能审查机关出具的节能审查意见。企业投资项目，建设单位需在开工建设前取得节能审查机关出具的节能审查意见。未按本办法规定进行节能审查，或节能审查未通过的项目，建设单位不得开工建设，已经建成的不得投入生产、使用。

第四条　固定资产投资项目节能审查相关工作经费，按照国家有关规定纳入部门预算,并按照规定程序向同级财政部门申请。对项目进行节能审查不得收取任何费用。

第二章 管理职责

第五条 国家发展改革委负责制定节能审查的相关管理办法,组织编制技术标准、规范和指南,开展业务培训,依据各地能源消费形势、落实能源消耗总量和强度调控、控制化石能源消费、完成节能目标任务、推进碳达峰碳中和进展等情况,对各地新上重大高耗能项目的节能审查工作进行督导。

第六条 县级以上地方各级人民政府管理节能工作的部门应根据本地节能工作实际,对节能审查工作加强总体指导和统筹协调,落实能源消耗总量和强度调控,强化能耗强度降低约束性指标管理,有效增强能源消费总量管理弹性,控制化石能源消费,坚决遏制高耗能、高排放、低水平项目盲目发展。

第七条 固定资产投资项目节能审查由地方节能审查机关负责。节能审查机关应当制定并公开服务指南,列明节能审查的申报材料、受理方式、审查条件、办理流程、办理时限等,为建设单位提供指导和服务,提高工作效能和透明度。上级节能审查机关应加强对下级节能审查机关的工作指导。

第八条 节能审查机关与管理节能工作的部门为不同部门的,节能审查机关应与同级管理节能工作的部门加强工作衔接,重大高耗能项目节能审查应征求同级管理节能工作的部门意见,并及时将本部门节能审查实施情况抄送同级管理节能工作的部门。

第九条 国家发展改革委核报国务院审批以及国家发展改革委审批的政府投资项目,建设单位在报送项目可行性研究报告前,须取得省级节能审查机关出具的节能审查意见。国家发展改革委核报国务院核准以及国家发展改革委核准的企业投资项目,建设单位需在开工建设前取得省级节能审查机关出具的节能审查意见。

年综合能源消费量(建设地点、主要生产工艺和设备未改变的改建项目按照建成投产后年综合能源消费增量计算,其他项目按照建成投产后年综合能源消费量计算,电力折算系数按当量值,下同)10000 吨标准煤及以上的固定资产投资项目,其节能审查由省级节能审查机关负责。其他固定资产投资项目,其节能审查管理权限由省级节能审查机关依据实际情况自行决定。

年综合能源消费量不满1000吨标准煤且年电力消费量不满500万千瓦时的固定资产投资项目,涉及国家秘密的固定资产投资项目以及用能工艺简单、节能潜力小的行业(具体行业目录由国家发展改革委制定公布并适时更新)的固定资产投资项目,可不单独编制节能报告。项目应按照相关节能标准、规范建设,项目可行性研究报告或项目申请报告应对项目能源利用、节能措施和能效水平等进行分析。节能审查机关对项目不再单独进行节能审查,不再出具节能审查意见。

单个项目涉及两个及以上省级地区的,其节能审查工作由项目主体工程(或控制性工程)所在省(区、市)省级节能审查机关牵头商其他地区省级节能审查机关研究确定后实施。打捆项目涉及两个及以上省级地区的,其节能审查工作分别由子项目所在省(区、市)相关节能审查机关实施。

第十条　地方可结合本地实际,在各类开发区、新区和其他有条件的区域实施区域节能审查,明确区域节能目标、节能措施、能效准入、化石能源消费控制等要求。对已经实施区域节能审查范围内的项目,除应由省级节能审查机关审查的,节能审查实行告知承诺制。

区域节能审查具体实施办法由省级管理节能工作的部门依据实际情况制定。

第三章　节能审查

第十一条　需进行节能审查的固定资产投资项目,建设单位应编制节能报告。项目节能报告应包括下列内容:

(一)项目概况;

(二)分析评价依据;

(三)项目建设及运营方案节能分析和比选,包括总平面布置、生产工艺、用能工艺、用能设备和能源计量器具等方面;

(四)节能措施及其技术、经济论证;

(五)项目能效水平、能源消费情况,包括单位产品能耗、单位产品化石能源消耗、单位增加值(产值)能耗、单位增加值(产值)化石能源消耗、能源消费量、能源消费结构、化石能源消费量、可再生能源消费量和供给保障情况、原料用能消费量;有关数据与国家、地方、行业标准及国际、国内行业水平的全面

比较;

(六)项目实施对所在地完成节能目标任务的影响分析。

具备碳排放统计核算条件的项目,应在节能报告中核算碳排放量、碳排放强度指标,提出降碳措施,分析项目碳排放情况对所在地完成降碳目标任务的影响。

建设单位应出具书面承诺,对节能报告的真实性、合法性和完整性负责,不得以拆分或合并项目等不正当手段逃避节能审查。

第十二条　节能报告内容齐全、符合法定形式的,节能审查机关应当予以受理。内容不齐全或不符合法定形式的,节能审查机关应当当场或者5日内一次告知建设单位需要补正的全部内容,逾期不告知的,自收到报告之日起即为受理。

第十三条　节能审查机关受理节能报告后,应委托具备技术能力的机构进行评审,形成评审意见,作为节能审查的重要依据。

第十四条　节能审查机关应当从以下方面对项目节能报告进行审查:

(一)项目是否符合节能有关法律法规、标准规范、政策要求;

(二)项目用能分析是否客观准确,方法是否科学,结论是否准确;

(三)项目节能措施是否合理可行;

(四)项目的能效水平、能源消费等相关数据核算是否准确,是否满足本地区节能工作管理要求。

第十五条　节能审查机关应在法律规定的时限内出具节能审查确节能审查不予通过。节能审查意见自印发之日起2年内有效,逾期未开工建设或建成时间超过节能报告中预计建成时间2年以上的项目应重新进行节能审查。

第十六条　通过节能审查的固定资产投资项目,建设地点、建设内容、建设规模、能效水平等发生重大变动的,或年实际综合能源消费量超过节能审查批复水平10%及以上的,建设单位应向原节能审查机关提交变更申请。原节能审查机关依据实际情况,提出同意变更的意见或重新进行节能审查;项目节能审查权限发生变化的,应及时移交有权审查机关办理。

第十七条　固定资产投资项目投入生产、使用前,应对项目节能报告中的生产工艺、用能设备、节能技术采用情况以及节能审查意见落实情况进行验收，并编制节能验收报告。实行告知承诺管理的项目，应对项目承诺内容以及区域节能审查意见落实情况进行验收。分期建设、投入生产使用的项目，应分期进行节能验收。未经节能验收或验收不合格的项目，不得投入生产、使用。节能验收主体由省级节能审查机关依据实际情况确定。节能验收报告应在节能审查机关存档备查。

第四章　监督管理

第十八条　固定资产投资项目节能审查应纳入投资项目在线审批监管平台统一管理，实行网上受理、办理、监管和服务，实现审查过程和结果的可查询、可监督。不单独进行节能审查的固定资产投资项目应通过投资项目在线审批监管平台报送项目能源消费等情况。

第十九条　节能审查机关应会同相关行业主管部门强化节能审查事中事后监管，组织对项目节能审查意见落实、节能验收等情况进行监督检查。日常监督检查工作应按照“双随机、一公开”原则开展。

第二十条　管理节能工作的部门要依法依规履行节能监督管理职责，将节能审查实施情况作为节能监察的重点内容。各级管理节能工作的部门应加强节能审查信息的统计分析，定期调度已投产项目能源消费、能效水平等情况，作为研判节能形势、开展节能工作的重要参考。

第二十一条　省级管理节能工作的部门应定期向国家发展改革委报告本地区节能审查实施情况，按要求报送项目节能审查信息和已投产项目调度数据。

第二十二条　国家发展改革委实施全国节能审查动态监管，对各地节能审查实施情况进行监督检查，对重大项目节能审查意见落实情况进行不定期抽查。检查抽查结果作为节能目标责任评价考核的重要内容。

第五章　法律责任

第二十三条　对未按本办法规定进行节能审查，或节能审查未获通过，擅自开工建设或擅自投入生产、使用的固定资产投资项目，由节能审查机关责令停止建设或停止生产、使用，限期整改，并对建设单位进行通报批评，视情节处10万元以下罚款。经节能审查机关认定完成整改的项目，节能审查机关可依据实际情况出具整改完成证明。不能整改或逾期不整改的生产性项目，由节能审查机关报请本级人民政府按照国务院规定的权限责令关闭，并依法追究有关责任人的责任。

第二十四条　以拆分项目、提供虚假材料等不正当手段通过节能审查的固定资产投资项目，由节能审查机关撤销项目的节能审查意见；以不正当手段逃避节能审查的固定资产投资项目，由节能审查机关按程序进行节能审查。项目已开工建设或投入生产、使用的，按本办法第二十三条有关规定进行处罚。

第二十五条　未落实节能审查意见要求的固定资产投资项目，由节能审查机关责令建设单位限期整改。不能整改或逾期不整改的，由节能审查机关按照法律法规的有关规定进行处罚。

第二十六条　未按本办法规定进行节能验收或验收不合格，擅自投入生产、使用的固定资产投资项目，以及以提供虚假材料等不正当手段通过节能验收的固定资产投资项目，由节能审查机关责令建设单位限期整改，并处3万元以上5万元以下罚款。

第二十七条　从事节能咨询、评审等节能服务的机构提供节能审查虚假信息的，由管理节能工作的部门责令改正，没收违法所得，并处5万元以上10万元以下罚款。

第二十八条　节能审查机关对建设单位、中介机构等的违法违规信息进行记录，将违法违规行为及其处理信息纳入全国信用信息共享平台和投资项目在线审批监管平台，在“信用中国”网站向社会公开。对列入严重失信主体名单的，依法依规实施联合惩戒措施。

第二十九条　负责审批政府投资项目的工作人员，对未进行节能审查或节能审查未获通过的项目，违反本办法规定予以批准的，依法给予处分。

第三十条　节能审查机关、节能评审机构工作人员以及其他参与评审的有关人员在节能评审中存在违纪违法行为，依法给予处分，构成犯罪的依法追究刑事责任。

第六章　附则

第三十一条　省级管理节能工作的部门可根据《中华人民共和国节约能

源法》等有关法律法规和本办法，制定具体实施办法。

第三十二条　本办法由国家发展改革委负责解释。

第三十三条　本办法自2023年6月1日起施行。原《固定资产投资项目节能审查办法》（国家发展和改革委员会令2016年第44号）同时废止。

《办法》自2023年6月1日起施行，原《固定资产投资项目节能审查办法》（国家发展和改革委员会令2016年第44号）同时废止。

国家发展改革委负责同志解读《固定资产投资项目节能审查办法》

国家发展改革委环资司

为全面贯彻党的二十大精神，完善能源消耗总量和强度调控，进一步促进固定资产投资项目科学合理利用能源，近日，国家发展改革委颁布了新修订的《固定资产投资项目节能审查办法》（国家发展和改革委员会令2023年第2号，以下简称《办法》），自2023年6月1日起施行，原《固定资产投资项目节能审查办法》（国家发展和改革委员会令2016年第44号）同时废止。为便于各有关方面准确理解和把握政策内容，国家发展改革委有关负责同志接受采访，回答了记者提问。

问：请介绍一下节能审查制度实施以来取得的进展和成效？

答：固定资产投资项目节能审查是提高新上项目能源利用效率、从源头减少能源浪费的一项重要制度，节能审查意见是项目开工建设、竣工验收和运营管理的重要依据。《节约能源法》规定，国家实行固定资产投资项目节能评估和审查制度。2010年9月，国家发展改革委出台《固定资产投资项目节能评估和审查暂行办法》（国家发展和改革委员会令2010年第6号），正式建立并实施节能审查制度。2016年11月，国家发展改革委发布《固定资产投资项目节能审查办法》（国家发展和改革委员会令2016年第44号），进一步精简了审查范围，细化了审查要求，提高了审查效能。节能审查制度实施以来，在提高新上项目能效水平、遏制高耗能高排放低水平项目盲目发展、推动产业结构转型升级等方面发挥了重要作用,有力促进了经济社会高质量发展。

一是从源头提高能源利用效率、减少能源浪费。节能审查以节能相关政策制度和强制性节能标准为重要依据,对项目的能效水平、用能情况、节能措施等进行全面审查,引导和推动项目选用先进工艺技术设备、规划合理可行的能源管理机制,对扎实有序做好节能降碳工作形成有力支撑。根据近年数据测算,通过开展节能审查,全国每年可节约能源超过700万吨标准煤。

二是有效遏制高耗能高排放低水平项目盲目发展。节能审查将固定资产投资项目是否符合本地区能耗强度降低管理要求等方面作为重要审查内容,指导和推动地方深入研判项目实施对所在地区节能降碳形势的影响,有效发挥了节能审查的能效源头把关作用,促进能源要素逐步向能耗低、能效高、附加值高的项目流动和配置,切实保障高质量发展合理用能需求,加快推动产业结构优化升级。

三是充分发挥节能服务功能促进企业节能增效。节能审查"管""服"一体,在实施过程中注重加强对项目建设单位的节能服务。通过行业对标、专业指导等方式,有针对性地提出技术路线优化、工艺设备选用等方面的意见建议,为项目建设单位提供国内外可借鉴的先进适用经验做法,帮助项目单位通过节能和提高能效实现降本增效。

问:请问为什么要修订《办法》?

答:党中央、国务院高度重视节能工作。习近平总书记强调,要有效落实节能优先方针,把节能贯穿于经济社会发展全过程和各领域,加快形成能源节约型社会。"十四五"以来,党中央、国务院印发《关于完整准确全面贯彻新发展理念做好碳达峰碳中和工作的意见》,国务院印发《2030年前碳达峰行动方案》《"十四五"节能减排综合工作方案》等重要文件,都对新形势下的节能工作作出一系列新的部署安排,对进一步完善节能审查制度提出了新的要求。同时,随着节能制度建设和工作实践不断创新发展,地方在制度执行过程中也遇到了一些困难和问题。总的来看,原办法的部分内容已经不能完全适应新形势、新任务、新要求,特别是在落实新的能耗调控政策要求、优化细化具体操作办法、提升节能审查工作效能、强化法律责任约束机制等方面亟待进一步完善。为指导各地区高质量做好新形势下的节能审查工作,我们对原办法的相关内容进行了修改完善。

问:请问《办法》修订主要包括哪些方面的内容?

答:《办法》全面贯彻党的二十大精神,落实党中央、国务院关于节能工作的部署要求,结合节能工作新形势、新任务、新要求,着力健全制度规定,提升工作效能,主要修订了以下几方面内容:

一是加强政策有效衔接。进一步明确节能审查工作导向,加强《办法》与完善能源消耗总量和强度调控政策的有效衔接,突出重点控制化石能源消费的导向,在节能报告编制和审查中对项目的化石能源和可再生能源消费、原料用能、碳排放等数据提供和应用提出要求。

二是补充完善制度要求。明确部门管理职责,加强协调联动。优化节能审查变更、节能验收、节能审查意见逾期、不单独进行节能审查项目条件等既有制度,完善节能报告编制和审查要求,补充跨区域和打捆项目审查、项目数据调度等必要管理规定。

三是调整优化重点环节。将省级节能审查管理权限由5000吨标准煤提高至1万吨标准煤,提升高耗能项目节能审查工作质量和效率,确保管精管好。聚焦节能审查行政许可关键环节,要求节能审查机关制定并公开服务指南,细化审查受理、逾期重新审查等环节规定,强化节能审查服务和工作指导要求。

四是加强事中事后监管。将节能审查有关情况作为节能监察和节能目标责任评价考核的重要内容,形成闭环管理。进一步明确未批先建、未按规定进行节能验收、提供虚假信息等违法违规行为的处罚规定。

问:请介绍一下《办法》的主要内容?

答:修订前的《办法》共有18条内容,未分章节。修订后,《办法》采用章节形式,包括总则、管理职责、节能审查、监督管理、法律责任、附则6章,共33条。主要包括以下内容:

第一章,总则。主要规定了固定资产投资项目节能审查基本范畴、工作内容和适用范围,以及财政经费保障要求等。

第二章,管理职责。主要规定了固定资产投资项目节能审查项目管理权限、业务受理、部门分工、审批时序、项目审查要求等。

第三章,节能审查。主要规定了节能报告编制、评审要求、意见出具、节能验收要求等。

第四章,监督管理。主要规定了固定资产投资项目节能审查平台管理、数据报送、动态监管等事中事后监管要求。

第五章,法律责任。主要规定了未批先建等违法违规行为的处罚处置措施,明确了相关工作人员违法违规的法律责任。

第六章,附则。规定地方可结合实际制定具体实施办法,明确了本办法的解释权归属和施行时间。

问:请问如何抓好节能审查制度的贯彻落实?

答:修订出台《办法》是全面贯彻党的二十大精神,落实党中央、国务院决策部署的一项重要工作,有利于进一步提升节能审查工作效能,将对各地区扎实有序做好节能降碳工作形成有力支撑。为推动节能审查制度落地落实,《办法》对以下几方面工作作出了规定:

一是加强工作统筹衔接。《办法》明确部门管理职责,有效压实各方责任。国家发展改革委负责制定节能审查相关管理办法,组织编制技术标准、规范和指南,开展业务培训,结合实际对各地新上重大高耗能项目的节能审查工作进行督导。要求县级以上地方各级人民政府管理节能工作的部门对本地区节能审查工作加强总体指导和统筹协调,特别是节能审查机关与管理节能工作的部门为不同部门的,要加强部门间的工作衔接。

二是强化事中事后监管。《办法》强化了节能审查事中事后监管相关要求。国家发展改革委实施全国节能审查动态监管,对各地节能审查实施情况进行监督检查,对重大项目节能审查意见落实情况进行不定期抽查。节能审查机关要会同相关行业部门组织对项目节能审查意见落实、节能验收等情况进行监督检查。管理节能工作的部门要依法依规履行节能监督管理职责,加强节能审查信息的统计分析,作为研判节能形势、开展节能工作的重要参考。

三是进一步明确法律责任。《办法》细化未批先建、以不正当手段通过或逃避节能审查、未按规定开展节能验收或验收不合格即投入生产使用等情况的处罚处置措施,明确节能审查机关、节能服务机构、节能评审机构等有关工作人员违法违规的法律责任。强调要将建设单位、中介机构的违法违规行为及其处理信息纳入全国信用信息共享平台和投资项目在线审批监管平台,在“信用中国”网站向社会公开;对列入严重失信主体名单的,依法依规实施联合惩戒措施。

完善节能审查制度建设 把好节能降碳“源头关”

——《固定资产投资项目节能审查办法》专家解读文章之一

固定资产投资项目节能审查是我国节能管理制度体系的重要组成部分，是提高项目能源利用效率、从源头上减少能源浪费的一项重要制度。近日，国家发展改革委印发《固定资产投资项目节能审查办法》(国家发展和改革委员会令2023年第2号，以下简称《办法》)，对2017年开始实施的《固定资产投资项目节能审查办法》(国家发展和改革委员会令2016年第44号)进行了修订完善。这是健全节能降碳制度体系、完善能源消耗总量和强度调控的重要举措，将为促进绿色低碳高质量发展提供重要制度保障。

(一)节能审查是从源头上促进节能降碳的重要措施

《节约能源法》规定，国家实行固定资产投资项目节能评估和审查制度。2010年9月，国家发展改革委出台《固定资产投资项目节能评估和审查暂行办法》(国家发展和改革委员会令2010年第6号)，节能审查制度正式建立并开始实施；2016年11月，国家发展改革委发布《固定资产投资项目节能审查办法》(国家发展和改革委员会令2016年第44号)，对审查范围、程序和权限等方面规定作了优化完善，进一步细化了审查要求，有效提高了审查效能。

节能审查制度实施以来，在提高项目能效水平、遏制高耗能高排放低水平项目盲目发展等方面发挥了重要作用。在开展节能审查时，审查机关以强制性能耗限额标准、产品设备能效标准等作为重要评价依据，引导项目在可研或设计阶段积极开展行业对标，加强和改进节能措施，优化技术路线并采用先进高效用能设备。同时，核算分析、科学评价项目能源消费、单位增加值能耗、与本地区节能降碳任务衔接等情况，引导能源要素优先向能效水平高、产出效益好的项目配置，有效促进产业结构优化升级，助力高质量发展。《办法》根据新形势新任务新要求，进一步明确了节能审查制度工作导向，细化了操作要求，将更好发挥从源头上促进节能降碳的重要作用。

（二）节能审查是落实能源消耗总量和强度调控政策的重要抓手

党的二十大报告提出，完善能源消耗总量和强度调控，重点控制化石能源消费，逐步转向碳排放总量和强度“双控”制度。《办法》加强与能源消耗总量和强度调控政策的有效衔接，在节能审查工作中科学评估项目用能量、用能结构、能效水平、能耗强度等，能够切实发挥能效把关作用，保障高质量发展用能需求；同时，引导项目因地制宜更多采用可再生能源、工业余热等，有利于控制化石能源消费、减少二氧化碳排放。

本次《办法》修订进一步强化了节能审查对完善能源消耗总量和强度调控的支撑作用。《办法》明确，地方管理节能工作的部门对节能审查工作加强总体指导和统筹协调，落实能源消耗总量和强度调控，强化能耗强度降低约束性指标管理，有效增强能源消费总量管理弹性，控制化石能源消费，坚决遏制高耗能高排放低水平项目盲目发展；在节能报告中增加可再生能源消费量和原料用能量核算要求，分析项目单位产品化石能源消耗、单位增加值（产值）化石能源消耗、化石能源消费量、可再生能源消费量和供给保障情况、原料用能消费量等，引导增加可再生能源消费；具备碳排放统计核算条件的项目，要在节能报告中核算碳排放数据、提出减碳措施、分析项目碳排放对地方降碳目标影响等，进一步增强了节能审查对提高能效、降低碳排放的协同推动作用，将为逐步转向碳排放总量和强度“双控”提供有力支撑。

（三）放管结合、优化服务，提升节能审查制度效能

节能审查作为行政许可事项，需要在制度建设中持续规范管理权限，优化监管方式，更好发挥政府服务职能。本次《办法》修订坚持“简政放权”“放管结合”“优化服务”三管齐下，着力提升节能审查效能，推动有效市场和有为政府更好结合。

《办法》进一步提升审批效率，将省级节能审查机关管理权限由年综合能源消费量5000吨标准煤提高到1万吨标准煤；支持各地结合实际情况，在开发区、新区和其他有条件的区域实施区域节能审查，实行告知承诺制，进一步优化审批程序。《办法》强调放管结合，建立闭环管理机制，要求固定资产投资项

目投入生产、使用前，对项目节能报告中的生产工艺、用能设备、节能技术采用情况等进行验收，未经节能验收或验收不合格的项目，不得投入生产、使用；将节能审查实施情况纳入节能监察，进一步明确未批先建、提供虚假信息等行为的法律责任和处罚规定。《办法》注重优化服务，要求节能审查机关制定并公开服务指南，强化对项目建设单位的指导，不断提高工作效能和透明度，以高质量服务优化提升制度效能。

（四）目标导向、精准施策，细化节能审查具体措施

《办法》修订以更好发挥节能审查对推动节能降碳的作用为目标，以务实管用为原则，统筹考虑节能审查工作实际，健全制度规定、细化执行要求，支撑相关制度更好落地实施。

《办法》优化完善了关于节能审查变更、改建项目边界、节能审查意见逾期等要求，为开展相关工作提供了指引。如，计算项目综合能源消费增量时，将原“改扩建项目”的表述明确界定为“建设地点、主要生产工艺和设备未改变的改建项目”，厘清了项目能耗核算边界；要求建设地点、建设内容、建设规模、能效水平等发生重大变动，或年实际综合能源消费量超过节能审查批复水平10%及以上的项目，建设单位应提交变更申请；明确单个项目涉及两个及以上省级地区的，节能审查工作由项目主体工程（或控制性工程）所在省（区、市）省级节能审查机关牵头商其他地区省级节能审查机关研究确定后实施等。此外，《办法》还要求地方结合本地实际，制定本地区节能审查具体实施办法，为制度执行提供更加精细的指导。

此次修订印发的《办法》全面贯彻党的二十大精神，深入落实党中央、国务院决策部署，对节能审查制度定位、审查工作流程、管理部门职责、事中事后监管、相关法律责任等方面进行了系统规定，是完善能源消耗总量和强度调控的重要制度设计。我们要在工作中认真学习领会《办法》修订精神，切实抓好《办法》的贯彻落实，充分发挥好节能审查制度在节能降碳工作中的源头把关作用。

提升节能审查工作效能 有力支撑绿色低碳高质量发展

——《固定资产投资项目节能审查办法》专家解读文章之二

我国固定资产投资项目数量庞大、涉及领域广,在经济社会发展中占据重要地位,是全社会能源消费增量的主要来源之一。节能审查制度是促进固定资产投资项目科学合理利用能源、提高能源利用效率的源头性举措,也是遏制高耗能高排放低水平项目盲目发展的重要抓手。近日,国家发展改革委在深入调查研究、广泛听取意见的基础上修订出台了《固定资产投资项目节能审查办法》(国家发展和改革委员会令2023年第2号,以下简称《办法》),具有很强的指导性和可操作性,对加强节能审查制度能效源头把关作用、加快发展方式绿色转型、积极稳妥推进碳达峰碳中和具有重要意义。

(一)强化节能降碳工作制度保障

节约资源是我国的基本国策。习近平总书记对此高度重视,要求推动能源消费革命,抑制不合理能源消费,有效落实节能优先方针,把节能贯穿于经济社会发展全过程和各领域。作为国家节能制度的重要组成部分,节能审查制度是严把固定资产投资项目能效准入关的重要举措。自制度实施以来,为深入开展节能工作提供了重要保障,在提高能源利用效率、优化产业结构、促进各领域高质量发展、推广应用先进节能技术和高效节能产品设备等方面发挥了重要作用,取得了显著成效。"十四五"以来,党中央、国务院对节能工作作出一系列新的部署安排,对节能审查工作提出了新的更高要求。修订出台《办法》是进一步加强节能审查制度源头把关作用的必然选择,有利于为我国节能降碳工作提供更加有力的制度保障,更好支撑发展方式绿色转型。

（二）主动适应碳达峰碳中和新形势新要求

党的二十大报告强调，完善能源消耗总量和强度调控，重点控制化石能源消费，逐步转向碳排放总量和强度“双控”制度。《办法》主动适应新形势新要求，对相关内容进行了修订完善。一是在节能报告编制和审查中增加项目单位产品化石能源消耗、单位增加值（产值）化石能源消耗、化石能源和原料用能消费量、可再生能源消费量和供给保障情况等内容，充分体现了有效增强能源消费总量管理弹性、重点控制化石能源消费等新要求，有利于提高能源产出率，保障高质量发展合理用能需求。二是对于具备碳排放统计核算条件的项目，《办法》提出应在节能报告中增加碳排放量、碳排放强度、降碳措施、碳排放情况对所在地完成降碳目标任务的影响，从源头推进节能降碳，为能耗“双控”逐步转向碳排放总量和强度“双控”奠定了工作基础。

（三）进一步提升节能审查工作实效

此次《办法》修订的主要特点之一是更加注重提升节能审查工作的质量和效率，提高节能审查制度的可操作性、合理性、科学性和规范性。一方面，《办法》在全面总结原办法实践经验的基础上，厘清各相关方面的职责任务，对节能审查工作管理职责、管理任务、管理要求等作出了更加详细、具体的规定，补充跨区域和打捆项目节能审查、数据调度、建设单位出具书面承诺等管理规定，使节能审查工作更加科学规范、更加有序顺畅。另一方面，《办法》调整优化省级节能审查管理权限，明确项目年综合能源消费量10000吨标准煤及以上的项目由省级节能审查机关负责，并细化了对不单独进行节能审查项目的要求，补充了实施区域节能审查等规定。相关修订内容充分体现了“抓大放小”，突出了“管精管好”，有利于提高节能审查工作效率，有效促进固定资产投资落地见效。

（四）加强事中事后监管

固定资产投资项目节能审查意见是项目开工建设、竣工验收和运营管理的重要依据，在提高新建项目能效水平、确保项目符合节能降碳有关政策要求等方面发挥了重要作用。但从地方实践看，节能审查制度在实际执行过程中还存在一些问题，比如有的项目不落实节能审查意见要求、未按规定进行节能验收等，这都加大了节能降碳工作的推进难度。《办法》坚持问题导向，突出闭环管理，加强事中事后监管，进一步明确节能验收程序和内容，规定节能审查机关会同相关行业主管部门组织对项目节能审查意见落实、节能验收等情况进行监督检查，并将节能审查实施情况作为节能监察和节能目标责任评价考核的重点内容。在此基础上，《办法》还明确了未批先建、未按规定进行节能验收等违法违规行为的法律责任，将进一步提升节能审查制度监管效能，有效遏制“两高一低”项目盲目发展。

总的看，《办法》充分体现了新形势新任务新要求下节能降碳工作的新特点，将能够有效指导各有关方面有力有序开展相关工作，推动节能审查制度落地落实，为我国绿色低碳高质量发展提供有力支撑。

服务工作篇

中国工程咨询协会发挥政府和工程咨询单位之间的桥梁纽带作用，践行“四个服务”，着力推动行业高质量发展。2023 年，协会完成换届，新一届理事会提出了一系列重要工作任务，国家发展改革委投资司对协会和行业工作也提出了新的要求。报告选编了换届有关的报道和文件等内容，展现协会在中央社会工作部、国家发展改革委、民政部等部门的领导下，开拓奋进、锐意进取的精神风貌，同时，提升工作透明度，更好地号召和团结工程咨询机构，为完成党中央决策部署不懈努力。

中国工程咨询协会第七届会员代表大会(换届大会)

换届综述

2023年10月29日,中国工程咨询协会(以下简称中咨协会)第七届会员代表大会暨第七届理事会第一次会议、第二届监事会第一次会议(以下简称换届会议)在北京召开,国家发展和改革委员会投资司赵成峰处长出席会议并讲话。近700名代表参加了会议,会议由换届工作领导小组副组长刘建军主持。

赵成峰处长肯定了中咨协会第六届理事会五年来开展的工作,他表示,协会高质量地完成了国家发展改革委和其他部门交办的一系列重要任务,走上了开拓创新、铸造品牌的发展道路,切实起到了国家发展改革委管理工程咨询行业的重要助手作用,对推动行业高质量发展发挥了独特优势和应有作用。希望中咨协会新一届理事会不断加强和优化行业自律工作,做好数字化转型发展、标准化体系建设、行业智库建设、加快国际化发展等重点工作,与广大工程咨询单位一道,奋力拼搏,砥砺前行,共同推动工程咨询行业高质量发展。

换届会议表决通过了第七届理事会496名理事(含特邀理事)、177名常务理事(含特邀常务理事)、3名监事,选举肖凤桐同志为第七届理事会会长、选举苟护生等48名同志为副会长(含特邀副会长)、选举刘建军同志为秘书长、选举刘作斌同志为监事长。表决通过学术工作委员会及24个分支机构负责人,副秘书长、实体机构负责人人选。

换届会议审议并表决通过了《中国工程咨询协会章程(修正案)》《中国工程咨询协会2018年5月—2023年8月财务报告》《中国工程咨询协会行业职业

道德准则(草案)》《中国工程咨询协会第一届监事会工作报告》《中国工程咨询协会会费标准(修订草案)》《中国工程咨询业行业自律公约(修订草案)》《中国工程咨询协会发展规划(2023—2028)》等事项。

肖凤桐会长代表第六届理事会作工作报告,系统总结了第六届理事会五年来开展的工作。报告指出,面对百年变局和艰巨繁重的国内改革发展稳定任务的考验,工程咨询行业坚持以习近平新时代中国特色社会主义思想为指导,不断增强"四个意识"、坚定"四个自信"、做到"两个维护",深刻领悟"两个确立"的决定性意义,完整、准确、全面贯彻落实新发展理念,稳中求进、锐意进取、攻坚克难、服务推进供给侧结构性改革,为全面建成小康社会做出应有的贡献。

肖凤桐会长强调,新一届理事会要坚持党建引领,严格执行章程规定,完善内部治理,创新方式,打造国内一流品牌协会,在推进工程咨询行业高质量发展方面发挥更重要的作用,凝聚推动行业高质量发展的强大正能量。

换届会议得到了中央社会工作部、中央和国家机关工委、国家发展和改革委员会、民政部的指导和支持。

国家发展改革委投资司领导致辞

国家发展改革委投资司　赵成峰

尊敬的肖会长、各位代表、同志们:

大家上午好!

很高兴参加中国工程咨询协会第七届会员代表大会,受罗国三司长委托,我在此谨代表国家发展改革委投资司,对此次会议的召开表示诚挚的祝贺!并借此机会,向与会各位代表和专家致以亲切的问候!

工程咨询是经济社会发展大局的先导行业,在我国经济社会发展中发挥着重要的智力支撑作用。党的十八大以来,国家发展改革委坚持推进工程咨询行业的制度和机制改革,取消资质资格、创新管理方式、完善规章制度、加强政策引导、强化事中事后监管,促进了工程咨询行业更加健康可持续发展。这一系列改革政策激发了行业发展的活力，咨询业蓬勃发展，行业规模不断扩大，工程咨询作为经济社会发展先导行业的地位进一步得到巩固，投资对优化供给结构重要支撑的作用进一步得到加强。在这一过程中，中国工程咨询协会紧紧围绕党和国家的中心工作，坚持服务政府、服务企业、服务社会，积极履行协会职能，及时反映市场主体特别是广大会员单位的诉求和愿望，准确传递政府意图，充分发挥政府企业间的桥梁纽带作用，成为政府加强行业管理的重要依托，有力地推动行业发展迈上了新台阶。

过去五年，协会在肖凤桐同志的带领下，瞄准行业高质量发展的目标，制定实施了一系列发展规划，持续推进行业标准体系和信用体系建设，着力推动行业智库发展，不断完善行业自律机制，创新会员服务，加强行业宣传和国际合作，持续协助国家发展改革委开展新版投资项目可行性大纲宣贯咨询评估相关工作，高质量地完成了国务院有关部委交办的一系列重要任务，走上了开拓创新、铸造品牌的发展道路，得到了有关部委、广大会员单位的充分肯定和认可。这些成绩的取得，离不开肖会长的系统谋划，离不开协会全体工作人员的辛勤付出，更离不开广大会员单位的共同努力。我代表国家发展改革委投资司，对过去五年来协会和广大从业者所付出的汗水、智慧和努力表示由衷的敬意，对过去五年所取得的辉煌业绩，表示衷心的祝贺！

这次大会将选举产生新一届协会理事会，肖会长作为协会第七届会长的人选，我们是信任和了解的。薪火相传、接力前行，我们相信中国工程咨询协会在新一届理事会的带领下，能够坚决贯彻党中央、国务院的决策部署，能够勇挑重担，锐意进取，必将在未来五年开创行业发展新局面。

未来五年，是全面建设社会主义现代化国家开局起步的关键时期。工程咨询行业要坚持以习近平新时代中国特色社会主义思想为指导，自觉融入发展改革大局，深入贯彻新发展理念，希望新一届理事会带领全行业聚焦标准化、数字化、体系化、国际化，全面推进行业高质量发展，以新的担当、新的作为奋进新征程、建功新时代。重点做好四方面工作：

一是坚持以标准化着力完善行业自律机制。理事会要牢牢树立服务的理念，要急会员单位之所急。服务是协会的生命力所在，要积极地反映和解决会员单位和广大市场主体的诉求和建议。当前和今后一段时期，协会服务行业发展要更加注重行业的标准化体系建设：以服务模式和服务内容的标准化建设来提升行业的竞争力;以工程咨询行业的市场信用体系建设促进市场净化和公平竞争;以资信评价申报标准、审核标准规范建设来提升资信评价公信力;以协会服务内容和内部管理的标准化来提升广大会员单位的获得感。

二是坚持以数字化创新引领行业高质量发展。工程咨询行业是智力密集、技术密集型行业,要实现更高质量发展,就必须始终坚持创新这一引领发展的第一动力,深刻认识到抓创新就是抓发展,谋创新就是谋未来。强化服务模式创新,加快推进全过程工程咨询发展,推进基础设施REITs和专业细分领域咨询服务发展,持续提升服务质量;加快数字化转型发展,增强数字技术在项目前期咨询和投资咨询评估中的创新应用,打造数字咨询、智慧咨询新模式;加强队伍建设,加快培养一批综合型、高水平、国际化的战略型咨询人才,以高素质人才队伍建设夯实行业高质量发展基础。

三是坚持以系统化深入推进行业智库建设。工程咨询行业在智库建设上具有独特的优势,已经形成了一批定位明晰、特色鲜明、优势突出的工程咨询智库,为党委政府决策提供了重要的智力支持。要创新智库管理体制机制,打造行业智库联盟,畅通合作机制,优化整合资源,促进协同发展,进一步增强工程咨询智库服务国家发展大局的综合能力;更好地发挥龙头智库的引领示范作用,充分发挥各类工程咨询机构建设智库的积极性,推动工程咨询智库深度融入到中国特色新型智库体系建设中,不断增强影响力和传播力;创新研究理论和方法,推动相关学科建设,打造有中国特色的工程咨询理论与方法研究体系。

四是坚持以国际化不断提升中国工程咨询影响。前不久,习近平总书记在第三届“一带一路”国际合作高峰论坛开幕式上发表重要讲话,提出中国支持高质量共建“一带一路”八项行动。工程咨询行业要以此为契机,加快工程咨询行业“走出去”的步伐,提升工程咨询在国际服务贸易中的比重。要服务绿色发展,把可持续发展理念贯穿于“一带一路”投资项目始终;加深行业国际交流合作经验的分享,促进国际制度的交流借鉴,共同推动咨询业和技术创新发展;遵守国际的通行规则、法律法规和职业标准,做到廉洁咨询、守信咨询。

各位领导、各位代表,国家发展改革委投资司将继续全力支持新一届理事会的工作,努力为行业发展和协会的各项工作提供政策指导、创造便利条件。希望中国工程咨询协会新一届理事会与广大工程咨询机构共同携手,砥砺前行，加力推动工程咨询行业高质量发展，以高质量的咨询服务助力高质量投资，以高质量的投资助力中国式现代化建设，共同书写中国工程咨询协会发展新的篇章。

最后，预祝此次会议取得圆满成功，谢谢大家！

中国工程咨询协会第六届理事会工作报告

——中国工程咨询协会第六届理事会工作报告

肖凤桐

各位代表：

中国工程咨询协会第六届理事会于2018年6月经会员代表大会选举产生，现已履职届满。我受理事会的委托，向大会报告第六届理事会工作，请予审议。

（一）过去五年理事会主要工作

第六届理事会开展工作以来的五年，是工程咨询行业不忘初心、砥砺前行的五年，是改革创新、加快发展的五年，是紧密服务国家发展大局、取得丰硕成果的五年。面对百年变局和艰巨繁重的国内改革发展稳定任务的考验，工程咨询行业坚持以习近平新时代中国特色社会主义思想为指导，不断增强“四个意识”、坚定“四个自信”、做到“两个维护”，深刻领悟“两个确立”的决定性意义，完整、准确、全面贯彻落实新发展理念，坚持稳中求进的工作总基调，开拓进取，攻坚克难，服务推进供给侧结构性改革，助力打好防范化解重大风险、精准脱贫、污染防治三大攻坚战，为全面建成小康社会作出应有贡献。行业发展内生动力不断增强，发展环境日益优化，发展质量稳步提升，展现出发展新气象，书写了发展新篇章。

五年来，行业发展乘势而上、倍道而进。“放管服”改革激发市场活力，行业规模显著扩大。截至2023年6月底，全国投资项目在线审批监管平台备案的工程咨询单位有37296家，与2018年6月底相比增长366.26%，其中，甲级资信单位2030家,乙级资信单位3695家。从业人员数量和专业技术人员数量快速增长。平台备案单位职工总人数为401.56万人,比2018年底增长117.08%,其中,专业技术人员100.47万人,有效登记的咨询工程师(投资)9.82万名。

五年来,智库建设阔步向前、硕果累累。建设定位明确、特色鲜明的工程咨询新型智库成为业内共识,一大批综合性、专业化工程咨询智库聚焦重大项目决策、区域协调发展、乡村振兴、抗击疫情、"一带一路"倡议、碳达峰碳中和,提出大量政策建议和研究成果,被中央和各级政府广泛采用,成为新时代服务党和政府科学决策、民主决策,推进国家治理体系和治理能力现代化的重要支撑力量。

五年来,业务模式吐故纳新、重塑优势。投资决策综合性咨询、全过程工程咨询和新兴咨询引领新业态蓬勃发展。工程咨询单位坚持需求导向,创新咨询理念,优化整合咨询资源,塑造竞争新优势。工程咨询行业积极投身数字化与产业发展相结合的变革浪潮,广泛利用云计算、大数据、物联网、5G、AI、BIM等新技术,提升咨询品质,打造智慧咨询标杆项目,以数字化创新推进工程咨询行业转型升级。

五年来,提高站位聚力赋能、推动发展。工程咨询行业贯彻新发展理念,发挥咨询优势,下好构建新发展格局的先手棋。工程咨询单位积极参与"十四五"各级各类规划编制,统筹发展与安全,坚持以塑造创新驱动发展新优势、实现资源利用与生态环境的可持续发展为导向,深入谋划、论证、推进符合中央重大决策部署、具有较大示范带动效应的重大项目,加快形成经济发展新动能。

五年来,改革激活"一池春水"、生机勃发。工程咨询行业体制机制改革不断深化,进一步激发了内在活力和发展动力。行业协会与政府部门实现稳妥有序脱钩,更好提升行业服务功能。一批事业单位依法依规完成转企改制工作,通过改制深挖潜力、提质增效。工程咨询企业进一步完善现代企业制度,建立健全有效制衡的法人治理结构,持续深化企业经营机制改革,优化激励机制,不断激发从业人员创造力。民营工程咨询企业蓬勃发展,在数量上已经超过行业总数的80%。

五年来,国际影响不断攀升,业绩彰显。工程咨询行业国际影响力不断提升，在服务“一带一路”建设过程中，不断熟悉掌握国际规则，推广中国工程咨询技术标准，树立中国工程咨询品牌，使我国工程咨询业在国际业界的话语权、影响力不断增强，咨询成果持续获得国际工程咨询界高度认可。一大批项目在国际获奖。2013年，菲迪克设立工程项目奖以来，中国工程咨询协会推荐的项目连续获得“十连冠”佳绩。

以上成绩的取得，是在党中央的坚强领导下，广大工程咨询单位和从业者开拓进取、辛勤工作的结果。特别是新冠疫情暴发以来，工程咨询行业全面落实党中央决策部署，坚持一手抓抗击疫情，一手抓复工复产，为夺取疫情防控和经济社会发展双胜利做出了贡献。在此，我代表理事会，对广大工程咨询单位和从业人员表示崇高的敬意！向关心和支持我国工程咨询行业发展的各级政府和社会各界人士表示衷心的感谢！

五年来，第六届理事会严格执行协会章程，强化党建引领，着力提升服务国家、服务社会、服务群众、服务行业的水平，积极发挥服务引领、统筹协调、信息对接、资源整合作用，努力建设一流品牌协会，推动各项工作高质量高标准落到实处取得实效，其中，重点做了以下十方面工作：

1.以高质量党建引领工作，践行初心使命

协会坚决贯彻落实党中央决策部署，深入推进党的建设，推动党建与业务工作融合发展。把党建工作要求写入章程，健全党组织对重大决策把关、规范管理的工作机制，落实党组织班子成员与管理层双向进入、交叉任职。深入开展党史学习教育，把“我为群众办实事”实践活动作为检验党史学习教育成效的重要标尺。努力减轻会员单位负担，2020年全面减免会员单位会费，湖北省各类会员单位会费全免、其他地区各类会员单位会费减半；自2021年起，连续三年减免普通会员单位会费。积极筹措资金，先后向河北临城县、新疆和田地区、四川叙永县、河南新乡市等地区捐款，用于改善当地办学条件，支持易地扶贫搬迁和灾后重建工作，并义务为西藏和新疆地区提供基础设施建设咨询服务，以实际行动参与国家脱贫攻坚。2022年2月，中央和国家机关行业协会商会成立由中国工程咨询协会、中国中小企业协会等23家协会商会组成的第六联合党委，中国工程咨询协会党支部书记任第六联合党委书记。深入开展学习贯彻习近平新时代中国特色社会主义思想主题教育，努力做到以学铸魂、以学增智、以学正风、以学促干。

2.以高标准发展规划为楫，推动行业发展

协会坚持规划战略引领，精准谋划行业发展坐标，引导工程咨询单位服务构建新发展格局。2020年9月，向会员单位发出《关于做好“十四五”规划编制咨询服务工作的通知》，指导会员单位更加有效地服务“十四五”规划编制工作。组织力量研究并发布《工程咨询行业2021—2025年发展规划纲要》这一纲领性文件，强化行业先导作用，提出行业“十四五”时期发展的路线图和时间表。着眼于在新发展阶段更好地推动行业高质量发展，印发《关于加快推进工程咨询业高质量发展的指导意见》，提出推进行业高质量发展的一系列重点举措和任务，是今后一段时期内事关行业发展的重要指导性文件。

3.以高水平智库建设服务决策，发挥参谋助手作用

协会高度重视推进行业智库建设。业内各类研究平台超千家，涌现了以中国国际工程咨询有限公司、浙江省发展规划研究院、深圳综合开发研究院等为代表的知名智库。为扩大行业智库影响，协会适时发布智库单位影响力30强。不断加大服务政府工作力度，为国家发展改革委、商务部、国合署、住建部等有关政府部门提供行业政策建议，完成工程咨询服务信息安全、产业结构调整目录修订、投资建设数字化转型项目遴选、建筑市政行业全过程前期工作取费标准编制、对外援助成套项目可行性研究指南编制等专题研究任务，推动《关于推进全过程工程咨询服务发展的指导意见》《关于促进对外设计咨询高质量发展有关工作的通知》等重大行业文件出台。加强信息报送工作，创办《工程咨询信息》刊物，每月向有关部门报送研究成果。持续组织开展行业发展报告编制工作，逐年创新完善报告内容。推进工程咨询品牌机构建设研究，启动试点工作。

4.以优化服务和管理为手段，加强行业自律

2017年，国家发展改革委颁布工程咨询行业管理办法，建立工程咨询单位告知性备案和行业自律性质的资信评价制度。受国家发展改革委委托，协会承担工程咨询单位甲级资信评价和工程咨询单位告知性备案管理的日常审核及公示工作。协会协助国家发展改革委起草工程咨询单位资信评价标准，开发工程咨询单位甲级资信评价管理系统，不断优化评价流程，实现一致性评价工作制度化，自2018年起共完成5批甲级资信评价工作。修订《咨询工程师（投资）执业登记规程》，开发咨询工程师（投资）执业登记系统，优化咨询工程

师(投资)登记流程,实行执业登记告知承诺制,减少申报材料,大幅压缩办理时限,强化事中事后监管。2018年至今年6月,完成各类执业登记申请事项226168人次。2018年以来,共有501228人参加咨询工程师(投资)职业资格考试,平均通过率为20.81%。落实咨询工程师(投资)继续教育年度计划,共培训约420万人次。持续开展全国优秀工程咨询成果奖评选活动,利用信息技术实现评奖工作的网络化、数字化,注重参评成果的创新性、示范性和带动作用,推动咨询服务质量提升。第六届理事会期间共评选出优秀成果奖1195项。

5.以亮点纷呈的研讨培训,深化行业交流

加强经济形势分析和行业政策宣贯,开展规划咨询理论方法、工程咨询评估、全过程工程咨询等专业服务能力培训,举办工程咨询行业高质量发展等论坛、工程咨询单位体制改革经验交流会、中小型工程咨询民营企业高质量发展研讨会、工程咨询机构服务国家重大基础设施建设经验交流会、工程咨询机构服务乡村振兴经验交流会、工程咨询行业高质量服务"一带一路"报告会等系列活动,聚焦国内国际工程咨询业的热点问题,交流工程咨询创新实践经验,为会员单位寻找合作伙伴搭建沟通平台。邀请国家发展改革委投资司有关领导、业内专家深度解读新版投资项目可行性研究报告编写大纲,在全国分片区举办了八场专题培训会,线上线下累计超过10万人次参加培训。

6.以专业化力量为保障,推动标准体系建设新发展

组织完成国家发展改革委委托的《工程咨询基本术语》编制,以国家标准向社会发布,建立了我国工程咨询行业统一、权威的基础性通用标准。编制发布《中国工程咨询协会团体标准管理办法》《中国工程咨询协会团体标准工作细则》,有序推进行业团体标准体系建设,组建由22个专业组、185位专家构成的标准委员会,批准近100项团体标准立项申请。发布了协会第一个团体标准《水利水电工程全过程工程咨询服务导则》(T/CNAEC 8001—2021)。规范专家库管理,入库专家包含了100位"院士、全国行业大师或荣誉称号"人员,以及全国劳动模范、全国五一劳动奖章获得者、全国优秀科技工作者、全国最美科技工作者多人。

7.以重大课题研究为依托,支持国防和军队建设

协会受中央军委后勤保障部、海军后勤部等有关军队工程建设管理单位

委托，推荐工程咨询单位和专家参与军队后勤保障项目监督检查任务；推荐工程咨询单位承担项目全过程工程咨询与项目管理；研讨军方重大项目的工程咨询模式和管理体制机制；开展课题研究，提供可借鉴的工程咨询政策法规、前沿理论、科技成果和经验做法，为军队项目和国防工程提供技术支持，得到了军队有关委托单位的充分肯定。

8.以主动作为加强信息宣传，服务大局服务会员

建立新闻发言人制度，就协会的重要活动、重大事件及热点问题，接受媒体采访，回应社会关切。协会网站全新改版上线，栏目设置、功能设计、服务内容和表现形式进行大幅优化。网站开设“协会三十年庆”专栏，集中展示协会30年来在党中央、国务院领导关怀下开拓进取的奋斗历程和精神风貌。《中国工程咨询》杂志社优化整合杂志网站栏目，杂志改版扩版，开设庆祝改革开放40周年、庆祝建党100周年、学习贯彻党的二十大精神等专栏。收集整理协会自1996年以来全国工程咨询优秀成果奖历届获奖成果名录，编辑成册，致敬行业奋斗者。成立信息化专项工作办公室，不断优化升级信息化综合服务平台。发挥协会网站和微信公众号的信息平台作用，助力疫情期间协会各项工作的高效推进。利用会员微信服务群，对不同类型会员提供及时精准服务。五年来，协会新发展单位会员683家、个人会员1225人，会员覆盖面进一步扩大。

9.以大平台大策划加强宣传，扩大行业影响力

提升宣传层级，扩大行业影响力。协会在《人民日报》《中国经济导报》刊发《服务重大战略 助力国家建设——记中国工程咨询行业40余年砥砺奋进》《重大战略项目建设，怎么做？工程咨询——推动国家重大战略落地的“隐形力量”》《新型智库业务蓬勃开展工程咨询智库更加综合化、专业化》《工程咨询业推动经济社会高质量发展》《中国工程咨询协会成立30周年 奋力推动行业高质量发展》等多篇稿件，宣传工程咨询行业服务投资建设的专业优势和重大贡献，多家重量级媒体平台转发，产生广泛影响。协会与央视网联合出品行业服务“一带一路”纪录片《一带一路 向阳而生》，全网总浏览量突破2亿次，获得国家广播电视总局优秀网络纪录片荣誉，并在第三届“一带一路”国际合作高峰论坛企业家大会上循环播放了精编版。《中国工程咨询》杂志社出版《一带一路 智行致远》专刊，是从企业、项目、人物等方面系统记录工程咨询建功“一带

一路”的精品之作。协会出版《当惊世界殊——菲迪克工程项目奖中国获奖工程集》，集中展示我国交通、建筑、能源等领域享誉国际的咨询成果。应《中国国际贸易服务发展报告2021》蓝皮书编委会约稿，完成《我国工程咨询国际服务的现状、问题和建议》篇章撰写并出版。

10.以履行菲迪克成员协会职能为抓手，推动行业“走出去”

1996年经中国政府批准，协会代表中国加入菲迪克。协会认真组织菲迪克工程项目奖推荐工作，2013年至今累计有97个项目获奖，连续十年保持第一名。协会获2021年度菲迪克全球最佳协会奖。履行菲迪克成员协会的职责和权利，组织会员单位参加菲迪克年会、菲迪克亚太分会年会。积极推举中国咨询工程师参与国际工程咨询行业事务，经协会推荐，上海投资咨询公司刘罗炳成功当选菲迪克副主席，是菲迪克历史上首次由中国咨询工程师担任这一职务；中咨工程建设监理有限公司和中国移动通信集团设计院有限公司各有一名咨询工程师当选为菲迪克亚太分会执行委员会委员。2023年，协会向菲迪克亚太区董事会推荐了来自中国国际工程咨询有限公司、中国移动通信集团设计院有限公司、辽宁省国际工程咨询中心有限公司、中国电力企业联合会电力建设技术经济咨询中心等单位的四名青年咨询工程师作为菲迪克亚太未来领导者执委会执委候选人。

第六届理事会履职五年多来，一直得到中央和国家机关工委、中央社会工作部、国家发展改革委、民政部、人社部、商务部、国合署等部委的正确领导和悉心关怀，得到地方工程咨询协会、各专业委员会和广大会员单位的积极支持，对此，我代表第六届理事会表示衷心的感谢！

协会已成功入选国家发展改革委首批“品牌协会成长计划”名单，但是我们深知，第六届理事会的工作离会员对我们的期盼、政府对我们的要求还有差距，提供服务的及时性、有效性、针对性还不强，工作人员的服务意识和服务水平有待进一步提升。真诚希望广大会员、政府部门及社会各界继续对理事会的工作提出宝贵的意见建议，使协会越办越好，行业发展越来越好！

（二）行业发展面临的形势与任务

党的二十大就新时代新征程党和国家事业发展制定了大政方针和战略部署，擘画了以中国式现代化全面推进中华民族伟大复兴的宏伟蓝图。我们要坚定不移把党的二十大提出的目标任务落到实处，奋力夺取全面建设社会主义现代化国家新胜利！

新时代新征程是充满光荣和梦想的远征。当前，世界百年未有之大变局加速演进，新一轮科技革命和产业变革深入发展，我国发展进入战略机遇和风险挑战并存、不确定难预料因素增多的时期，但是我国经济具有巨大的发展韧性和潜力，长期向好的基本面没有改变。特别是，“两个确立”为党和国家事业发展提供了根本保证，是战胜一切挑战、应对一切不确定性的最大确定性、最大底气。在以习近平同志为核心的党中央坚强领导下，我们一定能够把优势和条件转化为动能和活力，推动“中国号”巨轮劈波斩浪、行稳致远。

习近平总书记指出，高质量发展是全面建设社会主义现代化国家的首要任务。高质量发展是体现新发展理念的发展，是更高质量、更有效率、更加公平、更可持续、更为安全的发展，是推进中国式现代化的必然要求，是破解不平衡不充分发展满足人民对美好生活向往的需要。

全力服务国家高质量发展，是新时期工程咨询行业的重大历史使命。工程咨询行业在新的历史方位下要勇于担当重任，充分发挥行业智力支撑优势作用，积极整合投资资源要素，进一步增强投资对优化供给结构的关键作用；要发挥规划咨询引领作用，强化重大投资项目带动作用，推进构建智能化绿色化融合化和完整性先进性安全性的现代化产业体系，加快产业结构优化升级、培育壮大战略性新兴产业；要加强统筹谋划高水平服务区域协调发展，助力畅通国内大循环、促进国内国际双循环；要推动共建“一带一路”高质量发展，构建以中国为核心的“一带一路”沿线产业链和价值链体系；要更好地统筹发展和安全，有效防范各类风险，着力积聚高质量发展新动能、塑造新优势；要深化工程咨询智库服务，加强对战略性、前瞻性、系统性问题研究，提供更多富有远见性、预警性、科学性、综合性的高价值研究成果；要牢记初心使命，贯彻以人民为中心的发展思想，打造民生普惠项目、示范工程，增进民生福祉。

不负历史使命，向党和人民交出服务高质量发展的满意答卷，还需要工程咨询行业加强自身建设，推进行业高质量发展。即：要坚持市场主导，充分发挥市场在资源配置中的决定性作用，推动高质量咨询需求引领创造高质量咨询供给；要推进基于全生命周期理念的跨阶段、跨专业咨询服务融合发展，提升一体化、综合化服务能力；要加强理论、技术创新，加快数字化转型，提高全要素生产率，培养多层次的一流人才队伍；要提高站位，开展战略研究，做好战略规划，抓好战略工程，建设服务党和国家决策的重要智力高地；要深化行业自律，提高行业规范发展水平；要加快工程咨询行业“走出去”步伐，实现更高水平的开放与合作，拓宽服务范围，丰富服务形式，提高服务水平。

要实现行业的高质量发展，需要全面坚持党的领导，坚持国家利益至上，坚持以人民为中心，牢牢把握正确的发展方向；需要完整、准确、全面贯彻新发展理念，正确处理好规模与质量、发展与稳定、守正与创新、高增长与可持续的关系；需要打造市场化、法治化、国际化营商环境，推动行业新业态新活力不断彰显、高素质综合型人才队伍蔚然成军、数字化咨询大放异彩、引领国际工程咨询发展卓有成效。

以高质量咨询服务高质量发展，是工程咨询行业在新时代的价值之基，也是国家所需、时代之盼，是摆在行业面前的一项重大紧迫的战略任务。我们要清醒地看到，完成这一任务，必须翻越行业集中度低、高质量咨询供给相对薄弱、数字化转型滞后、综合性高端人才培养不足、行业整体竞争力不强等一系列难关，我们要坚持以习近平新时代中国特色社会主义思想为指导，在行业部门和全社会的关心支持下，攻坚克难求突破，破茧而出谋新局。五年来，第六届理事会已着力探索推进工程咨询行业高质量发展路径，取得了一定成效，但我们深知任重道远，需要一茬接着一茬干，以持之以恒、久久为功的恒心韧劲推动行业高质量发展。只要我们锐意进取、埋头苦干，这一目标一定能够实现，必然能够实现！工程咨询行业在进军第二个百年奋斗目标的新征程中，一定会大有可为，一定能大有作为！

（三）对新一届理事会的工作建议

本次会员代表大会将选举产生新一届理事会。新一届理事会要全面贯彻落实党的二十大决策部署，高举中国特色社会主义伟大旗帜，深刻领悟“两个确立”的决定性意义，增强“四个意识”、坚定“四个自信”、做到“两个维护”，深入开展学习贯彻习近平新时代中国特色社会主义思想主题教育，以党的创新理论统筹指导和系统谋划工作，在中央社会工作部、国家发展改革委、民政部等部门的领导指导下，以高度的政治责任感和强烈的使命感履职尽责，自信自强，守正创新，求真务实，勇于担当，全力推进行业高质量发展，更好地服务经济社会高质量发展。

1.凝心聚力，提高站位加快构建新发展格局

构建新发展格局是推动高质量发展的战略基点。工程咨询行业必须完整、准确、全面贯彻新发展理念，坚持社会主义市场经济改革方向，坚持高水平对外开放，加快构建以国内大循环为主体、国内国际双循环相互促进的新发展格局。要坚持与发展具有中国特色的工程咨询事业，按照党的二十大描绘的宏伟蓝图和“十四五”时期经济社会发展主要目标及2035年远景目标，紧密围绕构建高水平社会主义市场经济体制、建设现代化产业体系、全面推进乡村振兴、促进区域协调发展、推进高水平对外开放，链接各方资源，发挥工程咨询专业优势作用，更加自觉地统筹发展和安全，在服务我国经济发展取得新成效、改革开放迈出新步伐、社会文明程度得到新提高、生态文明建设实现新进步、民生福祉达到新水平、国家治理效能得到新提升等方面，更好履行新征程赋予我们的职责使命，提供更高质量的咨询服务。

2.系统谋划，有力支撑现代化基础设施体系建设

全面加强基础设施建设，对保障国家安全，畅通国内大循环、促进国内国际双循环，扩大内需，推动高质量发展，都具有重大意义。工程咨询行业必须深入贯彻落实党中央、国务院有关决策部署，加强基础设施项目的重大课题研究和规划编制能力，高质量做好基础设施项目的咨询评估工作，坚持“先评估、后决策”，做好多方案、多维度的论证研究，科学高效推进“十四五”规划102项重大项目建设。要补足基础性、战略性领域短板，在“平急两用”设施、城乡人居环境整治、农村基础设施建设、城乡融合发展和区域均衡发展、新能源高质量发展等方面提供高质量咨询服务。要进一步有效盘活存量资产，稳妥开展基础设施领域不动产投资信托基金(REITs)试点，形成存量资产与新增投资的良性循环。

3.勇于担当，着力推动乡村振兴再上新台阶

全面推进乡村振兴是党的二十大“加快构建新发展格局，着力推动高质量发展”的重点任务之一。工程咨询行业要坚持农业农村优先发展，坚持城乡融合发展，畅通城乡要素流动，深刻认识县城城镇化建设和乡村建设的重大意义，做到统筹谋划、精准施策，立足实际，加强调研，当好各类客户的智囊参谋，引导资本市场更好地服务于县城城镇化和乡村建设发展。要系统谋划县、乡

规划及重点项目,构建并完善项目库,创新工作机制和工作模式。要强化社会责任,对国家乡村振兴重点帮扶县和乡村振兴重点领域主动开展项目对接活动,助力项目落地,尽早发挥实效。

4.人才兴业,全面打造行业高质量发展强大引擎

工程咨询是智力密集、技术密集型行业,必须加强高素质人才队伍建设,形成培养合力。要全面落实党的二十大提出的"深入实施人才强国战略",坚持党管人才原则,牢固确立人才是第一资源的战略地位,全方位地培养、引进、用好人才,引导广大工程咨询人才爱党报国、敬业奉献、服务人民。坚持重点布局、梯次推进,鼓励区域中心城市和产业集聚区的工程咨询单位采取有力措施,吸引高层次人才加入工程咨询从业人员队伍。鼓励发达地区与欠发达地区的人才交流。大力培养和使用具有宽广视野、战略眼光的综合型、创新型咨询工程师,壮大高端智库人才队伍。加强培养热心"三农"能"落地生根"的乡村咨询新人。加大青年咨询工程师培养力度,培养青年领军人才,增强行业高质量发展的活力和后劲。积极落实工程咨询(投资)专业技术人员职业资格制度,继续抓好咨询工程师(投资)的培养和使用,推进高级咨询工程师资格评价工作,积极争取协会组织开展职称评定。

5.革故鼎新,坚持创新引领不断提升服务本领

创新是引领高质量发展的第一动力。要持续推动咨询研究创新,提供更多具有系统性、前瞻性、预警性的行业指导性研究成果,为提升行业整体服务水平提供有力支撑。加大行业标准规范编制力度,加快制定出台一批团体标准。加强新版投资项目可行性研究报告编写大纲培训及应用评估等工作,推动大纲迭代完善。深化业态创新,积极发展面向新兴市场、领域和产业的技术咨询、战略咨询,大力推动和完善投资决策综合性咨询、全过程工程咨询。加速推进工程咨询数字化转型发展,探索数字化条件下行业发展新路径,以数字咨询提升行业竞争力、筑牢行业发展新的"护城河"。

6.诚信为要,全力推进信用建设优化行业市场环境

加强行业诚信建设,形成有效的行业自律性管理约束体系。优化工程咨询单位资信评价。全面推广信用承诺制度,健全从业准则,增强从业人员诚信意识,强化咨询服务机构及相关责任人责任倒查追究制度,依法依规编制工程咨询行业失信惩戒措施基础清单,建立健全以信用为基础的新型监管和自律

机制，在总结试点的基础上深入开展信用评价工作，优化市场环境，规范市场主体行为，推动工程咨询行业加快对接全国统一大市场。

7.优化结构，努力推动行业"数""质"平衡

落实国家发展改革委等有关部门要求，开展行业领军型机构评选，打造咨询领域"排头兵"。鼓励行业内咨询单位优化重组，推动工程咨询单位加强品牌建设。支持中小型工程咨询单位创新发展，培育一批专业特色突出、具有较强竞争力和发展潜力的生力军。加强协会重点工作，支持民营工程咨询机构做精做优做强。协会要抓住参加国家发展改革委"品牌协会成长计划"的契机，继续提升甲级资信评价、咨询工程师（投资）管理服务、标准规范制定发布、行业排名、优秀咨询成果奖项评选等工作水平，发挥导向作用，推动行业综合实力整体提升。

8.相互砥砺，拓宽拓深国际合作践行共赢发展

我们要把握经济全球化发展大势，以开放合作共克时艰、共创未来。新一届理事会要坚持高水平对外开放与国际合作，拓展与菲迪克等国际行业组织合作的深度和广度，多渠道、多形式地开展国际工程咨询交流活动。积极参与国际工程咨询行业治理，推荐更多中国优秀咨询工程师到有关国际组织任职。鼓励和引导工程咨询单位服务高质量共建"一带一路"，认真贯彻落实习近平主席在第三届"一带一路"国际合作高峰论坛开幕式上提出的中国支持高质量共建"一带一路"八项行动要求，为推动构建人类命运共同体谱写中国工程咨询国际服务新篇章。

各位代表！

新一届理事会要坚持党建引领，严格执行章程规定，深化和完善内部治理结构，丰富和改进服务内容、服务手段、服务方式，全力提升工作人员能力水平，打造国内一流品牌协会，在服务行业发展、激发市场主体活力、优化营商环境等方面发挥更重要作用，凝聚推动行业高质量发展的强大正能量。

新一届理事会要大力加强调查研究工作，建立"下沉式"长期调研工作机制，完善行业管理制度，破解制约高质量发展的重大问题和行业急难愁盼问题。数字赋能，推进"综合业务管理系统"信息平台不断优化迭代升级，让协会的服务更"智"更"准"更"实"更"快"。加强行业信息调查和统计，研究发布工程咨询行业指数，为宏观决策、行业治理、服务社会提供重要支撑。

新一届理事会要充分认识新形势下工程咨询行业宣传工作的重要性，牢

牢掌握党对意识形态工作领导权，用社会主义核心价值观凝魂聚力，打好主动仗、唱响主旋律，创新宣传方式，展示专业、敬业、可信的中国工程咨询业形象，提升行业宣传的传播力、引导力、影响力、公信力，起到凝聚共识、团结力量、共谋发展的重要作用。加强新闻发言人制度建设，提高舆情应对处置能力，更好地维护行业和会员的合法权益。

各位代表！

蓝图已经绘就，奋斗正当其时。新时代新征程，在以习近平同志为核心的党中央坚强领导下，我们要牢牢把握团结奋斗的时代要求，心往一处想，劲往一处使，一步一个脚印地把党的二十大做出的重大决策部署付诸行动、见之于成效。我们要坚定信心、真抓实干，踔厉奋发、勇毅前行，团结奋斗，加快推进工程咨询行业高质量发展，为全面建设社会主义现代化国家、全面推进中华民族伟大复兴作出新的更大贡献！

中国工程咨询协会第七届理事会领导集体代表讲话

肖凤桐

各位代表：

中国工程咨询协会第七届会员代表大会暨第七届理事会第一次会议，审议通过了新的协会章程和一系列制度文件，选举产生了中国工程咨询协会新一届理事、常务理事、监事，圆满完成了各项议程。我代表新当选的协会领导集体对各位代表给予的信任表示衷心的感谢！

这次大会的召开，正值中国工程咨询协会开展深入学习贯彻习近平新时代中国特色社会主义思想主题教育之际，新一届理事会要把主题教育成果贯穿促进工程咨询行业高质量发展和协会建设各项任务始终，我们的使命光荣，责任重大。我们将一如既往，忠实履行协会章程赋予的职责，恪尽职守，竭尽全力，勤勉工作，赤诚奉献，做会员的勤务员，接受会员监督，决不辜负各位代表和全体会员的信任和重托！

协会全体工作人员都必须牢记协会的使命和初心，始终要把为会员服务放在心中最高的位置，全心全意为行业谋发展，为会员谋利益，为服务国家服务社会而努力工作。

各位代表！

本届理事会的主要任务是大力推进工程咨询行业高质量发展。

党和国家高度重视本土咨询业，出台了一系列政策文件，为工程咨询行业的发展指明了方向，也提出了更高要求。党的二十大报告指出，高质量发展是全面建设社会主义现代化国家的首要任务。中国工程咨询行业始终与国家的历史进程相同步，始终站在国家经济建设的第一线，在全面建设社会主义现代化国家新征程中，必将继续发挥不可替代的独特作用。

我们要打造一批具有国际竞争力的排头兵企业，培育一批具有影响力的高端智库，建设一批特色突出、细分市场服务能力强的专业机构，扶植一批创新能力强、发展潜力较大的创新型企业，特别是要帮助民营工程咨询机构的健康成长，形成各类市场主体取长补短、平等竞争、相互促进、良性发展的多元化市场结构，不断增强行业活力和竞争力。

我们要大力提升服务各级政府投资决策的能力。认真做好事关国计民生和地区发展的重大项目谋划，协助各级政府破解发展难题，针对热点难点问题积极建言献策，以高质量服务不断扩大行业影响力。

我们要夯实行业自身基础设施建设。认真开展行业统计工作，强化工程咨询对国家投资领域宏观调控的支撑作用。

积极推进工程咨询机构数字化转型，实现工程咨询手段创新，使服务产品数字化、个性化、多样化。

我们要加快培养复合型、国际化高端人才。推出一批咨询大师和优秀的青年咨询师。不断健全国际化高端人才培养机制，推动培养一批具有国际视野、熟悉国际规则和国际业务的开放型工程咨询人才和国际化领军人物。

我们要引导工程咨询机构更加积极主动服务“一带一路”建设。加快总结提升我国工程咨询标准和技术规范，参与、引导国际规则制定，强化对国际规则的影响力。积极推广中国工程咨询技术标准，树立咨询品牌，不断增强中国工程咨询业在国际业界的话语权。

各位代表！

以习近平同志为核心的党中央高度重视社会组织建设。新一轮党和国家机构改革已将社会组织纳入中央社会工作部管理，这标志着党和国家对社会组织的管理更加规范、更加严格。新一届理事会要充分认识这次改革的重要意义，不断加强党的全面领导，坚持规范管理，严格落实中央八项规定精神，牢固树立四个服务意识，使协会真正成为连接党和政府与社会、企业之间的纽带和桥梁。

各位代表！

中国工程咨询协会已经走过了三十年光辉历程。新一届理事会要担负起带领广大会员创造新时代中国工程咨询业新辉煌的光荣使命。让我们紧密团结在以习近平同志为核心的党中央周围，高举中国特色社会主义伟大旗帜，以习近平新时代中国特色社会主义思想为指导，为新时代中国工程咨询业的美好明天而团结奋斗！

发挥引领示范作用 做好行业排名

为响应国家品牌建设工作，展现行业实力和风采、提升行业公信力，充分发挥行业领军企业的引领示范作用，推动企业进一步做优做强做大，自2021年起，中国工程咨询协会发布工程咨询行业排名。

（一）发布排名取得的效果

排名公布后，引起社会和行业高度关注，主流新闻网站、工程咨询行业网站、部分工程咨询机构都纷纷转载，有的依据公布数据对行业发展趋势进行了分析研判。排名发挥了行业领军企业的引领示范作用，在各级主管部门、市场主体的关心支持下，工程咨询机构对标上榜单位，制定本行业、本区域咨询企业发展战略，加强本土品牌建设，对推动工程咨询企业做优做强做大起到积极作用。推动了行业自律，通过排名，督促更多的工程咨询机构重视品牌建设、业务创新，提高知名度与信誉度。

（二）行业排名有关分析

我国工程咨询业龙头企业仍以国有企业为主，在总排名中国有企业占89%；民营企业稳步发展，中型、小型企业排名中，民营企业占比分别为47%、58%，且各类排名中民营企业数量均有不同增长；行业营业收入总体呈现较快增长势头，总排名前100企业、中型企业、小型企业2022年营收总额较2020年分别增长了30.26%、24.18%、12.31%；工程咨询行业新型智库建设成为重点，以2022年为例,参加智库排名的机构数量增长了51%。

(三)下一步计划

为贯彻落实国家关于促进民营经济发展的有关要求,促进工程咨询行业民营经济发展,在今后开展的排名工作中,将新增设工程咨询民营企业营业收入排名,推动民营企业品牌建设和企业做优做强做大。

工程咨询团体标准工作高质量推进

标准化建设推进行业高质量发展、规范化建设的重要措施。2015年国务院印发《深化标准化工作改革方案》，指出积极培育团体标准，鼓励行业协会加强标准有效供给，制定满足市场和创新需要的团体标准；2021年中共中央、国务院印发《国家标准化发展纲要》，进一步明确标准建设重点方向。中国工程咨询协会面对工程咨询标准空白多，基础弱的实际，提出加快建设工程咨询行业标准体系的要求，设立专门机构，开展顶层制度设计、多方面支持标准建设，推动了行业标准化建设，引领标准高质量发展。

(一)主要工作

1.加强标准机构组织建设

2020年协会组建标准信用部，专职负责行业标准化工作，安排人员和经费，保障工作的顺利开展。在此基础上，协会成立标准化工作委员会，建立由22个专业、187位专家组成的工程咨询标准专家库，团结和凝聚行业专业委员会和会员单位智慧，形成专家支撑力量；研究制定了《中国工程咨询协会团体标准管理办法》《标准专家管理办法》等系列制度。

2.加强工程咨询标准顶层设计

开展了工程咨询标准体系研究，提出并发布首个《工程咨询行业标准体系》和《工程咨询标准制定工作建议(2022—2026年)》等一系列文件，初步建立了由通用基础、业务实践、业务支撑和其他相关4类13分项的行业标准体系。

3.扎实推进团体标准建设

2021年起连续开展团体标准征集工作。3年以来完成了95项团标的立项。参与单位由副会长单位向常务理事单位、理事单位逐渐扩大,累计参与标准单位约670家(次),涉及各专业、各层次近2000名技术人员参与编写,工程咨询单位、大学院校、研究机构、行业组织的480位专家参与审核论证。按程序要求,目前已经发布15项,有12余项完成报送稿。

4.严格程序管理确保编制质量

标准编制与发布,严格按照我会团标编制的有关管理规定和程序,确保标准质量。一是加强源头质量控制。在标准立项阶段增加大纲审查环节,从源头控制标准质量。二是加强过程节点控制。对标准参编单位和编制团队的选择、内容的政策符合性、征求意见的广泛性和专家审查意见采纳情况等均提出严格的要求,确保标准编制质量。三是参与团标编制工作重要节点的审核工作。2023年累计参加各种标准启动会、论证会、评审会等35场次,听取150多位编制单位代表、251位行业专家的相关意见,提出449条修改建议。《集成电路项目环境保护咨询服务规范》《综合医院建设项目可行性研究报告编制规范》等25项团体标准广泛征求意见,共收到1315条反馈意见,为标准修改完善打下宽厚基础。

5.贯彻新发展理念推动团标高质量发展

团体标准编制从不同阶段注重高质量发展。一是立项标准突出了“数字化、碳排放、绿色基建”等新业务和国家战略方向,推动了部分行业逐步向全过程工程咨询服务、节能咨询等方向呈现体系化发展。二是完善手段,加强审核,确保协会团体标准在文字、格式、结构等方面符合国标要求。2023年发布的10项标准中,完成初稿、征求意见稿、送审稿、报批稿及编制说明审核共计76本,约300万字。多部文稿退回编制组修改2—3次,多次专门赴牵头单位召开座谈会,研究修改意见,直至达到审核要求。

6.加强标准宣贯应用

标准发布后及时开展针对性宣贯,如《民用建筑无障碍设施评价标准》,协会与主编单位协商,利用“国际残疾人日”活动,联合中国残联等单位举办联合发布,进行解读,通过网络直播,现场收看人群达160万,人民网、中国青年网、中国日报、法治日报等多家媒体进行报道,收到了很好的效果。针对基础性的标准，邀请主编人员录制教学课件，作为咨询工程师继续教育课时。针对成系列的标准。协会利用网站、公众号和《中国工程咨询》杂志等平台，及时发布解读文章、组织专题免费宣贯培训、录制讲课视频等，起到了显著宣传效果。

7.加强教育培训，提升行业标准起草能力水平

与设计、施工阶段相比，工程咨询标准基础薄弱，起步晚。我会邀请国家标准研究院、国家标准委的专家，召开了“高质量标准引领行业高质量发展”团体标准业务培训会，培训采用线上方式免费向会员单位开放。400家单位(个人)约1200人参加了学习。宣讲了相关政策、介绍了要素方法、分析了趋势方向，进一步厘清行业标准化建设方法与路径，对提高团体标准研编能力和质量，实现行业标准化高质量发展将起到重要指导和推动作用。

(二)存在问题

团体标准建设仍处于起步阶段，目前存在执行的标准体系框架还有待完善优化、在编标准不够体系化、标准研编人员能力有待提升、行业标准需求还没有根本的缓解等问题。下一步“要统筹安排，分步骤、成体系，扎实规范、科学有序推进协会团标建设、编发工作，以高质量团体标准，引领行业高质量发展。”

(三)下一步工作重点

一是进一步细化团体标准体系框架，结合行业实际提出标准编制五年计划和重点编制标准明细，分阶段、分步骤推动工程咨询国家标准、行业标准、团体标准的编制；二是继续扩大征集范围，采用自主申报与定向申报相结合的方式开展年度标准征集工作；三是抓好《工程咨询服务合同(示范文本)》《工程咨询服务质量评价系列标准》等重点团体标准的编制；四是认真做好标准宣贯工作；五是继续组织开展团体标准业务培训；六是推动标准在协会各项业务、服务工作的融合应用；七是适时召开标准工作会议。总结近几年标准征集、立项、编制、发布、宣传等工作，对为协会团体标准建设做好贡献的单位和个人进行表彰。

专题研究篇

本篇选编国家发展改革委投资司委托协会组织的行业高质量发展研究报告（摘要），坚持问题导向，分析了行业高质量发展面临的问题，提出了具体对策建议。今后，行业发展报告将不断提升专题研究的深度和广度，引导和激发工程咨询行业加强智库研究工作，更好地发挥党和政府的决策参谋助手作用。

工程咨询行业高质量发展研究报告(摘要)

(一)相关综述

1.工程咨询概念解析

1.1 工程咨询概念定义

国家发展和改革委员会2017年颁布的《工程咨询行业管理办法》(国家发展改革委令第9号)指出"工程咨询是遵循独立、公正、科学的原则,综合运用多学科知识、工程实践经验、现代科学和管理方法,在经济社会发展、境内外投资建设项目决策与实施活动中,为投资者和政府部门提供阶段性或全过程咨询和管理的智力服务"。

工程咨询不仅在具体投资项目运作层面,为提高投资决策和建设项目管理水平提供智力服务和专业支持,成为推动各类投资活动科学、高效、有序开展的关键力量,同时对促进我国经济和社会全面持续健康发展也发挥不可或缺的积极作用,主要体现为:

——工程咨询服务质量直接影响各类投资效益,进而与全社会资源配置效率、投资乘数效应发挥和全要素生产率水平等密切相关。

——行业内汇聚大批专业人才、海量信息和丰富知识经验,可为国家和地方相关发展规划、宏观调控、政策制定等充当参谋和智囊,帮助政府提高执政能力和治理水平,促进经济和社会协调发展。

——工程咨询行业适应投资建设领域市场需求,体量和规模不断增长,本身已成为国民经济中的重要产业形态和现代服务业的重要组成部分。

——工程咨询能力是国家综合实力和产业竞争力重要组成部分,伴随经济全球化和知识经济发展,通过促进国际合作、吸收先进知识经验、对标接轨国际惯例、带动国内产能输出等措施积极落实走出去国家战略。

1.2 工程咨询功能特征

对比其他咨询服务类别,工程咨询服务的功能价值和业务属性具有以下鲜明特征:

工程咨询属于知识密集型与高度创造性相结合的专业化服务。工程咨询服务涉及专业技术、工程经济、项目管理、法律商务等多学科领域,是智力密集、技术密集行业。每项工程咨询服务既要遵循相应标准规范,但其过程和成果又是独一无二的,不具备一般意义上的可复制性,独创性较强。

工程咨询行业是服务经济社会发展大局的先导型产业。工程咨询行业承担服务国家重大战略决策、重大和基础性产业发展、重大工程建设的重任,发挥对投资科学决策、规范实施和优化供给结构的支撑作用,对能否通过有效投资实现拉动经济增长、调整产业结构、推动科技创新、促进就业改善民生等目标形成直接影响。

工程咨询服务对象多元和价值需求各异。工程咨询已经从计划经济时代主要服务政府投资项目论证、设计等转变为市场经济条件下的多元化竞争服务,服务主体也从政府扩展到各市场主体。其中,主要受相关管理规制影响,各级政府部门和国有企事业单位依然是工程咨询服务的重点对象。

政府政策对工程咨询行业发挥重要影响和导向作用。我国工程咨询行业兴起与发展与投资管理体制改革及相关管理要求演变进程紧密相关,呈现鲜明的政策引导性特征。工程咨询服务范围和内容主要源自相关法规制度要求,执行程序和服务成果受政策规制和行业规范引导,政策和规划直接关系经济社会发展和投资活动走势,进而影响工程咨询行业的业务格局。

2.工程咨询服务结构

2.1 工程咨询专业分类

《工程咨询行业管理办法》规定工程咨询业务划分为二十一个专业,具体专业包括:(一)农业、林业;(二)水利水电;(三)电力(含火电、水电、核电、新能源);(四)煤炭;(五)石油天然气;(六)公路;(七)铁路、城市轨道交通;(八)民航;(九)水运(含港口河海工程);(十)电子、信息工程(含通信、广电、信息化);

(十一)冶金(含钢铁、有色);(十二)石化、化工、医药;(十三)核工业;(十四)机械(含智能制造);(十五)轻工、纺织;(十六)建材;(十七)建筑;(十八)市政公用工程;(十九)生态建设和环境工程;(二十)水文地质、工程测量、岩土工程;(二十一)其他(以实际专业为准)。

2.2 工程咨询服务范围

根据《工程咨询行业管理办法》规定,工程咨询服务包括规划咨询、项目咨询、评估咨询和全过程工程咨询等,具体内容详见表1。

表1　工程咨询服务范围

服务范围	业务类型
(1)规划咨询	总体规划、专项规划、区域规划及行业规划的编制
(2)项目咨询	项目投资机会研究、投融资策划、项目建议书(预可行性研究)、项目可行性研究报告、项目申请报告、资金申请报告的编制、政府和社会资本合作(PPP)项目咨询等
(3)评估咨询	各级政府及有关部门委托的对规划、项目建议书、可行性研究报告、项目申请报告、资金申请报告、PPP项目实施方案、初步设计的评估,规划和项目中期评价与后评价、项目概预决算审查及其他履行投资管理职能所需的专业技术服务
(4)全过程工程咨询	采用多种服务方式组合,为项目决策、实施和运营持续提供局部或整体解决方案以及管理服务

需要说明的是,随着投融资体制改革不断深入以及经济、市场、技术等环境不断变化,市场中工程咨询服务的范围及内容也会与之适应不断调整。

2.3 咨询实施模式

受投资及建设行政管理体制影响,我国工程咨询服务的委托承揽及组织实施模式处于不断演化的过程中,目前大致分为两种类型:

一是单项服务模式,即由委托方根据投资项目进度,将上述服务范围中的具体某项工作内容,委托特定工程咨询单位组织实施。

二是集成服务模式,即委托方将上述服务范围中多项工作内容打包集成后,整体委托特定工程咨询单位实施一体化服务。实践中,集成化服务模式按照纵向时间维度、横向专业维度可能存在多种组合形式。

近年来,为减少工程咨询服务碎片化带来的各种弊端,满足市场对综合性咨询服务需求,国家积极鼓励开展跨阶段咨询服务组合或同一阶段内不同类型咨询服务组合，倡导推行多种形式的全过程工程咨询服务模式，主要包括在投资决策过程中涵盖可行性研究及各类专业论证与专项评估等在内的投资决策综合性咨询，以及在工程建设实施过程中涵盖招标代理、勘察、设计、监理、造价、项目管理等多项专业咨询服务的工程建设全过程咨询服务。

表2　工程咨询服务模式对比

类 型	单项服务模式	集成服务模式
服务内容	分项委托、特定专业、阶段性服务	多专业、跨阶段的集成化服务
服务主体	不同业务类型的专业性咨询单位	具备跨专业资源整合与统筹协调能力综合性咨询单位
服务周期	阶段性	可能跨越投资项目多个阶段
作业方式	少数成员，小团队协同	多专业团队协作，与委托方共同工作，前端驻场作业＋后台支持
关联性	专业相对聚焦，业务独立开展，与其他专业存在一定关联性	多专业目标统一、协同作业、全程协调配合

（二）工程咨询行业发展态势

1.行业发展历程

自改革开放以来，我国工程咨询行业经历了从无到有、从小到大、从弱到强的发展历程，按照整体趋势大致分为三个阶段。

创建起步阶段，从1980年至1990年，伴随着改革开放，我国项目投资与工程建设管理模式开启了与国际接轨的进程，可行性研究、评估咨询、工程监理等各类咨询业务市场初步形成，建设项目“先评估、后决策”机制开始确立，国家层面成立中国国际工程咨询公司，各省、自治区、直辖市、计划单列市相继成立了由计委归口管理的41家综合性工程咨询单位。期间，原国家计委和各地计委以委托评估为抓手的工作机制，推动了工程咨询行业快速发展。

逐步规范阶段，20世纪90年代开始，随着我国社会主义市场经济体制逐步建立，国家经济建设、社会发展增速明显加快，对外开放程度不断加大，政府各级层面加快构建与完善相关监管体制机制，引导工程咨询行业逐步走向规范化、市场化和国际化。

创新发展阶段，2013年至今是工程咨询行业发展最迅速、变革最显著的十年，主要表现为：一是行业规模持续扩大，随着宏观经济总量和固定资产投资规模不断攀升，各类工程咨询业务市场总量从2000年初45亿元增加到2022年的约6000亿元；二是服务范围不断延展，除了规划、项目、评估咨询外，PPP咨询、综合工程咨询、全过程工程咨询等新兴业务不断涌现，大大丰富和扩展了工程咨询服务范围和业务形态；三是信息技术广泛应用，大数据、5G、AI、BIM等新兴技术加快向咨询行业渗透应用，推动咨询单位和各类咨询业务向数字化、智能化发展，助力提升服务效率和品质；四是行业生态持续演进，随着一体化集成化咨询服务需求不断增长，加速催生行业内多领域、全链条、各阶段的各类型咨询服务有机协作、融合发展的新生态，有利于专业资源优化配置与综合实力快速提升；五是治理模式全面改革，全面推行市场化竞争，辅之以制度化体系化的执业监督、信用管理和行业自律等。

表3通过相关政策文件与关键性事件，进一步阐述我国工程咨询业的发展历程。

表3　我国工程咨询行业发展历程主要事件

年份	标志事件	主要意义
1983	国家计委颁布《建设项目可行性研究的试行管理办法》	某种程度标志工程咨询行业在国内正式启航
1984	国务院转批国家计委《关于工程设计改革的几点意见的通知》	进一步明确“工程咨询”概念，其工作内容定位为“工程建设前期工作的经济技术咨询、可行性研究、项目评估”
1992	中国工程咨询协会成立	行业由政府单一管理过渡到政府依法指导与行业协会自律管理相结合的新阶段
1994	国家颁布《工程咨询业管理暂行办法》	对我国工程咨询行业实施统一规范管理的首个制度文件
1996	我国加入国际咨询工程师联合会(FIDIC)	我国工程咨询业正式与国际接轨
2001	我国加入WTO	我国进入迎接国际竞争的新时代
2002	人事部、国家计委决定进行注册咨询工程师(投资)执业资格认定工作	对咨询工程师开展执业资格管理，提高从业人员专业化能力
2005	国家发改委颁布实施《工程咨询单位资格认定办法》	首次将工程咨询单位资质认定纳入行政许可范围，进一步规范工程咨询行业的发展
2008	国务院正式首次明确国家发改委是中国工程咨询业归口管理部门	有助于指导工程咨询行业良性健康发展
2010	国际咨询工程师联合会和中国工程咨询协会启动FIDIC工程师培训和认证试点工作	加速我国工程咨询行业的国际化进程

续表

年份	标志事件	主要意义
2012	工程咨询行业列入《服务业发展"十二五"规划》	工程咨询行业进入国家鼓励类产业目录
2016	工程咨询行业列入《中华人民共和国国民经济和社会发展第十三个五年规划纲要》	
2016	中国工程咨询协会出台《工程咨询业2016—2020年发展规划》	提出工程咨询行业发展总体要求、具体内容和政策措施建议
2017	《国务院办公厅关于促进建筑业持续健康发展的意见》(国办发〔2017〕19号)	明确"全过程工程咨询"这一理念
2017	《住房城乡建设部关于开展全过程工程咨询试点工作的通知》(建市〔2017〕101号)	选择8省市和40家企业开展为期两年的全过程工程咨询试点工作。
2017	国家发展改革委颁布《工程咨询行业管理办法》(国家发展改革委2017年第9号令)	取消行政许可,通过市场化竞争,促进工程咨询行业的发展
2019	国家发展改革委和住房城乡建设部联合发布《关于推进全过程工程咨询服务发展的指导意见》(发改投资规〔2019〕515号)	鼓励咨询工程师(投资)作为综合性咨询项目负责人,明确提出全过程咨询推动完善工程建设组织模式的要求

2.行业发展环境

2.1 政策环境

经过几十年发展,我国已经建立起较为健全完善的政策制度体系,从不同方面对工程咨询行业发展进行规制和指引,主要包括:

投融资体制改革方面,如2016年《中共中央 国务院关于深化投融资体制改革的意见》(中发〔2016〕18号)提出建立完善企业自主决策、融资渠道畅通、职能转变到位、政府行为规范,宏观调控有效、法治保障健全的新型投融资体制;2020年中共中央、国务院印发《关于新时代加快完善社会主义市场经济体制的意见》,对新时代深化投融资体制改革提出了新的要求。

分类投资项目管理方面,如国务院颁布《政府投资条例》《企业投资项目核准和备案管理条例》,国家发展改革委发布《中央预算内直接投资项目管理办法》《中央预算内投资补助和贴息项目管理办法》等,针对各类投资项目组织实施和监管提出要求。

工程咨询从业主体管理方面,如国家发展改革委发布的《咨询工程师(投资)管理办法》《工程咨询行业管理办法》《工程咨询单位资信评价标准》等,对工程咨询单位从行政许可模式全面转为政府监管、行业自律、企业自主的管理模式。

工程咨询业务管理方面，如国家发展改革委《国家发展改革委投资咨询评估管理办法》《固定资产投资项目节能审查办法》、国家发展改革委联合住房城乡建设部印发《关于推进全过程工程咨询服务发展的指导意见》等，针对特定领域、范围或内容的工程咨询业务提出管理要求。

2.2 市场环境

工程咨询市场国内发展环境相对比较成熟，呈现多层次多维度的需求特征，市场化程度较高、竞争较为充分，主要特征表现如下：

业务来源方面，近年来呈现需求差异化和下沉化的趋势，一方面投资主体多元化和分类投资管理体制背景下，工程咨询服务面临服务对象更加多样、提出的服务需求更为丰富；另一方面随着审批权限改革下放，地方政府和单位对工程咨询业务需求呈现增长态势。

采购交易方面，工程咨询服务市场化程度较高，在应遵守政府投资条例、招标投标法、政府采购法等相关法规和组织内部管控要求的前提下，不同类型投资项目、不同性质的委托方在确定采购方式和选择标准时有较大自主性，实践做法差异较大。

服务价格方面，国家对工程咨询服务的政府指导价管理已全面放开，实行市场自由竞争定价，由于工程咨询业务作为智力密集型服务具有生产难监控、投入难计量、成果非实体、质量难验证等特征，供需双方在缺少了解和互信的背景下很难就服务价格达成共识，实践中大量政府部门及国有企事业单位仍习惯于参考原国家计委早在1999年发布的《关于印发建设项目前期工作咨询收费暂定规定的通知》进行定价。

海外市场方面，工程咨询行业境外市场环境更为复杂。我国工程咨询单位海外市场主要集中在“一带一路”共建国家和地区，采纳中国标准、技术和方案的项目比例逐年上升，但是总体占比不高。部分“一带一路”共建国家和地区政治、经济局势不稳定，不利于项目推进和运营，甚至取消项目，这就为海外项目投资及其咨询服务带来挑战。

2.3 行业管理

工程咨询行业管理主要包括政府监管和行业自律两个方面。

2.3.1 政府监管

按照《工程咨询行业管理办法》及相关规定，由政府各级发展改革部门对咨询单位、从业人员及行业组织进行管理和监督，具体监管工作内容包括咨询单位备案管理、专业人员评价与执业登记管理、咨询单位监督检查等。

2.3.2 行业自律

工程咨询行业自律组织由国家和地方两级行业协会构成。中国工程咨询协会（以下简称中咨协会）实施全国范围内行业成员的自律管理，倡导和推动全行业持续发展和能力建设，为会员提供相关服务，指导地方协会开展工作，并配合国家发展改革委开展相关工作；地方行业协会在中咨协会指导下，开展本地区从业单位的自律管理和相关会员服务，并配合本级政府发展改革部门开展行业治理相关工作。

目前，中咨协会已面向会员和全行业积极推行自律管理措施，包括：工程咨询单位告知性备案管理的日常审核及公示，工程咨询单位甲级资信评价，咨询工程师（投资）执业登记和继续教育，制定出台行业自律公约、标准规范、管理办法等，组织建立和完善行业统计调查制度等。

（三）工程咨询行业面临问题

我国工程咨询行业更多受国家投资建设管理体制演进影响，具有较强的政策制度引导性和政府需求响应性。伴随内外部环境发生快速和深刻变化，我国工程咨询行业发展在需求引导、实际供给、市场竞争、行业管理、技术驱动等方面仍存在一定劣势和不足，并暴露出一些制约行业高质量发展的现实问题。

1.工程咨询需求格局发生变化

1.1 工程咨询功能价值弱化

工程咨询服务旨在帮助投资者和政府部门对投资项目科学决策和有效管理，目前程序化低端化传统服务需求仍然占比较高，工程咨询专业化独立性智力支持的重要价值没有得到充分重视和切实发挥，除了缺乏配套标准规范和市场有效监管等显见因素外，更深层次的症结在于投资决策管理相关责任约束机制的缺失。

一是投资建设权责体系不完备，造成对工程咨询价值理解错位。围绕投资建设项目全生命期管理活动的权责体系尚未全面有效建立,“重审批轻决策、重实施轻结果”的倾向仍普遍存在,对工程咨询服务的功能价值缺乏应有重视。

二是投资决策管理相关责任约束机制缺失,造成工程咨询价值缺位。部分地方和部门出于各种原因降低对前期工作的专业重视程度和成果质量标准,简化放宽决策审批要求的情况非常普遍,由此引发投资项目建设运营效果不佳、公众利益受损、政府隐性债务增加等一系列风险。

1.2 工程咨询传统业务需求疲软

围绕投资项目开展的前期可行性研究及决策环节评估评审等传统工程咨询业务,长期作为工程咨询行业最主要的业务形态,但近年受以下因素影响该类传统业务需求已面临天花板效应。

一是全社会投资规模增速放缓。随着我国经济发展从高速增长阶段进入高质量发展新阶段,全社会新增固定资产投资总量和其中政府主导投资建设规模的增速有所放缓,作为围绕各类投资建设活动开展的先导性业务,整个工程咨询服务市场有所降温。

二是工程咨询法律地位有所弱化。在国家层面,《政府投资条例》《企业投资项目核准和备案管理条例》等相关法规中对委托开展工程咨询服务内容和事项要求相对淡化,投资建设主体与决策机关在项目策划与决策审批阶段委托工程咨询单位开展服务不再是必选项。在地方层面,企业投资项目承诺制、政府投资项目整合压缩审批环节等部分地方投资管理创新实践和差异化制度要求,也对传统工程咨询服务形态及潜在市场容量带来一定冲击。

1.3 工程咨询差异需求多元繁杂

工程咨询行业面对的市场需求更加复杂多变,呈现业务场景各异、投资主体/服务对象多元、业务种类繁杂、组合形态多样和价值需求分层等特征。

一是咨询服务深度和广度亟须拓展。当前我国投资建设领域的关注重点已从增量向存量转移,工程咨询服务需针对性创造性地提出更适应需求且更具价值的服务,如在投资项目策划阶段通过挖掘商业机会、设计融资模式和利益分享机制、规划避险预案等,帮助客户实现有效化债、盘活存量资产等目标。

二是咨询服务缺乏统筹协调和整合优化。长期以来,由于政府部门按职能分割对投资项目决策和建设监管的管理体制,直接造成了工程咨询服务市场分段分专业严重割裂的“碎片化”格局，需加快推进投资决策综合性咨询、全过程工程咨询等新兴的集成化一体化模式。

2.工程咨询供给结构出现失衡

2.1 工程咨询服务供求失衡

与需求演变态势相比，工程咨询行业提供服务产品和从业主体结构存在明显错位和失衡。

一方面传统咨询业务产能供大于求。取消工程咨询资质后从业单位和人员数量呈现持续快速增长态势，同质化特征显著，在需求本就增长乏力的市场环境下，各行业传统咨询业务产能均呈现不同程度过剩的局面。

另一方面新兴咨询业务能力供给相对不足。深入把握市场脉搏和技术发展趋势、应用先进工具和方法、对接上下游配套资源、运用创新投融资工具等高价值新兴咨询服务需求的有效供给还相对不足。

2.2 工程咨询服务模式固化

工程咨询业务呈现明显“碎片化”特征，组织模式主要以阶段化分割、专业化独立开展为主，出现各专业咨询服务内容重复交叉、技术标准与合同体系各异、责任边界不清等诸多问题，造成目标冲突、信息孤岛、缺少统一计划和集中控制系统等弊端，不利于投资主体统筹协调和系统优化投资项目管理工作。国家大力倡导和积极推动全过程工程咨询服务模式，但工程咨询行业为适应这种服务模式变革还需要克服一些实际困难，主要包括：

一是行业集中度明显偏低。总体呈现“小、散、弱、乱”结构特征，低价竞争、低端经营问题普遍。

二是企业差异化制约并购重组。工程咨询行业内不同企业性质和股权结构差异较大，实施兼并重组在实践中仍存在一定困难。

三是传统分业经营特征形成惯性。长期以来分散化、碎片式业务委托模式下，工程咨询单位形成鲜明的分业经营特征，惯以按照专业服务类型构建职能式组织架构，更多强调业务条线的垂直管控，难以适应全过程工程咨询模式下的整合协同要求。

四是研发创新动力不强。受专业能力、经营压力和技术惯性等因素影响，咨询单位主动开展咨询理论方法研究和咨询技术创新的动力不足，行业内引进新方法、新技术、新工具的探索和成果非常有限。

五是人才建设面临窘境。受竞争加剧引发待遇水平低迷、社会认可度低影响职业荣誉感等因素影响，行业吸引力持续减弱。具备统筹协调能力、政治素养过硬、国际视野宽广的战略性咨询人才，以及特定专业领域的领军人才匮乏。

3.工程咨询行业亟待强化自律

3.1 标准体系建设相对滞后

我国工程咨询行业标准建设相对滞后，标准化体系尚未搭建成型，关系行业整体运行、开展业务实践、规范经营活动、数字化转型的基础性标准规范以及权威的工作依据和行为准则还不完备，距离行业和市场需求仍有很大缺口。

3.2 信用体系建设亟须完善

工程咨询行业已推行咨询单位资信评价和咨询师执业监管等信用管理工作，但行业信用体系建设还存在一定问题，对市场供需有效对接、资源优化配置、改善营商环境、助力精准监管等方面的支撑作用需要进一步强化。

3.3 自律服务能力有待提升

一是行业自律约束尚未普及。截至2022年底，全国投资项目在线审批监管平台备案工程咨询单位已达33079家，但实际加入国家和地方工程咨询协会，主动接受自律约束管理的单位数量有限。

二是交流培训工作仍需加强。各级协会对整合行业资源共同策划实施面向重要课题的联合攻关和协同创新能力还不强；针对咨询师开展继续教育培训的形式相对单一，内容有待丰富和及时更新以期与市场和技术发展相匹配。

三是相关保障性服务供给不足。行业组织在加强行业自律管理、保护从业人员合法权益、建立协调解决纠纷机制等行业服务能力建设方面还需加强。

3.4 咨询服务质量检验困难

工程咨询属智力密集型服务，形成和交付知识成果的质量和实现价值相较一般产品和服务更难验证和评价，成果质量反馈机制尚未形成，对前期决策以及相关咨询服务的工作开展情况及质量表现缺乏全面分析和系统评价。

3.5 执业监督方式有待改进

《工程咨询行业管理办法》(国家发展改革委2017年第9号令)明确规定发展改革部门与行业协会分别牵头对咨询单位和咨询工程师开展执业监督检查，但实践中受专业力量匮乏和方法手段落后等影响，执业监督检查工作存在缺位和缺陷，对不良主体和劣质服务未形成有效约束和有力震慑，放大了市场机制不足给行业高质量发展带来的负面作用。

在咨询单位执业监督检查方面。当前在全国投资项目在线审批监管平台备案咨询单位数量众多，各级发展改革部门对咨询单位的监督检查缺乏统一标准，对备案信息真实性、有效性无法在线比对核实与动态跟踪查验。对各咨询单位的实际资源配备、专业化管理和咨询成果质量等影响服务品质的重点内容仍缺乏有效的监督能力和手段。

在咨询工程师（投资）执业监督检查方面。现有制度中对咨询工程师（投资）执业检查内容有限，未包括从业记录、项目经验和成果质量等可证明其执业水平和专业能力的全面信息，无法识别有资格但未执业或无能力的仅用于资格备案与资信评价的“隐形（挂靠）”咨询工程师。

3.6 扶持保障政策相对缺位

目前，我国对工程咨询行业健康发展的保障扶持力度非常有限，行业整体经营水平和综合竞争力表现平平，持续发展潜力未得到充分调动，在有效需求创造、高端人才引进与培养、技术研发及创新实践、数字化转型、国际化拓展等方面亟须强化公共资源保障力度和制定优惠扶持政策。

4.工程咨询行业亟待数字化转型

4.1 缺少顶层规划和标准指引

宏观需求不强。《关于推进全过程工程咨询服务发展的指导意见》（发改投资规〔2019〕515号）等文件中指出了工程咨询行业数字化转型方向，但尚未形成针对工程咨询行业数字化发展的顶层规划和具体指导意见，行业内数字化转型发展还处于自发状态。

基础性标准规范不足。数字化建设标准方面，无标准可依导致工程项目数字化投入及应用参差不齐。技术标准方面，相对规范统一的行业性数字技术标准尚未形成。数据标准方面，行业性数据资产目录清单及管理体系方面基本处于“空白”，数据交互共享和数字化交付的基础性障碍突出。

4.2 市场侧转型动力有待激发

缺少成熟商业模式和成功案例，各类咨询单位数字化投入所能获得的收益相对有限，投入产出偏低、成本型投入为主的定位，导致企业积极性不足。小企业受制于生存压力，大部分既没有数字化转型意识，更没有支撑转型的成本和能力。受限于工程咨询行业的市场规模,数字化头部企业对该行业的关注度和进入意愿不足。

4.3 政府监管推动转型力量不足

于政府主管部门的审批监管方式尚未转变,项目报批报建仍以纸质报告材料为主要依据,“非官方”必备的角色定位是造成数字化交付推动不力的问题根源,导致工程数字化交付目的定位不清、成果流于形式。

(四)工程咨询行业高质量发展对策建议

从工程咨询服务需求和供给两端协同发力,既要深化改革投资建设管理体制,提升工程咨询服务价值功能,又要加强工程咨询行业制度标准、职业能力和信用体系建设,通过科技创新和数字化路径,优化工程咨询服务供给结构,提升工程咨询服务能力水平,以高质量工程咨询服务支持工程投资建设和经济社会高质量发展。

1.深化改革完善投资建设管理体制

1.1 强化投资咨询的价值功能定位

坚持项目投资先评估后决策原则。完善投资建设管理制度体系,进一步改革完善项目投资建设管理体制,强化工程咨询和评估服务对投资决策的重要价值功能定位和制度约束作用。强化项目投资评估咨询结论的价值指导和约束作用。以评估咨询的独立性、公正性、公益性和专业性的价值功能定位,保障投资决策的科学性、效益性、可行性和可靠性。

国有和其他企业使用非政府预算资金的项目投资决策,应按照“谁投资、谁决策、谁承担风险”的原则,依法落实企业投资主体地位。鼓励企业投资主体委托第三方咨询单位对涉及环境、土地、城市规划、交通、产业政策、市场机会等投资建设方案的科学性、可行性,进行系统咨询研究论证和独立综合评估,确保投资项目更好适应市场需求、提高经济效益、履行社会责任和有效防控风险。

前期投资决策咨询与后期工程设计、工程管理咨询应当分步独立委托。避免“运动员”与“裁判员”角色混合产生利益冲突风险,保证投资决策咨询独立公正和专业科学的价值功能,科学规范实现投资建设目标。

坚持完善投资建设项目后评价体系。项目投资决策人和项目审批核准机构通过组织项目实施后评价，总结和改进提高投资决策、审批和建设管理水平，并激励约束相关区域和部门改进完善后续投资决策、建设管理、管控风险，以及选择配置优质工程咨询单位。行业组织按照投资项目分类制定组织实施后评价工作指引和评价标准，创新评价信息技术方式，提高评价工作效能。

1.2 规范选配投资建设工程咨询单位

鼓励集中组织公平竞争选择匹配工程咨询单位。

国家和省级投资综合主管部门试行重大投资项目跨区域、跨行业、跨层级组织年度集中竞争评选入围“工程咨询单位短名单”，并实行动态考核与开放更新维护。

规范招标竞争方式有效管控工程造价、质量、进度目标。严格防范国有投融资项目规避和虚假招标。项目前期如果仅仅采用谈判和磋商方式选择了项目国有投资人以及投融资协议方案，则后续工程项目建设仍然应当坚持采用招标方式竞争选择工程设计施工承包商及其优化组织实施方案。

1.3 建立工程咨询数字化服务体系

加快数字化融合贯通全过程工程咨询服务体系。推进全过程工程咨询产业数字化融合贯通，探索构建跨组织、跨专业、跨阶段的资源整合、信息共享、组织协同、利益共赢和目标统一的全过程工程咨询数字化服务生态机制。鼓励行业组织和大型工程咨询企业积极探索建设工程咨询产业市场化、数字化、平台化服务模式，推进全过程工程咨询服务数字化、系统化、协同化和集约化高质量发展。

制定全过程工程咨询服务标准体系。投资建设项目和工程咨询全过程数据信息实现标准化、结构化并跨行业、跨项目和跨阶段互联贯通、协同共享、跟踪检测、研究比较、精准甄别、考核监管，优化工程投资建设项目实施质量和能效水平。

1.4 构建完善项目投资建设责任体系

清晰界定工程投资建设管理与咨询服务各方主体权利责任约束，强化责任主体激励、制度监督和考核问责，改变投资建设普遍存在“有权利轻责任、重审批轻决策、重程序轻结果”的现象，为工程咨询行业营造独立公正、专业高效和职权匹配的价值服务环境。

构建完善责权匹配的约束机制。全面梳理项目投资建设全生命周期各阶段主体职责分工、系统衔接、闭合管理的投资建设与工程咨询的权利责任约束机制，全面规划制定完善工程投资决策、设计施工建设、运营验收等三阶段工程咨询服务主体的职权管理制度和标准体系；细化制定工程咨询服务与监管程序规范、各环节咨询服务内容与方式规程、项目审批核准程序指引，全面建立工程咨询成果绩效的责任激励约束机制。

构建投资建设数字化监管平台。延伸扩展全国投资在线审批平台的投资建设监管功能，依托行业组织和企业力量建设运营工程咨询产业数字化服务平台。以此两类平台为基础，构建投资建设与工程咨询全过程的数据共享服务与监管网络，创建投资建设的网络化数字化监管模式和工程咨询全过程数字化服务模式。

依法规范监管与惩戒。加强监督检查和考核评价，对失误失职和违法失信行为的相关责任主体依法严格追溯惩戒。对存在问题的工程咨询单位，可以强化执业监督检查，将相关执业失信行为记录和惩戒措施纳入公共信用平台并公开信用风险提示；对相关责任人的失信行为，可以纳入个人职业信用记录。

2.强化市场激励与行业自律

2.1 完善工程咨询行业管理制度

为了适应投资建设市场复杂变化环境，根据高质量发展新格局要求和投资建设管理体制改革方向指引，进一步改革完善投资建设管理体制机制和建设完善工程咨询行业自律管理体系，全面提升工程咨询价值服务水平和政策扶持，有效推进工程咨询行业高质量发展。

2.1.1 优化完善工程咨询服务管理制度

构建开放竞争和公平规范的工程咨询服务市场交易环境，防止行政不当干预和不合理的排斥歧视限制；制定适应工程咨询服务特征、实现“公平竞争和优胜劣汰”的市场采购交易管理规则；建立完善工程咨询单位申报登记、备案核验、信用自律规则、职业责任保险、行业数据统计分析、监督检查和激励惩戒机制。

2.1.2 落实工程咨询服务优惠扶持政策

行业主管部门协调相关部门，联合推动出台促进工程咨询服务行业健康发展的相关优惠政策。鼓励政府、国有企业投资项目和国家对外援助项目，扩大购买工程咨询服务范围和规模;促进中小型工程咨询单位发展的金融财税政策;甲级资信工程咨询单位享受高新技术企业税收优惠政策;特大型城市工程咨询优秀人才落户政策;完善知识产权成果保护机制;投资主体和行政管理部门对工程咨询单位科技研发投入、数字化转型和拓展国际服务等实行专项补贴等。

2.2 建立工程咨询标准体系

加快系统规划、制定完善和分步部署实施工程咨询服务、技术、数据分类标准以及数字化模块、工具的专业化标准体系。通过标准化和数字化路径,整合工程咨询全过程服务体系,改变工程咨询碎片化分割状况。

2.2.1 规划构建工程咨询标准体系

统一规划工程咨询行业标准体系总体框架、分类分层标准结构、标准适用场景条件。按"先制定试行团体标准、后制定实施国家标准,先单项基础标准,后通用综合标准"的原则,规划制定全过程工程咨询服务方法与程序、报告结构与要素指标等业务标准结构体系,以及工程项目咨询数字化智能模块、工具产品、数据结构、项目编码等数字化标准体系。

2.2.2 加强工程咨询标准实施监督

行业主管部门和行业组织建立标准实施监督和评估机制,将标准化实施纳入各类投资建设实施和工程咨询服务主体的考核评价监督与激励惩戒的要素指标,监督和推进实施工程咨询标准化体系。

2.3 完善工程咨询服务结构

2.3.1 提升工程咨询产品供给

工程咨询行业迫切需要打造高效协同贯通服务和跨界融合发展的产业服务生态,加快系统规划和调整优化服务产品供给,适应投资建设市场多元化需求格局。一是建立健全政府和企业投资项目决策综合咨询服务体系;二是全面推进全过程工程咨询,保障投资建设的系统性、协同性、可靠性和规范性;三是积极拓展跨界集成咨询服务。

2.3.2 优化工程咨询市场供给

鼓励各类工程咨询单位结合自身基础和发展优势,找准市场差异化竞争定位和发展赛道,优化工程咨询服务供给格局。鼓励大型工程咨询单位提升投资建设项目全生命周期工程咨询系统服务能力。支持中小型工程咨询单位立足专业特长,做专做精,形成业态优势互补。建立投资项目综合性和全过程工程咨询服务生态系统。

推进工程咨询服务品牌化建设。通过建立跨行业跨区域的工程咨询市场化需求机制,促进形成工程咨询市场化供应服务体系。建设完善工程咨询单位市场化服务品牌培育、科学考察、评估认证、奖励惩戒、动态进退,梯次提升市场化品牌效应和激励循环机制。

2.3.3 创新工程咨询技术理论

结合国家重大工程和科技研究项目,积极引导和激励全行业创新研究与实践应用工程咨询理论、技术标准和方法。鼓励和支持行业组织、工程咨询单位、科研院校和市场研究力量,多层次、多途径协同建立工程咨询理论与技术标准体系研究与实践的合作机制。

2.3.4 培养工程咨询专业人才

引导工程咨询行业牢固树立"人才第一资源"理念,培养工程咨询职业归属感和荣誉感。系统规划建立和完善工程咨询专业技术及其网络数字技术等知识能力体系。制定分类分级职业资格考试、登记从业、继续教育、技能竞赛、能力评价考核等职业能力培养与评价制度。加快培育工程咨询行业与数字化融合的复合型人才,为工程咨询行业数字化持续健康发展奠定扎实基础。

2.4 规范工程咨询市场环境

2.4.1 促进市场公平竞争

建立完善统一开放和公平竞争的工程咨询市场,打破区域、行业和所有制壁垒,鼓励国有、民营、外资等各类工程咨询单位平等参与市场竞争,禁止歧视民营企业和中小微企业,禁止排斥外地区、外系统企业参与竞争并承担工程咨询服务。

2.4.2 规范采购交易行为

政府部门和行业组织制定发布和部署实施分类统一的工程咨询全过程服务采购交易与评价选择规则和行为规范,引导规范工程咨询服务采购交易行为。

改变工程咨询服务采购以价格因素为主的评价标准,遏制低价恶性竞争造成服务质量下降的问题。采用符合智力服务特征的采购评价选择标准,弱化服务费用价格因素,引导和激励工程咨询市场正向良性竞争,促进提高工程咨询服务专业质量和水平。

2.5 提升行业管理服务水平

2.5.1 加快建设行业信用体系

政府投资建设主管部门和行业组织应基于工程咨询产业数字化服务平台，协同共建共享工程咨询市场信用信息平台。逐步建设和完善系统全面、分类统一、客观准确和实时共享的工程咨询市场公共信用信息共享体系，规范引导市场主体自主采信和自律评价交易对象信用，自担信用评价风险。

加快构建工程咨询行业信用自律和市场新型信用监管机制。坚持行政监督、社会监督和行业自律相结合，依法建立守信激励和失信惩戒机制。推行分级分类信用监管策略，提升监管精准性和有效性，依法谨慎公布市场主体失信“黑名单”。

2.5.2 促进行业协同共赢发展

建立工程咨询行业组织与工程勘察设计、招标、造价、监理等相关行业组织之间的协同共赢发展机制。依托网络化数字化基本路径，建立信息共享、制度衔接、业务交流、信用自律等协商衔接与协同合作机制，共同推动投资建设全过程工程咨询服务体系高质量发展。

2.5.3 建立行业调解争议机制

建立自律调解争议组织，接受当事人自愿委托，组织行业专家按照规范程序和客观事实，调解投资建设与工程咨询的纠纷争议，做专业论证鉴定并出具调解方案。为调解市场主体纠纷争议，降低市场交易冲突争议矛盾和救济解决成本，提供多元救济机制。

2.5.4 加强咨询服务基础保障

组建工程咨询专家资源共享库。行业组织依托工程咨询产业服务平台网络，互联共建共享咨询专家资源库，协助政府和行业组织制定政策，为行业监管、项目咨询评估论证提供专业服务支持，为工程咨询单位的转型升级、技术创新、风险防范应对等提供服务。

推动职业责任保险服务。行业组织联合金融保险机构结合工程咨询评估、设计、监理等咨询服务特点，研究开发适应工程咨询服务机构和从业人员的职业责任保险产品。

加强行业统计分析。全面建立完善投资建设和工程咨询行业统计制度，制定工程咨询行业统计基本要素指标体系、数据规范、数据采集规则和统计分析方法，提高统计分析数据的准确性、连续性、系统性和规范性。明确工程咨询主体填报数据信息的基本职责义务，并纳入市场主体信用评价考核、行业服务和执业监督检查范围。

2.6 完善行业自律监督体系

2.6.1 建设行业自律规范监督网络

行业组织设立行业诚信自律规范监督信息网络平台和窗口，配合政府调查核实投诉举报案件，收集和分析相关证据线索与数据信息，调查核实咨询服务机构或专业人员存在违法违规不正当竞争行为，或违反行业自律公约和职业道德规范的行为，按照行业自律公约和规范，行业惩戒处理并在行业信用信息平台记录和依法公开。

2.6.2 完善咨询单位信息归集

行业组织基于行业信用服务和行业自律监督平台网络窗口与数据库通道，互联交互全国投资在线审批监管平台、工程咨询产业数字化服务平台等数据信息，实现投资建设全过程各类工程咨询服务机构基本资格、业绩信用信息互联归集共享和智能核查比对分析。对存在弄虚作假、故意隐瞒和拖延漏报等失信行为，按照相应规则惩戒并记录失信行为。

2.6.3 提高行业自律监督效力

建立和完善工程咨询行业自律监督和市场行政监督相互结合体系。加快推进行业信用评价工作，建立工程咨询职业行为有效鉴定、追溯、智能检测分析以及风险预防预警机制。同时，建立工程咨询服务信用事中事后规范监督检查，以及行业服务行为信用关联惩戒机制，有效提高工程咨询行业信用激励惩戒监督约束效力并扩大监督效能范围。

3.探索工程咨询数字化转型路径

3.1 工程咨询行业数字化转型目标

贯通投资建设全生命周期一体化共治共享管理，实现工程咨询全过程服务产业化、平台化、工具模块化和智能化。全面构建工程咨询行业数字化服务新生态，提升工程咨询服务客观公正、专业科学、系统高效的价值功能和服务体验，提高投资决策和工程建设管控的科学性、可行性、可靠性、精准性和系统性。

3.2 加快投资建设管理体系数字化顶层设计

工程咨询行业数字化转型实施路径亟须投资建设管理体系数字化的顶层系统制度设计指引。国家投资综合主管部门统筹相关行业部门加快研究制定投资建设管理体系数字化转型的战略定位和实施目标路径规划,并纳入国家促进数字经济发展和创新改革投资建设管理体系的重大政策规划。

3.3 投资建设项目数字化应用纳入监管体系

加快启动部署投资项目可研报告数字化转型,引领全过程工程咨询数字化转型发展。研究制定可研报告大纲数字化分步实施方案,研究提出具体试行方案。

积极推进投资建设项目全过程各环节分步实施数字化交付。将数字化服务成果纳入项目审批、考核、后评价和监管。激励投资建设主体和工程咨询单位积极研发和推广应用数字化服务平台、模型、工具、数据技术规范以及运营环境系统,促进建立工程咨询服务、数字和技术标准体系,为工程咨询行业数字化转型升级以及智能化发展奠定可靠的基础底座。

3.4 构建数字化标准贯通工程咨询全过程链条

建立分类统一的工程咨询全过程各环节数字化交付成果标准体系。投资综合主管部门协同行业部门和行业组织统筹部署研究规划投资建设全过程管理和咨询服务,满足跨行业、跨区域、跨阶段共享应用同类数字化咨询服务成果的结构格式与要素指标的标准体系。

3.5 共建工程咨询行业数字化服务生态

工程咨询行业数字化转型需要政府、行业、企业分工协同,共建数字化生态网络。整体生态顶层架构可以由"一个公共服务平台+N个行业中台+X个数据工具模型市场服务平台"构成。

工程咨询产业公共服务平台。定位于投资建设全过程管理和工程咨询产业数字化公共服务平台。政府主导、行业组织或者联合大型企业协同建设运营。通过创新应用大数据与人工智能技术,拓展公共服务与监管平台数字化功能,实现网络化、数字化、智能化立体协同与精准闭环服务与监管。

工程咨询行业数字化服务生态网络

N个工程咨询行业服务中台。按照工程咨询分专业需求服务的差异,以行业组织或者头部大型企业为主研发建设运营,提供具有行业积累数据资源,满足行业共性需求,解决行业共性问题,包括贯通连接行业全过程咨询服务标准、数据规范、接口标准、模型标准,支持前台工具定制专业化个性服务产品。同时行业中台在市场服务中,可以分行业沉淀积累工程技术标准、数据分类仓库、基础工具仓库、模型分类仓库、区块可信联盟等。

X个数字化咨询模型工具产业服务平台。头部和大型工程咨询企业、市场第三方企业或者联合互联网企业建设运营产业服务平台,为各类没有科技投资和研发能力的工程咨询单位提供工程咨询数字化服务应用产品。激发企业转化输出和共享数字科技成果的动力,又可以解决小型企业科技投资能力不足短板,以及引导其积极共享数字化转型成果和实践路径。全行业协同推进和激励工程咨询服务的数字化转型发展。

3.6 加强工程咨询数字化创新成果交流共享

投资建设主管部门和行业组织加强典型示范项目与经验做法的研讨交流和宣传推广,积极营造主动响应创新应用数字科技的良好氛围。

经典项目篇

2023 年，是习近平总书记提出"一带一路"倡议十周年。这十年来，工程咨询单位跋山涉水，远涉重洋，在"一带一路"共建国谋划和实施了一大批经典项目，报告对一些有代表性的项目作了介绍，展示中国工程咨询一流的国际服务能力，是工程咨询行业高质量推进"一带一路"的缩影。报告选入 2023 年菲迪克部分获奖项目介绍。自 2003 年以来，经中国工程咨询协会推荐的项目，获奖数量连续十年保持第一，体现了国际工程咨询界对我国工程咨询实力的高度认可。

“一带一路”十周年典型项目案例选①

中国高铁全方位整体走出去“第一单”——雅万高铁

印度尼西亚当地时间2023年6月22日，一列动车组列车行驶在雅万高铁线路上，雅万高铁联调联试正在进行，列车运行时速首次达到350公里，标志着雅万高铁已达到设计速度标准，实现了联调联试阶段性任务目标。

雅万高铁，连接印度尼西亚首都雅加达和第四大城市万隆，全长142公里，最高运营时速350公里，是中印尼两国共建“一带一路”的标志性项目，是中方“一带一路”倡议和印尼“海洋支点战略”的衔接项目。

无论对于印尼还是中国，雅万高铁的建设意义都非常重大。对于印尼来说，雅万高铁是印尼和东南亚第一条高速铁路，其建设不仅可以缩短两地通行时间，还可以带动沿线地区打造“雅万高铁经济带”。对于中国来说，雅万高铁是中国高铁首次全系统、全要素、全产业链，全方位整体“走出去”。

——全系统走出去。雅万高铁的路基、轨道、桥梁、隧道、接触网、通信信号、列车控制、动车组、客服等各个子系统全部采用中国标准。

——全要素走出去。雅万高铁从勘察设计、工程施工到运营管理、经营开发全过程全面采用中国方案建设。

——全产业链走出去。雅万高铁采用的工程机械、接触网、钢轨、动车组、

①经典项目篇文章均选自《中国工程咨询》2023年增刊(总第281期)。

通信信号、列车控制等装备全部由中国企业生产制造，覆盖高速铁路领域上中下游产业链。

作为雅万高铁的重要参与方，中国铁路设计集团有限公司（以下简称中国铁设）承担雅万高铁可研投标、基础设计、详细设计和施工配合等全过程勘察设计工作。从前期勘探选线、可研报告提交到工程建设，中国铁设团队成功克服了自然条件恶劣、时间紧张、任务繁重的挑战，与其他中方和印尼方企业紧密配合，用专业的精神和持续不断的创新，让中国高铁在国际舞台上确立了领先地位。

（一）准备：细致踏勘选线打下扎实基础

印度尼西亚是全球最大的群岛国家，由超过一万七千个岛屿组成。雅万高铁线路穿越印度洋板块、太平洋板块和欧亚板块的三大板块交汇区域，地质构造复杂，地壳活动频繁，地震和火山喷发较为常见。这样的地理条件给铁路设计带来了极大的挑战和困难。

中国铁设团队一方面同印尼国家地理局和当地知名高校的教授合作，尽可能收集当地地理地质图；另一方面，通过航拍等手段，收集大比例尺区域地质图和卫星影像资料，标记火山、断裂带、滑坡等重大不良地质，对相关地域的数据进行计算和分析。虽然这些先进的技术手段提供了部分地质资料，但并不能替代实地勘测，沿线众多疑点、难点需要用脚步去给出答案。团队人员冒着酷热和潮湿，几乎走遍了铁路预想线路的任何角落，进入人迹罕至的无人区，沿着密布的热带雨林，进行详细的现场地质调绘，分析区域沉降等不良地质成因及变化规律，让选线方案尽可能绕避这些火山、断裂、滑坡等不良地质。

3个月的时间，团队根据现场实际情况确定了技术方案，并结合印尼气候环境特点和复杂的地质条件深入开展工程技术方案比选、技术标准适应性、商业模式等专题研究，在项目商业模式、投融资模式等方面充分考虑印尼国情和印尼方需求，为雅万高铁量身制定了详尽的可行性研究报告

（二）胜出：中国高铁整体“走出去”的决定性战役

在这次中国高铁整体“走出去”的战役中，中国铁设负责制定雅万高铁建

设的技术方案,方案的合理性、经济性和科学性直接决定了在雅万高铁项目的竞标中,中国高铁是否能走进印尼甚至东南亚市场。来自不同国家的竞争者都积极争取雅万高铁的中标,2015年8月,围绕雅万高铁项目的国际竞争进入了白热化阶段,根据印尼政府的要求,参与竞标的各方需要提交最终的可行性研究报告,这次报告的提交会直接决定谁将成为雅万高铁项目的承建商。

2015年8月初,在中国国家铁路集团有限公司(以下简称国铁集团)的领导下,中国铁设联合各方面专家对可行性研究报告进行评审,大到技术标准,小到标点符号,逐字逐句进行推敲。8月7日,可研报告中文版定稿,之后便是繁琐而细致的英文翻译、校对。为了避免最后印刷环节出现纰漏,设计总体夏健守在印刷车间,把中文版英文版全部打印出来,对每一个字、每一句话、每一行、每一个表格、每一个图片精细校对,经过不眠不休的72个小时,在8月9日完成了高质量的中英文可行性研究报告。

最终,2015年10月6日,印尼总统佐科颁发总统令,宣布中方在投标中最终胜出。

按照印尼的法律,中标之后的开工建设,必须获得政府相关部门颁发的线路许可,获得线路许可的前提是提交基础设计报告。原本约定中方提交基础设计报告的时间是2016年1月下旬,但2016年1月11日下午6点许,团队突然接到项目业主公司的通知,基础设计报告的提交时间改到了第二天上午八点之前。团队在第一时间寻求国内的支持,3个小时之后,晚上9点,中国铁设迅速组织专题会议,任务传达到各个专业设计团队,分解工作内容,优化各专业之间的接口,缩短对接的流程。在精心组织和有条不紊地指挥下,中国铁设团队仅用一个晚上的时间,大概12个小时就完成了雅万高铁——共300多页文字,200多页图纸的基础设计全套文件。早上6点50分,项目人员把打印好的文件装车送到印尼交通部,创造了雅万高铁基础设计的12小时奇迹。2016年1月底,印尼交通部签发了雅万高铁全线线路许可,为项目开工仪式的合法性和后续详细设计报批打下了坚实的基础。

在雅万高铁项目竞标过程中,中国铁设面对来自不同国家的竞争者,沉着应对,积极争取,无论是在可行性研究报告的编制还是基础设计文件的紧急提交过程中,中国铁设团队均凭借出色的专业能力和高效的合作精神,彰显了“中国高铁国家队”在国际市场上的专业素养和执行力。这不仅是中国铁设的骄傲，也是“中国高铁”这张中国名片在世界市场上的一次成功亮相。

（三）开工：中国智慧量身定制印尼方案

2018年6月，雅万高铁全面开工建设，地下工程每掘进五米或十米，地层结构都会变化。虽然掘进期间，隧道里面粉尘大，能见度差，闷热潮湿，温度能达到四五十度，但是作为设计团队，中国铁设的设计师坚持常驻现场，时刻关注隧道开挖的每一个环节，根据开挖的实际情况，及时调整防护措施。雅万高铁所在的爪哇岛区域多地震和火山，而万隆则处在区域沉降段，沿线雨量极为丰沛，气候复杂多变，山川沟壑纵横，岩层地质复杂，雅万高铁线路几乎涵盖了火山、滑坡、活动断裂带等所有复杂地质，隧道、桥梁施工面临诸多危机和挑战，施工难度相当大。

结合印尼气候环境的特点，为满足抗震要求，在中国国内标准的基础上，设计团队通过大量现场实验，优化桥梁的箱梁设计，调整后每一孔箱梁的重量减少了大概100吨，地震力向下传导的力量变小，桥墩、承台尺寸也相应变小。

雅万高铁2号隧道是全线施工难度最大的一个隧道，隧道周边广泛分布着泥岩。泥岩在封闭环境下非常稳定和坚硬，一旦被开挖，和空气中的水分接触后，就会膨胀，一捏就碎。根据现场情况，设计团队针对2号隧道调整方案，采用了地表注浆来加固隧道主体，把隧道的侧面和顶部注入水泥砂浆，和松散的土体形成一个稳固的整体，成功减少了隧道在掘进过程中的变形。

印尼位于环太平洋火山地震带，地震多发，被称为“火山地震带”，地震多发。在地震等地质灾害中，隧道比桥梁和路基受损的可能性大，需要采取专门的防震措施，提升抗震等级。设计团队通过调整隧道里面钢筋的排列密度，让密实的钢筋和混凝土形成整体，有效抵抗地震冲击力的破坏。

钢筋使用量的增加并没有带来成本的增加。针对钢筋标准问题，设计团队对印尼各大钢厂进行走访调查，收集技术参数，会同国内其他单位开展大量对比测试，最终实现钢筋生产本地化。

2020年初，突如其来的新冠疫情席卷全球。雅万高铁建设所需的材料设备和人员往来均受到不同程度影响。在现场的中方人员最多时达几千上万人，中国铁设作为项目的勘查和设计方，和来自中国的其他参建单位密切配合，通力合作，雅万高铁建设没有因疫情停工一天，创造了中国铁路建设史上的奇迹。

（四）突破：世界高铁进入“中国标准”时代

雅万高铁采用的工程机械、接触网、钢轨、动车组、通信信号、列车控制等装备全部由中国企业生产制造。雅万高铁采用的接触网系统是中国铁设历时多年打造的具有完全自主知识产权的“简统化”接触网。

接触网系统，是架设在铁路沿线上空，向电力机车供电的输电线路，高铁列车运行所依靠的电流就是通过机车上端的接触网来输送的。

在高速铁路系统中，接触网是关键的供电设备，被形象地称为高铁线路的“大动脉”。在过去，中国的接触网的制式和结构多采用德国、法国、日本等多个国家的标准，导致了许多相同功能的零部件存在数十个不同的型号，工程成本居高不下。如果不能从整体上统一标准、统一设计、统一生产，就难以从根本上提升高铁电气化工程建设水平。

雅万高铁6号隧道贯通

2015年6月，国铁集团正式立项《新型高速铁路接触网装备技术研究》与《高铁时速250公里、时速350公里接触网技术与装备简统化研究》课题，由中国铁设主持，开启了我国高铁简统化接触网的研究。中国铁设的专家用5年时间，让中国标准——“简统化”接触网完成了从引进技术到中国制造再到中国创造的历史性跨越。

"简统化",即接触网零部件及安装"简单统一标准化",具有"统一技术参数、统一并简化装备结构形式、统一并减少零部件种类,提高关键零部件服役性能"的特点。该产品已在国内的京哈高铁北京至沈阳试验段、京张高铁崇礼支线、浩吉铁路、盐通高铁等铁路项目中使用,稳定可靠,各项指标均符合《高速铁路接触网运行维修规则》铁路标准要求。

除了"简统化"接触网,中国铁设依托科技部课题《中国高铁技术运用于印尼高铁专项研究》、清华大学《中国高铁质量可靠性分析》、国家铁路集团课题《中国铁路走出去标准适应性研究》,对中国高铁主要技术标准的适应性、项目工程方案选择合理性、高烈度区工程结构抗震技术、运输组织及运维管理模式、动车及四电设备选型及维护等几个方面开展相关技术研究,提出了中国高铁技术适应性修改内容,大胆创新、成功运用于雅万高铁项目,同其他中国企业齐心协力,共同打造全要素、全系统和全产业链的中国输出方案,极大地提高了中国高铁的影响力,具有很强的示范意义。

(五)未来:与世界分享中国速度

印尼是全球最大群岛国家,号称"千岛之国",由于各个岛屿分散,民众出行主要依靠轮船和飞机,一直以来,交通基础设施如公路和铁路等建设较为滞后,导致印尼交通不畅,限制了物流运输能力,进而制约其吸引外资和发展。雅万高铁项目建成后将有助于印尼突破这些发展瓶颈。

作为一项重要的基础设施项目,雅万高铁两地的旅行时间将由原来的3个小时缩短到40分钟,能够极大地便利民众的出行,改善印尼的交通情况,提升物流运输效率,促进印尼经济发展和区域互联互通。

同时,在施工期间,雅万高铁为当地提供了约一万个工作岗位,培养了一大批当地的高铁设计施工和相关的人才,建成通车后,预计可以创造三万多个就业岗位。该项目建设尽量就地取材,同时对沿途站点进行综合开发,形成了100多公里的高铁经济带,直接造福于印尼社会,极大促进了当地经济建设,改善了人民生活,让印尼民众真切感受设施联通之后带来的实惠。

在雅万高铁项目的决策和实施过程中,中国政府和印尼政府高层主导,中国企业和印尼企业组成联合体共同投资、共同建设、共同运营,推动项目的成功实施。各方共同参与、协商,各方共同努力、共担责任,共同分享项目的成果和好处。同时雅万高铁全程采用中国标准进行建设，为了满足当地的需求，许多前沿技术也进行了本土化改造，以确保项目的适应性和可持续性。雅万高铁的建设是“一带一路”倡议中“共商、共建、共享”理念的生动实践。在未来，中国铁设作为中国高铁走出去的“排头兵”，将在中国高铁走出去的过程中，继续贡献力量，助力世界一起快跑，与世界分享中国速度，与世界人民一道体会跑得快的幸福。

梦想照进现实，天堑变通途——中马友谊大桥

中马友谊大桥即将迎来自己6岁“生日”。2018年的8月30日，由中交第二航务工程局有限公司（以下简称中交二航局）承建的中马友谊大桥建成通车。这座连接首都马累、机场岛和新兴城市胡鲁马累的大桥被誉为马尔代夫的世纪工程，是21世纪海上丝绸之路的重大标志性项目，也是“一带一路”倡议率先成功实施的大型基础设施项目。这是一座梦想交汇之桥，一座科技创新之桥，一座绿色发展之桥，一座中马友谊之桥，是中马两国共同推动构建人类命运共同体，深化互利合作的重大举措。

（一）梦想之桥：共建项目，共享红利

作为印度洋上的群岛国家，马尔代夫由星罗棋布的1192个小岛组成，总人口约55.7万，首都马累人口约23.4万，占总人口42%，面积却只有1.96平方公里，人口密度达到11.9万人每平方公里，而中国市域人口密度最高的城市—深圳市的人口密度也只有8794人每平方公里。

马累岛和与其一水之隔的胡鲁马累岛、机场岛为马尔代夫主要居住岛。胡鲁马累岛距离马累岛约4公里，机场岛距离胡鲁马累岛约2公里，机场岛到胡鲁马累岛有一条公路相连，但马累岛到其他两岛需要轮船摆渡。一直以来单一化的交通方式深刻影响着当地居民的经济、医疗以及生活。马累岛因为

交通不便,许多游客绕道而行,不去马累岛旅游;此外,马累岛居住成本很高,一个简陋的单人间租金为1万拉菲亚(约合人民币5000元/月),而胡鲁马累岛的租金不仅是马累岛的一半,环境优良,也有很多政府修建的廉租房,但却要付出大量的通勤时间,令人望而却步。不仅如此,岛上居民生病、孩子上学、工作通勤都必须使用岛屿之间往返的渡轮,如遇到风雨交加的天气,岛屿之间的海峡经常海浪翻滚,困难重重。这里的居民出门难、行路难、生活难、经济难,他们做梦都想拥有一座连接三个岛屿的现代化跨海大桥。

中马友谊大桥

2014年9月,马尔代夫人民迎来了梦想照进现实的难忘时刻。国家主席习近平在对马尔代夫进行国事访问期间,双方领导人共同商定由中国援建一座马累—机场岛跨海大桥,时任总统亚明主动提议将其命名为"中马友谊大桥",国家主席习近平欣然应允。

一桥飞架南北,天堑变通途。大桥通车后的第一个月,入境游客人数同比增长17.8%。马尔代夫也成为中国游客最喜爱的旅游目的地之一。中马友谊大桥将三个岛屿连成一片,不仅打通了当地交通大动脉,彻底缓解了马累岛的居住和交通拥堵状况,也突破马尔代夫空间发展的瓶颈,为马尔代夫城市功能拓展和经济发展打通瓶颈,为中马两国人才、企业、贸易等多领域的相融相通提供了条件。

中马友谊大桥为马尔代夫大马累区域经济发展战略提供了有利条件,对马累地区建设大型进出口贸易港、打通国内外交通要道、疏通物流大动脉和建设岛屿一体化产业群、实现城市群的联动具有重大战略意义，有力地推动了马尔代夫社会和经济发展。马尔代夫年近九旬的前建设部部长汉·乌马尔·扎希尔激动地说：“这是一座寄托了马尔代夫当地人民世纪梦想的大桥，在其他国家表示不可能时，是中国让我们的梦想变成了现实。”

（二）科技之桥：大国工匠，匠心智造

中马友谊大桥由商务部国际经济合作事务局负责组织实施，采取“项目管理＋工程总承包”模式，中交二航局是工程总承包方。大桥全长2000米，设计使用寿命一百年。大桥建设全面采用中国标准、中国规范、中国技术。就是这样一座六跨叠合混合梁V形刚构桥，因其面临的超复杂建设情况，在当时被称为“不可能完成的任务”。

与马尔代夫的阳光、沙滩和海景相伴而生的是无风涌浪、洋流多变、珊瑚礁地质、高辐射、高湿度、高盐。独一无二的地质条件，复杂多变的海洋与天气，在这样的环境下建造一座大桥，决定了建造跨海大桥有着“世界级”的难度和风险，令多国竞争者望而却步。

“打破不可能，才更有可能。领跑者都是向难而行的，因为难走的路，往往是上坡路。”中交二航局党委书记、董事长由瑞凯说。成立至今，中交二航局共主导和参与建设了300多座跨江、跨海、跨高山峡谷大桥，20多座桥都曾被冠以“世界第一桥”的美誉，还参建了世界最长跨海大桥港珠澳大桥。中交二航局的工程师掌握了世界先进的桥梁技术，积累了丰富的建桥实战经验，这些给了工程师们修建这座大桥的勇气和信心。

马尔代夫是世界上最大的珊瑚岛国，珊瑚礁灰岩有多孔洞、易碎、承载力不均的性质，珊瑚礁就像核桃，外硬里脆，孔洞多，桥墩桩基打下去很难站稳。为了克服这一挑战，中交二航局项目团队与国家企业技术中心和各研究机构合作，开展了理论突破、仿真分析、物理模型测试和全尺寸工艺测试，开发了用于桥梁引线钢管桩的特殊结构以及带有熔断器装置的导向框架系统，增加了钢管桩的稳定性，解决了钢管桩下沉过程中的系统结构安全问题。与此同时，对钻井工艺、桩基和承载能力进行了多次测试，最终找到了珊瑚礁地质条件下钢管桩和钢管凿井钻孔的关键参数。通过科学研究与实地试验的深度结合，破解了在珊瑚礁地质上建桥的通关密码——129根桩基稳稳打在珊瑚礁地

层，大桥的根牢牢扎进这片深海。

这也是一片风高浪急、波涛汹涌的海域。大桥的地理位置对于施工作业很不利，一年近三百天都不具备船舶施工条件。团队一边在浮吊船上安装船舶姿态仪，一边在海底投放波浪检测仪，波浪检测仪将数据传回中国的国家级桥梁实验室，模拟出海浪的形态。联合国家海洋环境预报中心推演过去10年的海况，终于找到了施工的窗口期，建立了安全施工必需的窗口期精密管理系统。

在马尔代夫强烈的阳光之下，一股股浓重的盐雾弥漫在大桥周围。施工海域平均含盐率高达33‰，大桥结构必须长期经受高温高盐环境腐蚀的考验。团队研发了带有硅涂层和环氧钢筋的高性能海洋混凝土保护层、透水模板系统和清水混凝土涂料系统，防止高盐腐蚀，提高桥梁的耐用性。

克服复杂地质的阻碍，闯过惊涛骇浪的难关、挺过高温高湿高盐的侵袭，中交二航局的建设者在33个月的超短工期内完成了大桥建设任务，开创了远洋深海无遮掩环境及珊瑚礁地质条件下特大型桥梁建设的先河，充分彰显了中国工程建设领先世界的技术和研发能力。

（三）绿色之桥：碧波蓝天，用心守护

水晶般质地的海洋，钻石般闪耀的岛屿，明亮的阳光，细腻的白沙，清新的海风，渐退渐进的潮汐，这就是旅游胜地马尔代夫，因其美不胜收的景色被誉为"上帝留在人间的最后一滴眼泪"。

国家主席习近平强调，我们要与世界各国人民同心协力，构建人类命运共同体，建设持久和平、普遍安全、共同繁荣、开放包容、清洁美丽的世界。中马友谊大桥在建设过程中，中交二航局的工程师和工人们始终秉持"绿色、节能、环境友好"的理念，他们像保护眼睛一样保护马尔代夫的海洋，像对待生命一样守护马尔代夫的蓝天。

大桥建设期间，建设者们对桥上产生的所有工业垃圾和生活垃圾全部进行安全有效地转移和处理，没有一滴油，也没有一颗焊渣掉入美丽的大海。从大桥动工到大桥合龙，工人们要完成近两万个焊点的焊接，焊接工人需要带电作业，但是如果仪器工具被海水打湿，工人们随时有触电风险。安装在海底的波浪检测仪显示两次浪涌之间的间隔有14秒，焊工们不仅需要在短短的14秒

内迅速完成一个焊点的焊接，而且要在下一个海浪扑上来之前，连续完成关掉电源、将仪器挂到高处、收集焊渣等一连串的动作，海浪过去之后，再次进行下一个焊点的焊接。如此循环往复，工人们小心收集，努力保证焊渣不掉进大海，完成了至少3吨焊渣的回收。

"一带一路"是一条发展之路，更是一条绿色之路，中交二航局不仅用先进的工程技术、一流的工程标准造福当地居民，还用实际行动和坚韧不拔的意志将保护生态环境、共同建设清洁美丽世界的发展理念落实到世界各地。

（四）友谊之桥：以心相交，不以山海为远

中马两国有着悠久的友好交往历史，元朝汪大渊和明朝郑和都曾到访马尔代夫，明朝永乐十四年（1416年）起，马尔代夫国王曾三次遣使来华。古老的大陆，辽阔的海洋，汪大渊和郑和扬帆南下，跨越地域、跨越民族、跨越文化，祖先挽起了中马人民友好交往的纽带，如今在"一带一路"的指引下，我们继续书写两国文化文明的新篇章。

马尔代夫地处"一带一路"海陆交汇之处，是21世纪海上丝绸之路的重要节点，有着关键战略位置的马尔代夫也是首批加入"一带一路"倡议的南亚国家之一。随着中马友谊大桥在印度洋的惊涛巨浪中划出一道灿烂霓虹，中马两国人民的友谊焕发出新的光彩，中马命运共同体展现出新的生机。

中马友谊大桥项目建设期间为当地居民带来了许多新的工作机遇，建设团队中，国外员工占比超四成，这些员工不仅来自马尔代夫，还来自孟加拉国、印度、斯里兰卡等国家，当地居民还把到大桥项目工作视为荣耀。

中国师傅带外国徒弟，中外员工交叉作业，互相切磋，彰显了中国作为一个东方大国的包容和合作，展现了一个发展中大国促进全球大融合的责任与担当。

穿山越隧、过江跨海。中马友谊大桥是300多座"二航桥"中的其中一座，在未来，中交二航局将会建设更多"二航桥"，在"一带一路"的时代洪流中，践行"行天下，为天下行"的理念，让世界更畅通，让城乡更宜居，让生活更美好。

撒哈拉沙漠上最靓丽的风景线
——埃及斋月十日城铁路

在地球上的北纬31度，古老的尼罗河和长江分别孕育了世界上最古老的埃及文明和中华文明。虽然中国与埃及相距万里，但是中非人民的交往早在2000多年前就开始了，中国汉朝派遣使者前往亚历山大，很多古老发明也经由埃及传到欧洲，阿拉伯的天文、历法、医药也由丝绸之路引入中国，古丝绸之路成为联系双方的重要纽带。

1956年5月30日，新中国与埃及正式建立外交关系，回首过往，那时候的中国尽管自身面临很多困难，仍竭尽所能地帮助非洲兄弟；立足当下，埃及是最早响应"一带一路"倡议的国家之一，10年来中埃共建"一带一路"硕果累累。2022年建成通车的埃及斋月十日城铁路为这份穿越历史长河，历久弥坚的情谊写下了最生动的注解。

（一）抱团出海　勠力同心保通车

开罗，位于尼罗河狭长的三角洲地带，是埃及的政治、文化、经济中心，拥有3500多年历史，在这片狭小的土地上，集中了埃及大部分人口，是阿拉伯和非洲国家人口最多的城市。自20世纪70年代起，埃及便在开罗周边沙漠地带探索建设卫星城，以缓解开罗巨大的交通和人口压力，其中就有新行政首都、斋月十日城、十月六日城等城市。

美好的城市蓝图虽已规划，城市之间的通行却成为摆在埃及政府面前的难题。一条连接埃及首都开罗、新行政首都、斋月十日城和东部沿线卫星城的铁路项目应运而生。在众多竞争者中，中国企业脱颖而出，2017年8月，由中国中铁－中航国际联合体与埃及国家隧道局（NAT）在埃及总理府举行了项目签字仪式，签署了埃及斋月十日城铁路（以下简称十日城铁路）的EPC总包商务合同，合同金额达12.4亿美元，并于同年在中国厦门召开的金砖国家峰会期间，由埃及投资部和中国商务部签署了十日城铁路项目的执行谅解备忘录。

十日城铁路是埃及第一条27.5kV交流制式电气化铁路，一期全长约65.6公里，沿线设置11座车站和2座牵引变电所。由中国中铁、中航国际组成联合体作为项目EPC总承包商，由埃及本土企业承担土建施工作业，法国巴黎大众运输公司负责运营维护，中方承担所采购机电设备12年的维保，同时提供两年的运营监管。

中国中铁－中航国际联合体由中铁二院工程集团有限责任公司（以下简称中铁二院）总体牵头，充分发挥设计单位技术优势，以所属机动院作为责任主体单位，地铁院、电化院、国际公司、建设公司等派遣精兵强将常驻现场。二院海外人从陌生到熟悉、从单一到全能，最终顺利完成了项目建设，并且建设过程中创造了多个“第一”：

中国轨道交通全产业链走进埃及的第一个重大项目；

埃及第一条采用CBTC信号系统的轨道交通；

埃及第一条采用交流25kV牵引供电系统的轨道交通；

在埃及第一次采用集中系统维保（MMS）方案；

第一次将国际领先的人脸识别、智能检测功能运用于视频监控系统中；

第一次在“一带一路”轨道工程项目中采用欧标不间断双机电源弱电综合电源系统。

中国企业“抱团出海”，通力合作，紧密配合，克服了物资转运困难、材料价格上涨、沟通协调难度大等困难，成功实现了中国标准、中国技术、中国装备“走出去”。埃及当地时间2022年7月3日8时，在埃及总统塞西的见证下，十日城铁路A、B段顺利开通。

十日城铁路项目是中埃在“一带一路”倡议下务实合作取得的重大成果，是中埃“一带一路”合作重点项目，项目通车后将大幅提高首都开罗与各新城之间的运输能力，缓解开罗城市压力，方便周围卫星城近500万居民的通勤，对埃及开罗及新首都的城市发展，建立分散式城市交通格局具有重大意义，成为撒哈拉沙漠上靓丽的风景线。

列车行驶在埃及斋月十日城铁路

（二）克服差异　提供扎实技术保障

作为非洲最早建设地铁的城市，十日城铁路项目业主具有30余年轨道交通建设及运营管理经验，交通建设都采用欧美标准。与中国标准不同，欧标及美标具有较强的灵活性，针对一些特殊参数，欧标及美标体系中很难找到相关条文，往往需要借助当地工程或其他国际通用规范来引用或参考执行。

该项目是埃及首次应用无缝线路设计的铁路项目。监理为欧洲知名咨询公司，土建施工单位为埃及本土大企业，在保障无缝线路安全的设计上，中国标准和欧洲标准完全不同。为回应业主、监理及施工方的质疑，中铁二院的设计师们首先按照中国标准开展无缝线路检算，确保设计方案满足中国设计标准，然后对100余册欧美相关行业标准和10余册埃及规范反复深入研究，理解规范体系和应用方法，找出可适用于本项目的设计条款或工程实例，在正式的提交资料中直接引用埃及本地规范或工程实例，论证无缝线路设计方案的合理性，最终获得了业主、监理及施工方的认可。

项目设计团队以坚持不懈的努力、过硬的技术实力、精湛的专业水平，克服了标准体系、设计理念、语言沟通、文化差异带来的巨大挑战。自2014年开始，总承包管理项目部总工程师、项目勘察设计总体组总体李震已在十日城铁路项目现场驻扎9年，在现场度过了5个春节，是从项目前期开发坚守至项目通车的团队核心成员。初到埃及时，女儿还是四年级的小学生，如今已经是大学生。以李震为代表的无数二院人在埃及这片土地上奉献青春、挥洒汗水、展示专业，向埃及人民诠释了“中国制造”这张名片值得信赖。

（三）征服沙漠　塑造埃及样板车站

埃及全境96%都是沙漠，是典型的沙漠之国，而十日城铁路全程90%以上位于地面，铁路沿线大部分都是沙漠，日照时间一天10小时以上且光照强烈。在车站设计中，中铁二院的设计者坚持“人文城市轨道交通”的理念，考虑地理环境的特殊性，在公共区屋顶设置采光天窗，充分利用当地日照条件，引入自然光补充站厅照明系统，使得站厅既明亮大气又节能环保。

该铁路沿线设置11座车站，标准车站占比大，设计团队对埃及既有车站进行了深入扎实的调研，先后设计出多种站型。在与业主进行长时间的沟通，多角度比选方案后，九易其稿，最终确定了客流流线最优、交通接驳便捷、节约建设时间和成本的双层侧式地面站为典型站，既满足了埃及乘客需求，又融入了中国建筑精华，特别值得一提的是阿德利·曼苏尔车站，成为中东地区最大换乘车站以及埃及的样板车站。

（四）纵横协调　打造功能最强车辆段

车辆段相当于列车的高端“4S店”，可以为列车提供洗车、检测、停车、检查、救援、高级修、部件维修等服务，是保证列车安全、平稳运行的重要基地。

十日城铁路的车辆段段址及总平面布置的确定可谓是一波三折。车辆段选址受地质条件、接驳条件以及可用征地范围的制约，选址变化牵一发动全身。结合十日城铁路线路特点、运营组织以及沿线可用地块，决定在铁路正线南侧和巴德尔城北侧之间建设巴德尔车辆段，但是后来铁路线路从埃及国家铁路南侧改至北侧，车辆段选址随之变化，调整至铁路正线北侧。6个月后，埃方又要求车辆段段址东移400米，远离既有军方用地。东移后，由于车辆段用地不足，设计团队进一步研究优化车辆段布局及尺寸，同时积极对接当地，将东端接驳的巴德尔车站向东移。

连续7天，机动院车辆段设计团队在埃及国家隧道局与业主主管部门集中办公，实时对接车辆段总图调整方案，经过业主决策委员会评估推荐，并经埃及总统办公室组织与军方协调，确定了最终方案。

经过3次选址、23版总平面布置方案对比确定下来的巴德尔车辆段，从巴德尔车站接轨，占地面积约31公顷，建筑面积7.9万平方米，包括“一段、四中心”，即大架修车辆段、土建机电综合维修中心、全线物流仓储中心、运营维保培训中心，以及全线运营控制中心（OCC）。功能定位为大架修车辆段，承担了本线所属车辆的大架修、定临修、周月检、事故救援工作，以及清扫洗刷、停放、整备和运用管理工作，是埃及目前功能最全面的车辆段。

（五）跨越山海　畅通物流保安全

在十日城铁路项目建设中，中铁二院不仅为项目带来技术、工程管理的支持，还为确保工程所需物资安全及时运抵埃及项目现场提供了全方位的助力。中铁二院建设公司作为设备物资物流团队先后组织人员奔赴北京、烟台、武汉、西安、泰州以及埃及现场，对物资外包装、内陆运输、短倒、仓储点验、通关等环节工作进行指导和层层把关。

项目物资类型繁杂、方量大、运输方式多样，其中包括5个集装箱的高价值弱电专业物资。物流团队不仅安排专人专车押运，而且咨询中铁二院内部相关专业工程师，了解物资专业系数，仔细研读我国和埃及的海关政策，多方索取类似物资出口资料，保证物资安全运抵仓库，积极配合相关专业物资的业主验收工作。短短一年半时间，物流团队完成物资海运71批次，散杂货方量40,000余立方米，空运80余批次。

中车四方股份负责为该项目提供22列电动车组及12年维保服务。中铁二院建设公司牵头组织物流团队选定载重量2万吨、装载体积3万方的货运轮船承运首批轨道车辆和变压器，并协调船东将车辆拆成3辆为一组，共计4组12辆车，分别放入底仓和二层甲板内，以确保车辆运输安全。2021年7月19日，首批12辆轨道车辆和变压器在青岛港口装船发运并最终顺利到达亚历山大港。历经10个月的艰苦鏖战，截至2022年4月21日，8批次共计22列城轨列车全部抵达开罗项目车辆段现场并顺利落轨，成功保障了十日城铁路A、B

段按照时间节点顺利开通。

(六)创新管理　提升全面出海能力

根据以往经验,规模和十日城铁路一样的项目施工工期一般在4年,而十日城铁路的实际工期只有24个月。在如此短的时间内,要完成整个项目的设计、采购、生产、运输、安装和调试,如果没有一套行之有效的项目管理体系,本项目不可能如期完成。十日城铁路是中铁二院首次承担全产业链、全生命周期的海外总包项目。项目部借此机会,全方位提升自身项目管理能力,借助多种信息手段和信息软件,培养管理人才,探索EPC+F+OM模式,建立高质量管理体系,为今后实施更多海外项目管理提供了丰富的经验和扎实的基础。

在计划管理方面引入计划管理软件(Primavera-P6),创新工期管理方法,责任落实到人、工期落实到天,实现了工期分级的精细化管理,及时协调、纠偏、解决项目实施过程中的问题。在文档管理上,引入Aconex文控管理系统,提高文件流转效率,实现项目文件上传、分发、储存、共享、检索、追踪、记录的全电子、全过程化管理。构建NAS服务器系统和Confluence协同平台,实现文件的跨部门共享,境内外多部门协同作战,衔接有序。在积极学习研究国际标准及埃及当地规范、设计理念的同时,进行科学策划和大胆创新,建立了《设计管理办法》《技术交底管理办法》等多套适用于当地的技术管理体系,确保各项工作推进有理有据。

依托管理体系建设,历经八年磨炼,中铁二院通过十日城项目,打造出一支懂商务、精设计、善管理、强创新的团队,建立起一套包含计控管理、技术管理、土建管理、机电管理和运维管理在内的管理体系,在全力推动十日城项目建设的同时,也为中铁二院国内外总承包事业培养了顶尖人才。

得益于在一期项目中的良好合作,埃及交通部、国家隧道局及项目业主计划委托中方继续实施十日城铁路延长线。

八年磨一剑,从2014年到2022年,中铁二院的奋斗者在大漠中披荆斩棘、砥砺前行,又一次向世界证明了中国铁路的技术实力。面向未来,在"一带一路"的征途中,二院人的目标是星辰大海。

整合全球资源，打造绿色新地标
——科威特国际机场新航站楼项目

科威特国际机场施工现场

中东海湾地区与古代的丝绸之路有着天然的历史渊源。古老的丝绸之路将中国的“四大发明”带向了远方的欧洲，也将天文、历法、医药等众多文化知识传输到了中国。科威特位于中东地区，与沙特阿拉伯、伊拉克相邻，东临波斯湾。科威特政府在海湾战争结束后，制定了2035年的发展愿景，决定加强机场、港口、铁路和其他基础设施的建设。2035年的发展愿景与中国的“一带一路”倡议实现了高度契合，中国和科威特都致力于建设更加开放、繁荣和互联互通的世界。

科威特国际机场是科威特2035年愿景的重要组成部分。它是世界上最大的环保机场项目之一，新航站楼建筑面积超过70万平方米，采用“放射型指廊”平面布局，由三个对称的翅膀形候机廊道组成，每一边长度为1.2公里。建成后预计年旅客吞吐量达1300万人次，是一座设置37个登机口的三角形建筑，配置4500个停车位和400个床位的空中酒店，机场的整体容量将提升到2500万至5000万人次，以缓解原机场客流的压力。项目于2017年5月开始建设,预计2024年完工。

本项目由中国电建集团贵州工程有限公司(以下简称贵州工程公司)参与建设,林同棪国际工程咨询(中国)有限公司(以下简称林同棪国际)受贵州工程公司委托,承担本项目新航站楼东区机电EP和BIM咨询,以及第二候机楼的全过程设计管理及工程咨询服务。作为专业从事工程咨询的国际品牌,林同棪国际主要机构遍布美国、东南亚和中国等地,中国公司于1994年在重庆成立,是中国政府批准的第一批中外合资甲级设计企业,同时也是国内全过程工程咨询的试点企业。鉴于林同棪国际在国际市场上丰富的项目经验,拥有熟悉海外标准的人才团队和国际化的项目管理体系,林同棪国际顺利成为贵州工程公司与海外业主、监理单位和设计顾问之间的桥梁和纽带。

(一)使用先进信息模型,打造绿色建筑界的"奥斯卡"

科威特国际机场新航站楼距科威特城15.5公里,整个机场占地约140,000平方米,机场总体高度约39米,地上4层,地下3层。新航站楼采用照明、空调分时控制等先进的机电系统,太阳能光伏发电系统、太阳能热水系统,以及绿色节能技术和现代信息技术,机场设置特殊的天窗,既可以照亮大厅,又可以偏转直接辐射。科威特国际机场新航站楼建成后将成为世界上最先进、最环保的机场之一。

在科威特国际机场新航站楼的设计中,绿色环保理念起到了重要的指导作用,以成为LEED认证金奖级别的航站楼设为目标。LEED全称为"能源与环境设计先锋奖",是国际上普遍认可的绿色建筑评估标准。因此,在项目初期,绿色环保原则就被纳入设计中,确保航站楼在能源使用上达到最优,环境影响最小。

林同棪国际作为项目的工程咨询团队,负责设计和管理新航站楼东区及登机桥的机电工程(MEP),以及整座机场的变配电站系统、UPS及电源管理系统、屋顶光伏发电系统、灯具及照明控制系统等。此外,还负责使用BIM技术对上述各系统进行建模和管理。

BIM是建筑信息模型(Building Information Modeling)的简称,它基于数字化技术,为建筑设计、施工和运营管理提供了一种全新的方法。通过创建、管理和共享数字化的项目信息,BIM可以帮助各参与方在整个建筑生命周期中进行高效协作。这些信息包括建筑元素的几何形状、材料特性、构建过程、成本数据、进度计划和设备维护等。在科威特国际机场新航站楼项目中,通过使用BIM,能够更加精确地模拟和管理各个系统,提高项目的效率和质量,确保项目符合LEED认证金奖级别的要求。

林同棪国际通过构建BIM平台,大大提高了项目的效率和质量。不仅如此,林同棪国际还全面参与设计管理和全过程咨询,参与贵州工程公司、科威特公共事务局MPW、总承包商LIMAK、监理单位(AECOM、Foster)等不同单位之间的沟通和协调工作,秉持着打造精品工程的初心,努力保证项目的顺利进行,确保各个参与方顺利沟通。林同棪国际凭借其专业知识和扎实的工作态度,为项目的成功完成作出了重要贡献。

(二)克服项目诸多难点,确保项目如期完成

在项目实施过程中,公司团队面对纷繁复杂的设计标准、庞杂的系统和专业接口,通过先进的技术手段和高效的沟通协作能力,及时应对可能出现的问题并且调整方案,最终确保项目顺利完成,达到预期目标。

项目设计的标准需同时采用英标(BS)、美标(ACI)和科威特当地标准,电力采用科威特当地标准,消防采用美国FM标准,其他采用英标。不同的标准之间存在一定的差异或矛盾,团队人员通过仔细研读英标(BS)、美标(ACI)和科威特当地标准的文件,深入了解每个标准的要求和应用范围,理解它们之间的差异和矛盾,并进行细致的分析,找出标准之间的差异和冲突点,针对各个方面的差异进行澄清和统一,确保各方对于标准要求的理解一致,最终确保整个设计方案符合所有标准的要求。

鉴于机电系统本身及其接口的复杂性,项目的协调难度大大增加。本项目包括多个系统,并且这些系统之间存在许多接口。另外,还有来自不同分包商之间的接口。公司团队从整体上把控各系统、各专业之间的接口关系,尽力避免设计和采购中的遗漏问题,并与各分包商进行协商,提前解决接口问题,有效避免了施工期间的返工,提高了施工效率。

由于航站楼的屋面上安装了光伏发电和光伏供热系统,太阳能板布满了整个屋顶,但是屋顶的弧形造型限制了太阳能板的布置。既要实现可持续能源供应,又要同时满足建筑设计师的造型设计,这是摆在公司团队面前的又一

大难题。光伏板的方位角和倾角稍有不同,都会给光伏系统的布置和计算带来偏差,从而影响发电量的估算。为了更准确地评估光伏系统的发电量,公司团队通过PVsyst软件的建模功能,根据具体的屋面造型进行建模,进行精确的发电量模拟,确保光伏板在不同方位角和倾角下的布置满足最佳性能要求,实现了在满足航站楼美观要求的前提下,最大限度地发挥光伏系统的发电潜力,为航站楼提供可靠、高效的清洁能源。

本项目涉及建筑、结构、电气、暖通、给排水和消防等多个专业,随着设计深度的不断细化,现场各个施工团队不同专业之间的交叉与影响不断增加,严重影响了施工进度。国内公司派遣了电气、暖通、给排水等专业工程师组成现场团队,统筹协调现场不同专业的设计及施工人员。同时,在国内也组建了项目支持团队,在遇到疑难问题时,国内和海外团队进行配合,共同讨论,寻找解决方案。通过现场团队和国内支持团队的密切合作,减少不同专业之间的交叉影响,确保项目的顺利进行。

(三)齐心协力成功索赔,携手打造新地标

在本项目中,林同棪国际通过应用BIM技术,共计完成了120份咨询意见和44条风险提示,11项模型出图、19项模型搭建及碰撞协调工作,还进行了4次BIM软件使用培训。同时完成了1项公司级BIM科技创新立项申请书、10项模型碰撞跟踪及模型质量检查工作,以及6项基于模型的工程量清单对比工作。

新机场的建设也带动了科威特的新发展。科威特国际机场的改善提高了当地的交通和物流运输能力,进一步增强了投资吸引力。机场所带来的大规模人流量也会促进交通和物流等配套设施的发展。随着航空运输的发展,工业和服务业开始向尚未开发的地区转移,这些地区因机场建设吸引了众多投资。外来旅游者和相关行业的发展也将快速改变城市的面貌和闭塞状态,对提高当地经济发展和就业率起到积极的推动作用。

随着项目顺利实施,科威特国际机场新航站楼必将成为中东地区绚丽的绿色新地标。林同棪国际将坚持"建设有形之桥,搭建无形之桥"的发展定位,继续发挥全球性资源整合优势,积极投身实践"一带一路"建设,助力更多央企"走出去"。

天方金阙，铸就经典——卡塔尔卢塞尔体育场

曾经，古人驰命走驿、高张云帆，漫述“一千零一夜”传奇，中华大地同阿拉伯世界千余年的友谊传承不绝。如今，沿着“一带一路”的征途，中国基建续写着中阿合作共赢的全新叙事，在大漠与大海相拥的海湾明珠，托举全球体坛盛事之高光。

四方辐辏、率土集流，卡塔尔世界杯在2022年冬月点燃五洲激情，留下火热记忆：开幕式“白精灵”起舞翩跹、总决赛球王与豪门巅峰论剑……这一幕幕精彩片段中，都有迄今全球规模最大的世界杯主场馆——卢塞尔体育场(Lusail Stadium)的恢宏背景。而这座承载全世界球迷狂欢盛宴并荣登卡塔尔国家货币的体育场，更凝结着一支中国工程设计团队的辛劳与智慧。时间拨转至2016年，北京市建筑设计研究院有限公司(以下简称北京建院)中标卢塞尔体育场的大跨度结构设计方，成为卡塔尔世界杯场馆建设的重要组成力量，与这届首次在阿拉伯国家举办的足坛盛典结下不解之缘。

球场似沙场，工程胜竞技，正如绿茵场上奋力奔跑、密切配合的球员，北京建院设计团队奋战共建足球场馆的故事同样引人入胜、令人叹服。

(一)前锋进取：潜心打造中东“鸟巢”

单刀成就豪杰，助攻需要团队。在与世界各地优秀设计机构的激烈竞争中赢得项目设计权并顺利完成设计任务，北京建院在技术上精益求精、迎难而上的执着态度是核心原因之一。

被众多中国网友称作阿拉伯版“鸟巢”的卢塞尔体育场，可容纳超过92000余名观众并承担一系列重大赛事活动，是卡塔尔世界杯赛程最受瞩目的标志性建筑，其工程设计难度丝毫不亚于2008年北京奥运会主场馆。在由北京建院携手澳大利亚Aurecon、英国AFL等设计机构组成的国际合作团队中，北京建院承担了整座体育场最复杂的系统——主体钢结构和屋顶索膜结

构的设计任务。这两项任务之所以艰巨，是因为体育场立面造型需要主体钢结构作强力支撑，而以主体钢结构为支点进行的屋顶索膜结构安装，则最终关乎体育场的完整结构体系的形成。

作为北京建院设计团队的负责人，朱忠义分享了卢塞尔体育场项目的设计历程和团队在工作中的技术创新。卢塞尔体育场建筑造型的设计灵感来源于卡塔尔传统珐琅灯笼形象，其外立面图案取自传统阿拉伯金碗和器皿的装饰图形，巨大的马鞍形屋盖由轻盈、通透的菱形叶脉网格覆盖。作为世界杯决赛场地，体育场需同时满足大批量观众的观赛体验并严格控制体育场规模和造价，这给包含立面和屋顶在内的大跨度结构设计带来了空前挑战。为了给体育场打造一副安全、高效的“骨架”，朱忠义带领的北京建院结构设计团队潜心三年时间，在创新能力、团队合作和拼搏精神方面发挥优势，逐一攻克项目中结构空间受限、复杂索膜结构形态控制困难等技术难题，在结构体系、设计方法方面进行了大量技术创新，并在设计中采用了深度达LOD350的BIM技术，从而在完美实现建筑效果和功能要求的同时，又兼顾结构体系自身的坚固、轻盈，更满足了世界杯赛程的高标准功能要求。

回顾项目的整个设计历程，朱忠义感慨颇深：“这个项目是中国工程师走出国门、真正与国际团队联合设计完成的超级工程。在投标阶段，我们就提出了七种结构优化方案，不仅对每一种方案进行了分析计算，还给出了详细的优劣分析。这些工作给业主和合作方留下了深刻的印象，应该是我们参与卢塞尔体育场设计的一个重要因素。另外，我们能够参与这个项目的设计，也离不开中国铁建给予的大力支持。”

卢塞尔体育场屋顶几何尺度巨大、造型复杂，其结构被我国空间结构泰斗、中国工程院院士、浙江大学教授董石麟评价为“世界上最复杂的索膜结构体系”。设计团队创造性地研发了一整套复杂索膜结构形态分析方法，完美实现了建筑造型，解决了结构设计的核心技术问题。设计团队提出的由曲线V柱桁架、压环和幕墙桁架组成的主体钢结构体系，在保证结构高效受力、视觉效果优美的同时，极大节省了结构所需空间。在整个设计过程中，北京建院通过技术攻关化解大量此类难题，为工程设计交上了一份完美答卷，得到了卡塔尔国家元首的高度认可，展现了中国工程师的智慧与担当。

（二）中场续航：团队偕行深孚众望

桁架间的攻守兼备，需要智力与耐力的配合。卡塔尔世界杯是这项当今世界最具影响的体育赛事首次走进中东地区，而作为本届世界杯的主体育场，卢塞尔体育场可容纳超过92000余名观众，将举办包括决赛在内的10场重大赛事活动，是整届世界杯赛程最受瞩目的标志性建筑。在设计施工总承包中国铁建股份有限公司的组织下，由中国、英国、澳大利亚等国设计机构组成的国际团队合作进行方案调整和设计。考虑到卢塞尔体育场工程结构的高度复杂性，为了确保施工方准确实现设计思想、达到工程建设目标，北京建院在完成设计任务后，被项目联营体聘为顾问，为工程施工提供全过程技术服务，为赛场建设保驾护航。

心怀本色，孜孜不倦。在技术服务过程中，从施工过程模拟分析到深化设计图纸审核，从材料加工到施工技术要点，从各类施工问题分析处理到与业主管理团队、项目监理团队沟通协调，北京建院团队以严谨的专业精神和高度的责任感，与项目各方一道，确保每一个建造环节都符合设计意图和质量标准。通过长期合作，北京建院的技术水准得到了包括业主等各合作方的高度认可。

心系远方，风雨兼程。无论是面对卡塔尔夏季高达四五十度的炙热高温，还是身处肆虐全球的新冠疫情，北京建院工程师的身影从未在施工现场缺席。疫情防控期间，团队的设计师们也没有被病毒和距离阻隔，克服重重困难，圆满完成了贯穿建设过程的技术服务工作，为体育场按时高质量的建成提供了坚实的技术保障。凭借一以贯之的执着与努力，团队成员们为这座世界杯主赛场的建设打上深深的北京建院印记、注入中国技术力量。

心有灵犀，运筹帷幄。作为曾经设计了500米口径球面射电望远镜（FAST）、北京大兴机场航站楼的团队，北京建院设计师们的工程业绩给卢塞尔体育场项目的业主和各方留下了很好的初步印象。但最终真正“征服”大家的，还是团队在设计过程中展示出的扎实的设计水平、丰富的设计经验、言出必行的良好信用和极高的工作效率。朱忠义回忆，项目初期，为了尽快确定实施方案，团队利用卡塔尔与国内五个小时的时差，北京和现场两个小组全天24小时无间断接力持续工作了一个月，按照约定提交了各方均满意的方案。在解决难题的过程中，团队与外方的沟通日渐顺畅，慢慢掌握了设计的主动权和话语权，以致在后来所有重要的会议，卢塞尔体育场的业主都要求北京建院出席，并且北京建院的专业意见都会被当作决策的重要依据。

（三）后卫担当：岁月积淀卓越品质

卢塞尔体育场精湛的设计，离不开北京建院对于专业足球场工程设计几十年如一日地扎实深耕。厚积薄发终成卓越，环列卢塞尔呐喊声外的闪耀金光，只是北京建院在体育建筑领域深厚技术积淀的一抹缩影，七十多年光阴流转，体育建筑的设计和研究一直是北京建院的业务重点内容和长项。伴随共和国的新生与壮大，北京建院与祖国体育事业一道步步升腾。

新中国成立初期百废待兴，体育事业刚刚起步，体育场馆和基础设施极为欠缺，这个时期是北京建院与体育建筑结缘的开始。北京建院老一代设计师独立自主，自力更生，设计了以北京体育馆、工人体育场、工人体育馆和首都体育馆等为代表的新中国最高水平的体育建筑，为中国体育建筑写下不朽开篇。

踏着改革开放的步伐，中国逐步进入承办大型国际体育赛事的活跃期。20世纪80年代初到千禧之交，北京建院完成了国家奥林匹克体育中心、北京大学生体育馆、光彩体育馆、亚运村以及中国第一座室内速滑馆等一批原创场馆的咨询服务。这个时期的北京建院体育建筑设计团队敏锐把握和吸取国际最新体育建筑趋势，大幅提升了中国体育建筑的设计理念、技术标准和设计方法，使中国的场馆真正成为承办国际体育赛事的舞台。

百年奥运梦圆迎来新的发展机遇，北京建院是唯一参与北京历次申奥工作的设计单位。自2002年北京申奥成功之后，北京建院承担了国家体育馆、五棵松体育馆等新建场馆的设计，以及对国家奥林匹克体育中心体育场和体育馆、工人体育场、工人体育馆、首都体育馆等老场馆的改造设计。这一时期，建筑师们在高标准满足场馆顶级赛事功能的同时，开始考虑场馆赛后运营的多功能使用问题，以2008年奥运会场馆为代表的国际最高水准的体育建筑，极大地提高了中国体育建筑的设计水平和建设标准。

卡塔尔世界杯卢塞尔体育场

昂首阔步近十年的新征程,北京建院在国家大力发展体育产业的背景下解决场馆运营维护难题,顺应体育建筑设计新趋势,打造体育服务综合体。北京建院在新时期完成的深圳湾体育中心、重庆华熙LIVE鱼洞体育馆等场馆成功完成了运营转换,在随后的2022年北京冬奥会场馆设计中更是秉承"绿色、共享、开放、廉洁"的办奥理念,承担了国家速滑馆等4个新建场馆、首都体育馆等5个改造项目、16项赛时运营设计和临时设施设计工作,并于设计之初就考虑到后续运维使用功能,作品再一次向世界交出圆满答卷。此外,新近完成的工人体育场第四次改造也出自北京建院设计团队之手,这次改造遵循"传统外观、现代场馆"复建原则,在保留经典工体造型、外立面形式和特色元素的同时,融入现代场馆功能要素,赋予"大龄体育场"新的生机与活力。

中国工程院院士、全国工程勘察设计大师、北京建院顾问总建筑师马国馨介绍道:"七十多年来,北京建院在从事体育建筑设计的同时,一直坚持不懈地对体育建筑进行探索与研究,出版多部专著、编写规范标准、编制图集手册,研究方法论,引领着行业发展并不断创造新的高度。"回眸七十多年来北京建院体育建筑设计走过的历程,北京建院几代设计师为了中国体育事业的发展,始终专注体育建筑设计,在技术上不断钻研探索、精益求精、锐意进取,在不同的历史时期,响应时代发展需要,创作出卓越的建筑作品,引领几代中国体育建筑的发展方向。

(四)守正远航:内外兼修"蹴"成梦想

真知虽远在东方亦当求索,梦想虽远涉重洋仍当自强。站在历史的十字路口,承接卢塞尔体育场等颇具挑战却惠及全球、利在千秋的海外设计项目,是北京建院践行国家"一带一路"倡议、打造"中国设计"品牌的重要举措。通过积极主动投身海外市场,北京建院在拓展企业发展空间、提升企业影响力的同时,更能在国际合作与竞争中展示自身技术水准,让世界感受"中国智造"的优良品质。

与此同时,伴随着中国体育产业的快速发展以及中国与国际高水平竞技体育的紧密互动,体育的职业化进程、全民健身和场馆运营的日益成熟,凭借着5G信息时代和数字技术的不断提升,未来中国体育建筑必将迎来更广阔的创作天地。北京建院新一代体育建筑设计师将秉承前辈的情怀与执着,不断地创新理念、提升技术、完善服务,成就经典,超越经典,一如既往地为中国乃至世界体育建筑的发展增光添彩。

阿拉伯谚语"金字塔是一块块石头垒成的"与中国先贤古语"九层之台,起于累土"惊人契合,在国家主席习近平提出"携手构建面向新时代的中阿命运共同体"等倡议的新契机下,像北京建院这样优秀的中国工程设计企业必将稳扎稳打,犹如层层基石一般,垒出中外多元文明合作共进的新高度。

南太平洋上的"绿色明珠"
——斐济南德瑞瓦图水电站工程

斐济是最早同新中国建交的太平洋岛国。2018年,中斐建立相互尊重、共同发展的全面战略伙伴关系,开辟了双方全方位合作的新时代。2018年,中斐签署共建"一带一路"合作谅解备忘录,两国务实合作发展快、领域宽、成果多、时间久。斐济南德瑞瓦图(Nadarivatu)水电站工程作为两国能源领域的早期合作项目,为更多中国企业参与"一带一路",进军南太平洋市场提供了宝贵的工程经验。

2007年,斐济电力局(FEA)针对南德瑞瓦图(Nadarivatu)水电站工程项目开始在世界范围内进行公开招标,经过多次的合同谈判及技术澄清后,2008年9月8日,中国水利水电建设集团和斐济电力局(FEA)在斐济首都苏瓦签署了项目承包合同协议,中水北方勘测设计研究有限责任公司(以下简称中水北方公司)负责项目的设计与技术服务工作。

斐济南德瑞瓦图(Nadarivatu)水电站工程位于斐济维堤岛中南部,距离首都苏瓦(SUVA)约300公里。坝址以上控制流域面积92.7平方公里。大坝为混凝土重力坝,最大坝高41.5米,坝顶长87.8米,有效库容1,000,000立方米,最大库容约2,000,000立方米。发电引水流量每秒15立方米,厂房位于巴(Ba)河上,电站装机两台,每台22兆瓦。南德瑞瓦图水电站是斐济国家电网的骨干电站,年发电量为101兆瓦时,承担斐济国家电网15%的负荷,极大地缓解了斐济电网的压力,每年减少进口发电燃油约22,000吨,减少碳排放约66,000吨,为斐济国家发展带来了巨大的社会和经济效益。

(一)欧美标准,摸索前进,成功索赔

斐济号称"新西兰的后花园",因其地缘关系,经济多依附于新西兰,水电工程标准全部采用欧美规范和澳大利亚-新西兰规范体系。作为早期"走出去"的先行者,中水北方公司面对大量不同于国内的国际规范、国际规则、国际惯例,没有退却,迎难而上,按照业主要求,大到坝体和厂房的整体结构,小到爬梯、护栏,甚至墙上的铆钉等,不放过每个细节和结构,对每种方案都进行充分论证和分析。虽然大大增加了设计团队的工作量和工作难度,但设计团队始终把安全、节能、环保放在第一位。项目合同签署后,由于工期紧张,基本设计与施工准备并行。根据中国惯例,机电设计报告编制一般按照专业分类编制,但是业主工程师要求按照设备分类进行编制。为此,设计团队反复与业主工程师进行一次次沟通交流,一次次地修改,终于得到业主的批复。

项目实施过程中,针对压力钢管的设计,设计团队和业主的理解产生了较大分歧。压力钢管中的水流发生波动时,管道内的压强产生极大变化,为了防止管道发生破裂,需要通过空气阀进行排气和补气来保障管道安全使用。

业主工程师要求按照压力钢管爆管的水流流量(每秒20立方米),也就是

极端工况下进行空气阀配置，原本约定的3个空气阀，需要增加到10个。这一要求明显超出合同范围，设计人员研究合同和标书文件，查阅美国压力钢管设计规范，关于空气阀的设计容量都没有做出详细规定。设计人员通过合理的解释和论证，让业主工程师认识到他们的要求是超出合同范围的，有力地支持了我方的索赔主张，最后，来自新西兰的业主工程师承认考虑不周，对空气阀的认识不全面，提出的要求超出合同，同意赔偿。

以中水北方公司为代表的中国企业在国际水利市场上的索赔成功，展示了我国企业在国际水利工程项目中的专业能力和对相关规范的熟悉程度。面对完全陌生的欧美标准，我方设计人员始终坚守原则，坚决捍卫合同的权益，用敬业和专业诠释了中国技术的先进性。

（二）注重细节，绿色环保

斐济是一个位于南太平洋上的岛国，拥有丰富多样的自然环境，茂密的热带雨林覆盖了一部分内陆山区和岛屿。斐济也是一个旅游国家，这里的旅游资源非常丰富，当地政府和当地居民对环境更是爱惜有加。中水北方公司在履行合同时，设计人员把环保设计理念贯穿到整个设计过程和设计细节之中，将环境保护作为工程设计的基本原则，最大限度地降低工程建设对环境的破坏。

在设计压力钢管时，由于引水压力钢管全长1450米，管径2.3米，引水流量每秒15立方米，最大水头420米，如果采用传统的明管设计，会破坏地面植被。设计人员借鉴了输油和输气管道的设计方法，将压力钢管深埋在1.7米至8米的地下，埋藏式钢管设计在当时全世界的水电站设计中尚属首例。

为了验证埋藏式钢管设计的安全性，设计人员通过考虑内外压力、土压力、地震和温度等多种工况，使用Autopipe计算程序，对压力钢管整体结构、地基约束和端部连接进行了模拟分析。研究结果表明，对有一定深度的管道顶部进行填土，不仅钢管受外界温度影响减弱，而且沿线无须布置伸缩节和支墩，具有明显的经济优势。此外，顶部回填土石后，管道周围地表通过种植绿植，一片生机盎然，完全看不出施工迹象，对环境影响降到了最低。

水电站的运行产生的污水需要处理，传统的处理措施是采用一种由机械、电气设备组成的油水分离装置，但经过处理后的水中仍含有微小的油粒，排向河道会造成污染。技术人员通过分析研究，利用物理学原理，设计了一种结构简单、操作方便、运行维护量小的油水分离装置——事故油池。事故油池由混凝土水池、油水进水管、排水管和浮球报警开关组成，水池的内部空间由两道混凝土墙隔开，分为三个槽：油水分离槽、缓冲槽和排水槽，槽与槽之间相互连通。事故油池的设计原理清晰，耐久性好，易于操作，方便检修维护。这种用于水电站渗漏排水系统的"油水分离装置"成功获得国家发明专利，作为水利部重点推广项目，已经成功应用于喀麦隆曼维莱水电站、老挝南俄五水电站等多个水电站工程中。

（三）创新设计，保温保压浇筑混凝土

高水头水电站是一种利用较大的水位高差来发电的水电站。在高水头水电站厂房设计中，蜗壳设计及二期混凝土浇筑施工设计是关键技术难点。蜗壳是水电站中的一个组件，它是一种金属外壳，常用于容纳水轮发电机组。蜗壳的主要作用是改变水流的方向，并将水流引导到水轮发电机组，产生电能。本工程为高水头冲击式机组，安装5喷嘴垂直冲击式水轮发电机组，最大静水头335米，最大动水压力可达4.2兆帕。蜗壳承受着较高的压力和水流冲击，因此提高保压能力对于整个机组实现稳定运转至关重要。

不仅如此，进行混凝土浇筑时，混凝土的水化反应会产生热量，导致蜗壳温度升高。这种温度升高会引起蜗壳的变形，进而影响蜗壳的安装精度和混凝土结构的稳定性。通过采取降温措施，可以使蜗壳的温度保持稳定，避免因温度变化而引起的不良影响。

在当时国内外水电站的厂房设计中，大都通过保压措施来提高机组稳定性，几乎没有同时采用保温、保压措施浇筑混凝土的先例。

中水北方公司创新性地在本工程中引入保温措施，形成保温保压的综合设计方案。通过运行时的最大荷载、蜗壳外围混凝土所承担的荷载以及蜗壳本身的荷载来确定保压压力，根据河水水温和水泥的水化热，按照热学、热力学和传热学的理论进行估算保温温度。具体实施过程是让蜗壳在保压状态下，变成一个密封的压力容器，蜗壳内的水变成循环水，通过减压阀和加压阀，实现水的内外循环，即可同时实现混凝土浇筑时的保压降温。在蜗壳保持一定压力状态下进行混凝土的浇筑，不仅消除焊接应力，还可以让蜗壳和混凝土联合受力，大幅减少了钢筋用量。

通过联合实施保压降温的措施，水电站厂房的混凝土结构得到了更好的保护，提高了稳定性、可靠性和可持续性。同时，这种创新的设计方法为其他工程提供了参考经验，对于高水头水电站的建设和运营具有重要的技术支持作用。

大坝上游立视

（四）适应气候，降低成本

斐济位于南太平洋的风暴生成带，经常受到来自南太平洋的强热带气旋、热带风暴和台风的影响。斐济通常在11月至4月之间进入台风季节，其中尤以12月至2月为高峰期。台风给斐济带来的影响主要包括强风、暴雨、洪水和海啸等。强热带气旋和台风的风速往往非常高，强风会造成破坏房屋、树木倒伏、电力中断等问题。

为了破解这一关键难题，设计人员通过实地踏勘，不远万里到新西兰与业主工程师进行面对面技术交流，在此基础上，对超高风速条件下高压输电线路进行研究，采用国际通用的PLcad专业设计软件，进行塔架结构计算，最终攻克了这一技术难题，设计成果终于得到业主工程师的批准。项目竣工后，中水北方公司形成了一套超高风速条件下的高压输电线路的设计与施工技术，成功填补了国内这一领域的技术空白。

此外，在压力钢管设计中，设计人员通过减小壁厚，采用大型船体使用的高强钢——ASTM A517高强度压力容器钢，不但减少了约1000吨钢材，还减少了钢管的加工、运输工程量，同时降低了因钢管壁厚过大而导致的热处理、焊接应力消除等技术难度,节约投资约200万美元,为其他高水头电站的压力钢管设计提供了丰富经验。

斐济南德瑞瓦图(Nadarivatu)水电站的建成为当地居民提供了可靠、稳定的电力供应,促进了当地经济发展。水电也是一种清洁能源,相较于传统的燃煤发电方式,它大大减少了对大气的污染和温室气体的排放,符合斐济国家对可再生能源的倡导和保护环境的需求,为促进可持续发展发挥了积极作用。

一座精品工程,创新是其基础,绿色是其底色。斐济南德瑞瓦图(Nadarivatu)水电站的建成是中国企业在国际水电领域的重要突破,中水北方公司以先进的工程技术和丰富的经验,面对陌生国度、陌生标准,一步步摸索,一点点突破,完成了多个领域的技术创新,将该水电站打造成为南太平洋的“绿色明珠”,展现了中国企业在水电领域的技术实力和工程管理能力。未来,中水北方公司的工程师们将秉持新时代水利精神,以先进的设计理念推动水利技术不断进步,中国水电也将与“一带一路”沿线各国的发展繁荣紧密相连,越来越多的中国水电品牌必将照亮世界各地。

拓古今丝绸之路,筑中肯友谊之桥
——肯尼亚内罗毕快速路

千年之前,人们带着对远方的无限遐想,踏上漫漫丝路,将生命的孤岛连接成文明的绿洲。今天,不断延伸的“一带一路”,承载着构建人类命运共同体的美好愿景。在共建“一带一路”的过程中,中国路桥工程有限责任公司(以下简称中国路桥)及中交公路规划设计院有限公司(以下简称中交公规院)作为交通建设的“先锋队”始终冲锋在前。他们是来自中国的建设者,沿着古人的足迹,在丝绸之路的版图上绘制出一幅幅基础设施建设的蓝图;他们是沟通文明、交流文化的筑梦使者,在“一带一路”发展中不断书写联通、畅通、沟通的美丽篇章。

（一）中国队伍联合打造肯尼亚国门第一路

在东非肯尼亚的首都内罗毕，一条延绵27公里的城市快速路拔地而起，贯通南北，连接肯雅塔国际机场，直至城区腹地，串联起肯尼亚首都内罗毕中心商业区和周边地区。恰似一双妙手，拨开熙攘喧嚣的人群和车流，托举出一条崭新的城市快速通道，为这颗璀璨的“东非明珠”系上了一条亮丽的银色丝带。这就是由中国路桥以建设—运营—转移（BOT）模式投资开发的内罗毕快速路，被誉为肯尼亚“国门第一路”。

内罗毕是肯尼亚的首都和最大城市，也是东非地区的商业、金融和交通中心。随着城市规模的扩大，内罗毕的道路系统已经无法满足不断增长的交通需求。市中心及其周边地区的道路狭窄，车道数量不足，极易导致交通堵塞。

2018年中非合作论坛期间，时任肯尼亚总统的乌胡鲁·肯雅塔与中国交通建设集团有限公司领导会面，针对此项目的实施展开商议。之后，中国路桥为肯政府提供了投建营一体化一揽子解决方案，这也是中国企业在肯尼亚及东非投资的首个大型基础设施项目，开创了中肯两国合作的新模式。项目凭借着从设计、施工到管理运营的“全华班”建设队伍，身上镌刻了“中国智造”的烙印。

内罗毕快速路采用肯尼亚A级国道标准建设，设计速度80公里/小时。主线标准断面宽度采用双向六车道28.6米和双向四车道21.6米标准宽度。路基段总长18.5千米，桥梁总长8.6千米。项目全线设置10处互通式立交，2座主线收费站，25座匝道收费站，总计27座收费站。2020年7月1日开工建设，2022年5月13日贯通并初验合格，同年5月14日试运营。

项目的建成具有重大示范意义，极大地增强了城市路网内部的连通性和互通枢纽的便捷性，有效缓解内罗毕交通拥堵，提升了城市规划水平，畅通了内罗毕市中心与周边地区的联系，增强了内罗毕的辐射力，推动了整个地区的经济发展。

（二）技术和智慧助力路路畅通

本项目贯穿首都内罗毕市中心，途经内罗毕中央商务区、国家博物馆、国家体育场、议会大厦、总统府等重要地标。线位沿主干道中分带布设，现状道路和地下管网交织纵横，且项目建设用地紧张，对勘察测量的精度提出极高要求。为适应桥梁断面宽度不断变化，同时避让桥下既有道路和地下管线，桥梁下部结构采用独柱悬臂墩、双柱悬臂墩、悬臂门架墩、双柱门架墩、三柱门架墩、花瓶墩等共48种桥墩类型，37种预制构件。

在桥梁结构设计方面，本项目采用全预制装配化桥梁。上部采用预制小箱梁，下部采用预制装配式桥墩。考虑既有道路现状、施工设备投入、预制构件入场道路等实施条件，统计分析桥梁跨度、墩高、盖梁长度，利用大数据，寻找块件最少和模块通用平衡的最优化设计。在盖梁预制块和墩柱预制块连接方案上，产学研结合，边实践边设计，采用灌浆套筒、双螺纹套管等新工艺，施工快捷、节能环保，大幅缩短了施工时间。

设计团队中交公规院积极探索智能数字信息化技术在桥梁设计项目的应用，自主开发了桥梁智能设计系统。程序自动生成部分设计图纸，提升桥梁设计工作效率，解决了生产项目设计工作痛点。桥梁图纸约70%由程序完成，工作效率提高50%以上，大大减少了图纸的出错率。

施工过程中，根据桥梁结构，考虑到既有道路交通拥堵、建设期保通压力大、环境敏感区密集、建设期降尘、减噪要求高等问题，采用BIM数字化技术对各模块进行精细化建模，工厂实施智能化制造，减少了大量的现场作业，将施工带来的不利影响降到最低。

项目施工方中国路桥在国内运营体系的基础上，根据当地特点，对商业模式、收费运转体系、支付模式、解缴款模式、人员排班、收费员通勤等一系列具体事项作出适应性调整，创新了管理模式，提高了管理效率。在商业模式上，项目公司根据当地银行卡、信用卡、移动支付使用普及情况，确定了非现金业务即ETC和MTC卡的预付购买点券模式，有效避免了现场支付失败带来的通行效率下降。在人员排班上，由国内常见的四班三运转调整为更符合当地实际的三班二运转，同时增加长白班岗位，有效降低了成本，也减少了频繁交接班带来的管理压力。

项目设计方中交公规院和项目施工方中国路桥在施工过程中有效衔接，密切配合，实现设计施工一体化，从项目开工建设到完工，仅仅用时18个月，充分展示了中国建设团队的超高智慧和扎实技术功底。

（三）“国门第一路”铺就发展致富路

截至2023年2月6日，内罗毕快速路累计通行车辆突破1000万辆，日均车流量从运营初期的1万辆增长至目前的5.5万辆，单日最高车流量达6.3万辆，标志着内罗毕快速路进入常态化运营阶段，已经成为当地首屈一指的交通，城市内通行时间已经由原本的2小时缩短至20分钟，有效降低了通勤成本。

项目在建设期雇佣当地员工超6000人，200家当地分包商和数百家当地建筑材料供应商受益。另外，项目在运营期雇佣当地员工超500人，占员工总数约95%。快速路提升了肯尼亚政府在道路建设领域的工业水平和技术能力，年轻人可以将所学技术应用于其他项目，提供建筑材料的工厂也有不错的市场前景。首届内罗毕马拉松在快速路上成功举办，进而促进旅游、商贸等多个产业发展，造福数百万肯尼亚居民。

内罗毕市中心段快速路

肯尼亚是“一带一路”倡议下，受益最多的国家之一。包括肯尼亚内罗毕快速路在内，中国主导建设的一批交通基础设施显著提升了内罗毕的地区交通枢纽的地位，中国正在成为非洲以及肯尼亚当地影响力最大的国家。中国路桥及中交公规院作为有责任、有担当、有情怀的央企，一直致力于践行“一带一路”倡议并参与世界的交通建设，努力造福“一带一路”沿线各国人民。

菲迪克2023年获奖项目案例选

杭州西站综合交通枢纽工程

(一)项目概况及建设意义

杭州西站综合交通枢纽工程总建筑面积约77.8万㎡,国铁站场总规模11台20线,引入杭黄、杭温、合杭、沪乍杭、杭临绩5条高铁线通达5省,引入4条地铁线串联3大交通枢纽;南北站城综合体包含8栋超高层塔楼、4座雨棚上盖开发楼及"云门"综合体,整体开发量为182万㎡,是"轨道上的城市—杭州云城"的核心和引擎。

杭州西站集合应用了TOD开发、路地交通数据互联互通、智能建造、智能运维、绿色低碳等多项技术,创造1项世界第一,2项中国第一,是中国综合交通枢纽"站—城—产"多维度深度融合的示范工程。杭州西站平安护送参会人员、观众出行87万人次,圆满完成第19届亚(残)运会服务保障工作。

根据《杭州铁路枢纽规划》(2016—2030),远期杭州将形成"一轴两翼双十字双环六客站"的铁路枢纽总体布局,杭州西站是"六客站"的重要组成部分。

杭州西站作为杭州面向长三角地区、全国乃至全球的门户形象,担负着推动杭州进一步迈向国际化的重任。

(二)设计理念

杭州西站的设计符合国家、行业及地方法律法规、政策要求,满足设计精度、质量安全、技术先进、投资合理。方案总体以“云”的形象出现，形成既统一、又鲜明的整体造型。综合体部分整体塑造8栋超高层塔楼，同时在面对城市主要方向的南广场设计了标志性的“云门”，通过立面的虚实变化展现出中国传统山水画的韵律变化。未来这既是西站的标志，也将是整个西部科创片区的标志。

杭州西站综合交通枢纽正立面

1.理念创新的站城融合客站

本项目体现了建车站就是建城市的创新发展理念。将杭州西站、杭州云城、数字经济和互联网产业统筹规划、深度融合，使交通节点价值、城市功能价值和产业效益价值发挥到最高水平，实现了各方共赢、效益最优的发展格局。

2.开拓性实施数字化改革的智慧客站

本项目将国铁与城市数据互联互通，实现了旅客服务智能化，融合出行一体化，设备管理智能化，智能运维一体化，安全指挥智能化，应急联动一体化。

通过全生命周期的BIM技术辅助设计、施工和运维管理。

3.首个获得绿建三星的夏热冬冷地区绿色客站

本项目节地节水,节能减排,保护真山,利用原河,在车站中能见绿水青山,体现了尊重环境、生态环保的可持续发展原则。应用了多项先进的绿色低碳设计技术和装配式建造技术减少环境污染,节约资源能源,填补了夏热冬冷地区特大型铁路客站绿建三星的空白。

4.倡导社会公平、尊重历史文化的多功能客站

本项目设置了科创交流中心,为数十家小型科技企业提供优质的创业办公空间;设置了文化展览中心,展示了本站建设现场发掘的从战国到明清的文物标本约800件,体现了倡导社会公平,尊重历史文化的精神。

(三)创新亮点

杭州西站综合交通枢纽全面落实"精心、精细、精致、精品"建设新要求,瞄准世界客站先进设计理念、先进设计水平,通过前瞻设计、智能运维,实现了理念创新、流线创新、开发创新、智能创新、绿色创新、结构创新。

1.理念创新

杭州西站综合交通枢纽将站城融合理念贯穿于设计、建设的全过程,对于探索站城融合发展作出了创新性突破。依托杭州西站的建设,西站"云城"成为高铁与城市相辅相成、共同发展的新一代高铁新城。杭州西站被诸多主流媒体誉为"中国站城融合新标杆"。

2.流线创新

国际首创两个国铁站场拉开28米建立中央换乘系统的国家专利技术,从地铁站台至国铁候车厅只需3分钟,与相近规模传统铁路客站相比,换乘距离减少200m,换乘效率提升45%。

3.开发创新

研发了新建高铁站上盖综合开发国家专利技术,空中造地3.1万m²,总开发建筑面积约5万m²,节省了价值2.3亿元的土地资源,实现土地资源的立体高效利用。

4.智能创新

国内首创路地数据融合应用模式及一体化交通出行应用平台,实现以高

铁客流数据驱动的城市公交运力调度优化，提高路地协同运营效率约30%，提高旅客出行效率约20%。构建了智慧节能的客站建筑设备管理系统和精准高效的智能运维系统，该系统可节省人力约50%，节约能源约15%，提高了站房综合运行管理效能。

5.绿色创新

利用太阳能、空气能等可再生能源、雨水回用等非传统水源、提高设备能效等绿色低碳设计策略，每年可减少CO_2排放约4800吨，减少用电约610万度。雨水回收利用系统每年减少用水量2.6万m^3。

6.结构创新

国内率先采用具有正线桥建合一的“型钢混凝土柱＋双向预应力混凝土箱型框架梁”承轨层结构体系。该结构体系减少了结构分缝及高架层的跨度，利于建筑防水、优化了站厅及站台空间效果、提高了高架结构和屋面的经济性、同时为施工创造了便利条件。对比传统桥建合一的型钢混凝土梁柱，结构高度优化了约10%，工程造价节省约20%。

（四）综合效益

1.社会效益

作为“轨道上的长三角”重要节点工程以及杭州亚运会配套工程，杭州西站综合交通枢纽高质量、快速的建设工期仅有33个月。2022年9月正式运营通车以来，获得了社会各界广泛的高度评价，作为贯彻站城融合发展理念的标杆之作，引领了中国站城融合发展的新探索。

杭州西站的建成有利于杭州融入“一带一路”和长江经济带发展战略，与长三角城市群的全面对接，推动杭州旅游西进战略的实施，有利于增强杭州都市圈对区域的辐射力与影响力。杭州西站助力杭州亚运会，为杭州提供了有效的交通保障，取得了巨大的社会示范效应。

2.经济效益

杭州西站综合交通枢纽在整体设计过程中始终秉持经济性理念、精细化设计，在总体方案布局、重要结构选型、基坑方向性方案选择、合理施工组织、永临结合等方面始终贯穿经济性分析，与同时期七大站统计分析比较，车站综合体单方费用指标11227元/平方米，低于平均水平，经济合理。

杭州西站的建设直接惠及杭州云城58平方公里40万人口，规划就业岗位42万个。雨棚上盖开发节省了价值2.3亿元的土地资源。2023年杭州西光伏发电站创收192.21万元，远超可研预期。创新设计空调系统，空调运行费用每年可降低189万元，相当于每年节约标准煤756吨，具有显著的经济效益和环境效益。

杭州西站综合交通枢纽的建设，提升了周边区域的区位优势和交通条件优势，吸引人流、资金流和优质企业，从而促进区域产业量和质的飞跃，大大增加区域的产业收益，驱动了杭州城西科创大走廊数字经济的发展，有效缩小了城市东、西部的经济增长差距。

克罗地亚佩列沙茨跨海大桥

（一）工程项目简介

佩列沙茨跨海大桥（Pelješac Bridge）位于克罗地亚南部，横跨亚得里亚海的马里斯顿湾，连接克罗地亚大陆和佩列沙茨半岛。

佩列沙茨跨海大桥及连接线路线全长为3.94km，按双向两车道I类道路（State road）、设计时速90km/h标准建设。其中，大桥总长2404m，桥面宽22.5m，主体结构为六塔中央单索面钢箱梁斜拉桥，采用半刚接体系，按欧洲规范及克罗地亚国家附录设计，设计使用年限100年，采用单孔双向通航，通航净空为200×55m。

本项目由中国路桥工程有限责任公司牵头中交公路规划设计院有限公司、中交第二公路工程局有限公司、中交第二航务工程局组成的联营体中标。

（二）工程建设特点及难点

1.建设环境复杂

本项目所在的马里斯通海湾环境优美且属于欧盟Natura2000生态保护网，环保要求严格，施工方案选择必须满足相关要求；海洋环境，耐久性要求高;海水最深约27m;地质条件差,覆盖层最厚达102m,基岩面深,海床面以下50—60m深度为软黏土,软土层厚度大,承载力低;地震烈度高,地震动峰值加速度0.34g(1/475);风速大,50年一遇基本风速33.7m/s。以上苛刻的建设条件,对结构的选型和材料的选取均提出了极高的要求。

佩列沙茨大桥

2.钢管桩打设标准要求高

本项目采用欧洲标准体系,对钢管桩制造和插打要求高:钢结构加工制作质量检测标准为EXC4 B+标准(该标准为欧盟钢结构加工制造的最高等级);钢管桩插打精度为桩身垂度不大于1%,单桩检测承载力必须满足设计要求;验收合格率须达到100%;项目管理等层面也均要求达到欧盟水准。为避免海上高精度对接(圆度和垂直度)、双面焊接工艺的施工风险和隐患,综合考虑钢管桩长度和插打需求,最终采用我国当时世界上最大的打桩船“雄程1号”配备荷兰进口IHC－S800液压锤进行整根钢管桩一次打入施工,130.6米也创下了当时世界上最长钢管桩打入桩一次打入的长度纪录。

3.钢结构加工制造难度大

大桥基础采用钢管桩基础,上部结构主梁采用钢箱梁,钢材用量分别达到3.1万吨和3.47万吨,占整个工程造价的74%以上。欧洲规范最高EXC4 B+

的钢结构施工等级给项目钢结构的加工、制造、安装均带来了巨大挑战。通过提高加工制造自动化水平，降低人工焊接及打磨对产品质量的影响，解决了EXC4高质量要求。

4.施工组织、材料运输难度大

项目处于欧盟海洋自然保护区，传统的搭设水上施工便桥的施工方案需要经过极其严格的审批，周期冗长，在合同规定的项目建设周期内无法完成。经系统分析研究，最终采用主要依托施工船舶的纯水上施工方案。由于欧洲区域内大型工程船舶紧缺且钢结构加工厂产能有限，根据项目需求，利用大型半潜驳船先后自国内调遣了20余艘工程船，先后7船次将7万吨钢管桩和钢箱梁运抵现场。从国内到克罗地亚运距长，运输周期最少也要1个月时间，需要对车间加工进度、现场存放空间及现场安装进度等进行精准把控和预判，需要合理安排船期、选择合适船型，这些对项目的组织和材料的运输均提出了极高要求。疫情防控期间全球海运费的疯狂增长，更是叠加了项目的建设挑战。

（三）工程亮点及技术创新

1.基于设计施工全过程的精细化设计

超长大直径钢管桩整体打入至基岩。大桥共设置150根钢管桩，钢管桩钢结构焊接施工标准为欧洲规范最高标准EXC4，现场焊接施工难度极高，加之项目区域恶劣天气频发，经反复优化设计和施工思路，最终调整为整根打设方案，对桩底2m长范围内钢管进行了加强设计，提高了施工工效，避免了分节打设施工的质量和安全风险。

薄壁空心墩墩顶实心段免拆除预制混凝土底模设计。根据墩顶实心现浇段厚度计算预制底模厚度及配筋、船舶等设备的运输和吊装能力，创新设计了墩顶实心墩免拆除预制混凝土底模，对预制混凝土底模进行分块，底模混凝土预制，实心段浇筑前吊装底模、现浇分块间后浇槽，实心段混凝土浇筑。

优化钢箱梁板厚尺寸。钢箱梁设计过程中，设计团队在保证结构受力安全的前提下，从降低制作难度、提高生产效率的角度出发，对全桥钢箱梁板厚尺寸进行了多轮优化，最终梁内焊缝减少2390m，占最初设计总焊缝量35%，节约成本约200万元，缩短制造工期3个月。

钢管桩搭设噪声控制。桥位海域生活着超过26种鱼类，而且牡蛎、鱼类等海洋养殖业发达。为控制打桩过程中产生的巨大噪声，满足欧盟对噪声控制在65分贝以内的环保要求，设置了气泡帷幕降低噪声对于周边环境影响，同时在居民区设置噪声监测设施，以尽可能降低施工对周边居民的影响。打桩过程中实测桥位附近1公里处村内噪声均在45分贝左右，整个打桩过程对桥位附近欧盟著名的牡蛎养殖基地未造成任何影响。

2.可单侧换索的矮塔斜拉桥拉索塔端锚箱设计

本项目新型塔上拉索钢锚箱构造主要由受拉主腹板、加强板、锚下承压板、锚箱下方混凝土传力板等组成，塔柱左右两侧斜拉索分别在塔外锚固。钢锚箱本身是一个独立且稳定的构件，整体性能好，在斜拉索作用下力的传递非常明确，可避免拉索滑移磨损问题，锚固更可靠，还方便运营期检测维修，可对塔柱单侧索进行更换，换索方便且维护费用低。

3."下沉式空腔预制混凝土底模+钢侧板"的承台预制组合套箱创新设计

创新性地采用了"下沉式空腔预制混凝土底板＋钢侧板"的承台预制组合套箱作为封水结构和承台混凝土浇筑的模板，较常规封底施工减少混凝土用量70%以上，降低了封水难度，极大地提高了施工效率，同时又避免了传统封底混凝土施工对周边水域环境的污染。实现套箱结构轻型化、装配化、可周转化，既提高工效，又满足海域环保要求。

钢侧板采用板柱式结构，由型钢和钢板组合焊接而成，结构轻质、可装配，便于周转重复利用。套箱钢侧板与预制混凝土底板、钢侧板分块拼接均采用螺栓连接，并采用三层组合式防水材料封水体系。创新设计采用承台套箱下放的桩顶锚固基座，避免了水下焊接。

4.基于全寿命周期的精细化的排水系统设计

考虑到大桥所在海域环保要求极高，在全桥钢箱梁内部设置完善的集中排水及应急排水系统，并采取多重措施保障排水系统的正常使用及耐久性。一方面，在箱内设置横向排水管以及纵向排水管，适应主梁曲线、超高排水需求，保障桥面径流汇集通畅；另一方面，排水管的吊架设计具有宜装配、稳定性好、适应性强的特点。为防止排水系统漏水后出现箱内积水，在各墩处纵坡低点处的钢箱梁梁底设置紧急排水孔；为避免箱梁内因内外温差及湿度产生冷凝水而积水，在钢箱梁底板及斜底板均设置冷凝水排放孔。

5.注重“可达到、可检查、可维护、可更换”

统筹考虑后期养护管理需求，合理设置检修通道，全面提高养护便利化水平。为了方便梁内检修，本桥在各箱室内设计了全桥可通达的检修通道。检修通道采用装配式栓接连接，避免在梁内进行大量焊接污染环境，提高总体工效。

6.建成贯穿施工及运营阶段的大桥健康监测系统

按欧盟标准建成了首个大型跨海斜拉桥施工、运营一体化健康监测系统。监测系统包括745个测点，8个采集单元，创新采用分布式采集、无线传输、自研数据采集处理软件、PowerBI云等技术构成的系统架构，实现了同步土建（桩基墩塔梁索）、同步安装相应传感器、同步连续采集数据、同步应用数据。为桩基浇筑、墩塔修建、主梁安装等工序提供了实时监测数据，萨格勒布大学依托本系统出具了成桥荷载试验报告，满足了土建单位、主设计师、监理、业主等多方的数据需求，继续为运营期提供技术支撑。

（四）项目综合效益

佩列沙茨大桥多项新技术、新工艺的应用，节省了数千万元建设成本，有效缩短了工期，确保大桥按照欧洲最高质量、最高环境标准，在合同要求的建设工期内（含施工图设计）完成建设任务。

佩列沙茨大桥是克罗地亚人民渴盼三百年的“统一之桥”，不仅改变了克罗地亚南北国土间通行需要出入波黑的窘境，大幅缩短了通行时间，实现当地民众长期以来的夙愿，极大便利人员、物流畅通，促进克罗地亚经济社会发展和民生改善，也拉近了中克两国人民之间的距离，成为促进两国友好的“友谊之桥、民生之桥、合作之桥”。

佩列沙茨跨海大桥是中国企业通过公开投标、公平竞争中标的项目，是中克建交以来规模最大的交通基础设施建设项目。遵循市场原则、遵守欧盟规则，既让中欧之间资金、标准、装备与材料的无缝衔接从可能变成了现实，更是打造了中国、克罗地亚、欧盟开展三方优势互补、互利共赢的市场合作典范，为今后中国企业进入欧盟承接更多基建项目提供了宝贵的经验。该项目已成为克罗地亚南部的地标性建筑，也成为“一带一路”和中国－中东欧国家合作成功的标志性项目。

佩列沙茨跨海大桥项目的建成，在国内外引起了强烈反响，获得2023年菲迪克FIDIC基础设施项目卓越奖的同时，还获得2023年国际桥梁大会(IBC)古斯塔夫林德撒尔奖、2023年《美国工程杂志》ENR国际优胜项目奖、2023年《桥梁》杂志十大最美桥梁奖等40余项荣誉。核心期刊发表论文16篇，成功申报技术创新成果30项，已获批专利24项。

白鹤滩水电站

(一)项目简介及建设意义

白鹤滩水电站，坝址位于四川省宁南县和云南省巧家县境内，为金沙江下游四个水电梯级——乌东德、白鹤滩、溪洛渡、向家坝中的第二个梯级。白鹤滩水电站总装机容量达1600万千瓦，是仅次于三峡水电站的世界第二大水电站。

白鹤滩水电站是金沙江水电基地的骨干工程，也是“西电东送”中部通道的骨干电源点之一，发电效益巨大。它的建成投产标志着我国在长江之上建成世界最大清洁能源走廊，对保障长江流域防洪、发电、航运、水资源综合利用和水生态安全具有重要意义。同时，对改善电网电源结构，缓解地区能源短缺状况，促进全国能源结构优化配置具有重要作用。

白鹤滩水电站建成后在发挥发电、防洪等作用的同时，还有拦沙、发展库区航运、改善下游通航条件和促进地方经济发展和移民群众脱贫致富等综合利用效益。电站建成后，水库拦截大量悬移质泥沙及全部推移质泥沙，可减少溪洛渡、向家坝和三峡水库的入库泥沙和库区泥沙淤积，有利于改善三峡库区的通航条件和重庆港防淤。可在不同时期实现库区全程或局部通航、增加下游通航河段的枯水期河道流量，直接改善下游枯水期航道通航条件。

白鹤滩水电站的建设是促进长江经济带建设，实现稳增长、调结构、惠民生的重要举措。白鹤滩水电站工程建设显著改善了工程周边地区的交通、电力、通讯等基础设施条件，带动当地相关产业发展，推动经济增长，增加地方税收和就业，对推动地区经济社会发展、提高人民生产生活和文化水平具有较大的促进作用。

(二)项目特点

建筑物规模宏大。混凝土双曲拱坝最大坝高达289米,具有“窄河谷、高拱坝、巨泄量、多机组”的特点,属世界级特高拱坝。电站枢纽主要由混凝土双曲拱坝、岸边泄洪洞、两岸地下引水发电系统等组成。电站左、右岸地下厂房内各安装8台我国完全自主研发的单机容量100万千瓦的立轴混流式水轮发电机组,是世界上第一批单机容量达百万千瓦级的最强水电“心脏”,多年平均发电量611亿千瓦时。

枢纽建筑物工程量巨大。坝址两岸地形陡峻,开挖施工道路布置困难。白鹤滩土石方开挖总量超过9400万立方米,开挖工程量远大于同类电站溪洛渡和小湾,仅次于三峡工程,且坝区为峡谷地形,适合弃渣的地形有限。其中,右岸坝肩开挖高度超过600米。开挖施工方法系统研究了出渣方案、河道截流时机、开挖强度和进度等关系,研究开挖料的调运和土石方平衡,采用成熟、先进的施工机械、施工方法,优化施工组织,制订了合理、可靠、先进的进度计划保证发电工期,实现了工程效益最大化。

混凝土浇筑总量大,施工强度高。项目混凝土浇筑总量超过1700万立方米,其中,拱坝坝体混凝土工程量近900万立方米,浇筑技术难度大,大坝上升速度和浇筑强度均居国内外同类混凝土双曲拱坝前列。项目通过结合地形条件深入研究缆机和供料线布置,妥善解决了混凝土供应和垂直运输入仓问题,并研究布置多层混凝土拌和系统的可能性,为大坝快速施工创造了条件。

(三)创新成果

白鹤滩水电站工程规模巨大,地质条件复杂,工程地处金沙江干热河谷地带,综合技术难度位居世界第一,主要技术指标创多项世界第一。

采用我国自主设计制造的单机容量为100万千瓦的机组水轮发电机,单机容量世界第一。白鹤滩水电站水电机组单机容量100万千瓦,是世界上首批百万千瓦机组。中国东方电气集团有限公司、哈尔滨电气集团有限公司会同中国长江三峡集团有限公司、中国电建集团华东勘测设计研究院有限公司在白鹤滩水轮发电机组产品研发、设计、工艺上进行了大量自主创新，自主掌握了100万千瓦水轮发电机设计制造的关键技术，成功制造出100万千瓦机组。白鹤滩水电站100万千瓦水轮发电机组的成功研制，将引领世界发电装备制造业技术再进步，打造世界发电设备行业新标杆，带动水电产业迎来新的变革，大幅推动水电行业新发展。

创新混凝土浇筑技术，全坝使用低热水泥混凝土属世界首次。项目创新研发了一系列混凝土浇筑的技术，如大断面高边墙低坍落度混凝土上料系统、大坡度重载快速自动供料系统，开发大坡度变断面液压自行走混凝土衬砌台车、大跨度重型三辊轴底板混凝土整平设备、智能保湿养护设备，通过一系列的混凝土浇筑技术创新与设备创新，泄洪洞混凝土实现了体型精准、平整光滑、耐磨防裂，达到镜面效果。

攻克世界级难题，工程创新设计不断突破。工程创新设计，攻克了特高拱坝抗震措施、柱状节理玄武岩坝基处理、拱坝低热水泥混凝土应用、地下厂房洞室群高应力围岩稳定、谷幅变形对拱坝影响、左岸深卸荷边坡处理、泥石流灾害治理等世界级难题，形成了一系列设计、技术创新成果。特别是针对泄洪洞高流速过流面混凝土抗冲耐磨防裂难题，为实现“无缝”目标，工程人员利用北斗导航系统实现对浇筑阶段的实时监控、全面感知，白鹤滩特高拱坝采用我国自主研发的低热水泥，有效控制混凝土最高温度，防止混凝土温度裂缝，实现了300米级大坝无一毫米级温度裂缝。

构建智能建造体系，搭建项目总体智能构架。为全面保障白鹤滩特高拱坝建设，在遵循全面感知、真实分析、实时控制的智能建造理念基础上，以解决现场施工中的实际问题为导向，构建覆盖工程建设全过程的智能建造体系，形成了包括“信息管理协同工作平台、施工全过程监控、温控全过程监控、安全与进度仿真、长期运行安全特性仿真”五个方面的大坝工程智能建造项目总体构架。大坝智能建造系统对工程建设管理水平提升发挥了重要作用，在行业内起到了引领和示范效应。

金沙江白鹤滩水电站获得了菲迪克“2023年全球基础设施奖”中的“卓越工程项目奖”，还获得了行业学会级科技进步奖、技术发明奖一等奖6项，二等奖3项，三等奖1项。其中，《白鹤滩水电站巨型地下厂房洞室群岩石力学关键问题及其防控技术》获中国岩石力学与工程学会科学技术奖特等奖。

白鹤滩水电站全景图

南宁市轨道交通5号线一期工程

(一)项目概况

南宁市轨道交通5号线一期工程是南宁市轨道交通线网体系实施的第五条线路,采用国际最高等级(GOA4等级)建设与运营,线路全长20.2公里,全部为地下线,共设车站17座,其中换乘站6座,新建那洪车辆基地一座。最高运行速度80公里/小时,工程总投资145亿元,于2021年12月16日高质量开通运营。

该线路创造了多项中国城轨交通建设第一,是中国华南首条轨道交通全自动运行线路,开创了南宁市"智慧城轨"的新篇章,满足了主城区884万市民便捷、高效、绿色出行需求,对拉大城市骨架、促进沿线区域经济发展和城市规划建设起到重要的推动作用。

(二)工程特点

5号线践行了绿色、生态、智慧、以人为本、站城融合等创新设计理念,主要工程特点如下:

线站位方案科学合理，便捷乘客城轨出行。精细化分析沿线土地现状及规划，合理制定站位方案，实现了网络运营的强鲁棒性、低脆性。

创建智慧乘客服务体系，应用智慧车站。项目以提升运营安全、优质服务、降低运营成本为目标，在广西大学站和小鸡村站打造全新的智慧车站试点，利用工业互联网、云计算、大数据分析、人工智能、5G等技术，实现车站的网络化、可视化、协同化、集成化和智慧化管理。

践行节能降碳，全方位采用节能新技术设计。通过设置节能坡、风水联动节能控制系统、再生制动装置、能源管理系统、无功补偿装置、接触网可视化接地系统、在线一体化并机1+1冗余的UPS电源整合系统、智能照明系统、轨道浮置板道床减震、风亭组合消声系统、海绵车辆段等多维方案，构建智能运维安全体系，应用全方位的节能减排技术，使5号线在建设及运营过程中大幅度降低能耗，推进轨道交通低碳运营。

可持续发展，TOD站城一体化开发创新实践。五一立交站站域一体化设计，衔接地上、地下等城市功能，采用多层次、多形式的串联融合方式，开启了南宁地铁站城一体化的新纪元，是广西区域TOD城市联动开发，带动片区旧城改造的典范。结合区域特点，在广西大学站站后区间上方开发了一条建筑面积3.2万平方米的地下商业街，串联起沿线地块，扩大、提升原有的商圈格局，为该区域的生活品质增添了浓墨重彩的一笔。

华南地区首条全自动运行线路车辆

创建“文化城轨”，水韵绿城装饰方案，彰显国际化风采。全线装修设标准站15座，文化站2座。车站装饰设计以体现交通建筑特色、体现城市特色并符合标准化体系原则，“一线一景”与“一站一景”相结合的设计理念。其中，文化站提取邕江“水”元素运用在天花造型上，对站点文化进行了挖掘与提炼并融入艺术墙，既起到区别于标准站的作用，又提升全线的设计亮点。

（三）项目创新成果

1.国内首次采用双模盾构工法，盾构小角度下穿运营地铁站

泥水/土压双模盾构工法应用。5号线五一立交至新秀公园站区间在粉土、粉细砂地层下穿老旧密集建筑物，采用气垫直排式泥水/土压双模式盾构机，通过双模式转换掘进，有效解决了控制富水圆砾地层下地表沉降、泥岩地层掘进效率低的“双难题”，为顺利穿越提供了技术保障。

攻克盾构施工极限。由于5号线线路与1号线车站连续墙呈55°角斜交，盾构在穿越的过程中，会使刀盘受力不均，导致盾构姿态不可控，影响隧道施工的安全。综合研究，采取在1号线车站南侧连续墙外地面打设“素桩三角区”的措施，使其与隧道线路垂直，并采用信息化设计与施工控制，成功解决了盾构小角度、近距离、富水圆砾地层下穿运营地铁车站的难题，确保了既有线的运营安全。

2.装配式结构在设计中创新应用

针对车站现浇站台板施工存在问题应用了装配式站台板结构。经过标准化设计，采用装配式结构，有效控制了钢模板数量，降低了安装难度，提高施工效率，有效节约了工期。

针对那洪车辆基地用地较紧、管线较多的特点，引入全断面装配式综合管沟。采用BIM协同设计开洞、仿真模拟、差错漏碰检测等措施，提高了综合管沟施工质量，工期缩短约45%。

区间管道采用预埋槽道转换支架装配式安装技术。实现整个盾构区间管道零打孔安装，提高施工效率同时避免了对管片的破坏，有效保证机电安装阶段的工期，对推动机电设备工程建设标准化以及产业升级具有重要的积极意义。

3.国内首次应用生态智能场段

那洪车辆基地在设计过程中践行生态可持续发展理念，构建“1+N”场段

绿色生态体系，将智能运维、生态海绵、绿色低碳、民族（壮族）特色厂房、装配式综合管廊、上盖开发集合于一体。同时创新研发了国内首套全自动驾驶车辆基地作业综合管理系统，首创自动驾驶区互联互锁的安全防护及检修作业质量自动管控评价技术，填补国内全自动驾驶区域安全管控方面的空白。

4.华南地区首条全自动运行线路

项目采用综合监控系统，车辆从库内唤醒、出库、正线运营、洗车入库到休眠，全过程无需人工干预，可自主实现全过程自动化运行；同时，车辆配置专家诊断系统，将列车的实时运营数据自动发送给控制中心，并通过大数据进行故障分析、列车健康诊断、处置措施推送，为全自动运行及维护提供有力保障。

（四）综合效益

1.社会效益

以“绿城水韵”为全线文化主题，依托“生态文化”营造特色装修效果，打造“人景共生”“中国绿城”和“国家生态园林城市”的可持续发展城市名片；带动区域发展。项目串连了城市多个区域中心，拉大了城市空间发展骨架，为居民出行提供方便快捷的通道，拉动沿线客流出行、促进城市健康发展。

2.经济效益

项目在1、2、3、4号线“十”字型线网骨架基础上形成线网，带动沿线地区的发展。既有楼盘房价随着地铁的开通，已上涨约40%－50%。节约乘客时间，创造经济价值。5号线日均客流量20万人次，按地铁出行节省30分钟/天，平均创造社会财富20元/人·小时计，累计价值6.69亿元/年。

3.环境效益

轨道交通形成集约型的土地开发形式，有利于土地开发资源的节约和环境的保护；全线各车站、车辆段、主变电站场地噪声标准均满足《声环境质量标准》，减少了环境噪声污染；线路采用节能坡设计、预埋滑槽技术、再生制动能量回收装置、智慧车站、风水联动技术、生态智能车辆段，充分利用太阳能和空气源热能等大量措施，有效地实现节能减排。

济南市轨道交通3号线一期工程

（一）工程简介

济南市轨道交通3号线是有“泉城”之称的山东省济南市穿越城区建设的第一条全地下线路。一期工程南起龙洞，北至滩头，全长21.59公里，是济南东部新城南北向快速客运走廊。沿线经过龙洞、东部中央商务区、贤文、盛福庄、王舍人等片区，是连接主城东部中心、机场、空港组团的纵向线路，是东部新城南北向快速客运走廊，衔接济南东站、遥墙机场等对外枢纽。

一期工程设地下车站13座，设济南东车辆段、龙洞停车场各1处，采用B型车6辆编组，最高设计速度100公里/小时，投资概算约149.22亿元，2019年12月28日建成通车试运营。

该工程创新性地解决了兼顾泉域地下水保护和地铁工程建设的世界难题，其建成运营实现了沿线每年约2600万人次的绿色低碳快速出行，助力具有3500年悠久历史的“泉城”可持续发展。

（二）工程咨询理念

本项目精心呵护“泉城”独特的自然与文化遗产，秉承保泉优先原则，创新应用地下水环境流场保护专利技术，采用控制埋深、车站基坑封闭降水与原位回灌等保泉关键技术，为泉域地铁的建设树立了标杆和典范。

将绿色、低碳、节能、节地等设计理念融入设计建设运营全过程：巧妙利用全线164.4m高差进行优化节能和动能回收设计，根据地形地势特点合理节约土建规模；选用可调通风型站台门、变频电梯及空调等节能设备；控配中心与地铁大厦按绿建标准合址共建，龙洞停车场利用下沉绿地、渗透植草沟、生物滞留设施打造“海绵城市”。

项目注重全生命周期质量管理，打造安全、高质量的百年工程；全线土建工程预制化率超过75%；根据地质条件和建设环境精选施工工法，节约了大量工程投资;在全线区间隧道应用基于分布式光纤的自动化监测技术,为运营安全实时保驾护航。

(三)工程特点及亮点

应用地下水环境流场保护等专利技术和方案,建成第一条泉域高承压水区域全地下线路,解决了泉水保护与地铁建设的世界性难题。

济南以“泉城”闻名于世,也是城市的名片。为了保护泉水及地下水系,济南地铁的规划与建设已经反复论证了30余年,先后邀请数十位在地质、水文、工程等领域权威院士和国内外知名专家开展了二十余次保泉专题研究论证。

济南市轨道交通3号线一期工程线路走向示意图

3号线一期工程全流程秉承保泉优先的原则,根据沿线地质条件和地下水渗流特征优化线路断面设计和选择适宜的施工工法,地上工程建设做好雨水渗、滞、蓄等海绵城市措施,重点部位的地下车站采用渗流导水通道专项设计技术,确保地下水渗流场安全,该技术获得国家发明专利。基坑采用封闭降水与原位回灌保泉关键技术,全线地下水回灌率达到80%以上。充分利用地形地势特点,将低碳、环保、节能、节地等理念融入设计建设运营全过程,打造“绿色地铁”。

龙洞停车场工程设计:龙洞停车场依山傍水,充分利用高速公路立交桥下空间与山间谷地,既保护了自然风貌又与周边环境融合,总占地仅10.75公顷,综合节地约4.9公顷,减少山体挖方约170万方;采用了8种海绵城市措施(雨水花园、高位花坛、多功能蓄水池(景观湖)、生态停车场、生态调蓄池、绿色屋顶、植草沟、下沉绿地),采用生态、自然的景观手法打造了一座花园式停车场。

借用地势优化土建规模:本工程南北高差达164.4m,项目团队巧妙借用地形地势特点及周边市政工程优化土建规模,如奥体中心站换乘节点处利用地势高差设计为挑空大厅,龙奥大厦站顺应地势高差设计为拱形顶板、有效减少覆土厚度。奥体中心站基坑工程与东侧邻近地块基坑采用对拉锚索支护,减少混凝土451.5立方米、钢支撑376.7吨;有效减少了拆装浪费和污染。

再生制动能量回馈:本工程线路南高北低、呈单面坡形式的全地下线路,线路高差大,多个区段线路坡度高达28‰,有利于车辆再生制动能量的吸收利用,正线牵引变电所内设置了中压逆变型再生电能吸收装置,并根据运营后再生制动能量的实际节约电能分摊设备投资费用,达到了优化设备投资和节能的双重目的。利用再生制动能量回馈技术,初期年综合节能约1276万千瓦时。

可调通风型站台门:地下车站站台门设计为可调通风型站台门。夏季将车站空调与地下区间隧道物理隔离,降低公共区空调冷负荷,减少设备容量,降低系统运行能耗;在过渡季和冬季,可调通风型站台门转换为安全门,充分利用列车运行的活塞风来冷却车站公共区,减少公共区的风机开启时间,降低系统运行能耗。

中国大陆首条全面应用5G通信技术、数字孪生四维地质平台等创新技术的“智慧地铁”。济南市轨道交通3号线是中国首条全部采用5G技术的地铁线路,也是首条应用全频段5/4漏缆+5G POI的地铁线路,打造“智慧地铁”“品质地铁”。列车通过加装车地无线传输系统,实时采集并上传列车状态与数据信息,实现实时监视、应急响应、故障处理、辅助分析,为列车运营提供智能化管理支撑;全线区间隧道应用分布式光纤自动化监测技术,建立了24小时运营安全监测网及智能监测平台,为隧道安全提供良好的技术支撑;采用BIM设计指导施工建设,节省拆改费用约1500万元,节省装修定样500万元,优化工期约4个月。

（四）工程运行情况

2019年12月26日，济南市轨道交通3号线一期开通初期运营，运营单位为济南轨道交通集团第一运营有限公司。

2022年，线路首班车6:00，末班车22:00；总客运量1476.4万人次，进站量1021.6万人次，客运周转量7571.2万人次公里，最大断面客流量0.6万人次/时；配属列车数18列，运营车公里数为1170.2万车公里，日均实际开行251.0列次，最小发车间隔405秒，旅行速度39.1公里/时；牵引能耗2384.5万千瓦时，运营总能耗5486.0万千瓦时。

（五）工程发挥的作用

济南市轨道交通3号线一期工程的开通极大促进了沿线区域经济和社会发展，服务沿线龙洞、奥体、盛福庄、王舍人、济南东站等片区，是连接主城东部中心、机场、空港组团的南北向快速客运走廊。

本工程践行了绿色低碳的国家政策，从全寿命周期对轨道交通各系统进行了综合考虑，统一规划和建设，对于绿色低碳技术在轨道交通行业的应用和创新进行了探索和实践，为我国轨道交通在“双碳”目标下实现绿色低碳建设、可持续发展提供了优秀的范本。

再生制动能量回馈装置回馈电量约占牵引能耗的13%左右，全年可节约电量约350万度；全线地下水回灌率达到80%以上；龙洞停车场采用海绵城市技术措施后，年径流总量控制率75%，总调蓄容积为1344.86立方米，污染物削减率达71.9%，雨水资源利用率为22%。

（六）获奖及专利情况

本项目在国际工程咨询领域以及国内勘察设计、施工领域共获得省部级以上奖励11项，包括优秀设计奖、BIM应用大赛奖、城市轨道交通技术创新推广项目以及中华人民共和国教育部科学技术进步奖等。已获国家知识产权局评定专利27项。形成《城市轨道交通工程沿线既有建（构）筑物鉴定评估技术规程》等山东省地方标准1项、济南轨道交通集团有限公司企业标准2项。

绿汁江大桥

（一）项目简介

绿汁江大桥为云南玉溪至楚雄高速公路的重点控制性工程，位于云南省易门县与双柏县交界处，跨越绿汁江，是世界首座单塔钢箱梁悬索桥。大桥主跨780m，桥梁全长813m。大桥于2019年1月10日开工建设，2022年8月26日建成通车。

绿汁江大桥全景

云南省玉楚高速公路连接玉溪市和楚雄州，是滇中城市圈大外环的重要组成部分。沿线地形以山地高原为主，地形险峻，途经的绿汁江区域地形落差极大，为典型的深切V型峡谷地貌。绿汁江江水湍急，彝族语言中意为“石壁陡峭的江河”。绿汁江大桥秉承生态建设理念，突破了高陡绝壁建桥的工程禁区，研发了新型免维护组合索鞍，实现了边坡零开挖建设目标，提出了艰险山区桥梁防落石冲击成套技术，桥梁与自然完美融合，堪称世界峡谷桥梁建设的典范之作。作为中国国家高速公路网的控制性工程，玉溪至楚雄高速公路绿汁江大桥是少数民族地区实现乡村振兴的关键基础设施。

（二）建设挑战

1.生态环境保护要求高

绿汁江峡谷两岸自然景色壮美动人、生物多样性丰富，绿汁江流域是绿孔雀等多种野生动物的天然栖息地，建桥过程中需最大限度地保护桥区生态环境，保护绿汁江峡谷的自然地貌和野生动植物资源。

2.施工难度大

桥面距离谷底和山顶高度均超过320m，山体总高度达到650m，自然坡度70°~80°，不具备设置桥塔的条件。工程师们采用先进三维激光扫描技术确定了楚雄岸斜坡岩体结构，结合岩石地基承载力及岩石接触面直剪等现场试验结果，开展了该岸岩体结构受力分析，创新性地提出了将悬索桥滚轴式组合索鞍置入隧道锚洞内的设计方案。

3.桥位地形陡峻

楚雄岸地形陡峻几成绝壁，隧道进口段既要满足桥台设置要求，又要满足行车限界的要求。设计团队创新提出“隧道仰拱加深，桥梁伸入隧道”的方案，首次使悬索桥钢箱梁直接伸入断面扩大的连拱隧道约17m，并在连拱隧道底部设置钢箱梁支座。

主桥整体式钢箱梁在接近山体时一分为二，延伸至山体内的主线分幅隧道中，桥台与隧道二衬合二为一。避免了桥台坡面开挖与隧道大断面开挖，以最小的工程代价解决了陡壁上设置桥台的难题。主缆架过玉溪岸的塔顶后一跨飞越绿汁江峡谷，经缆洞穿入绝壁，然后立即转向锚固于山体，实现主缆的支承、转向、散索与锚固。

针对上述挑战，参建各方在桥梁设计、关键构件研发和工程施工等方面开展了深入细致的工作，成效卓著。

（三）项目特点与创新点

1.桥型方案

项目地处中国西南边境，桥位处峡谷深切、地形险峻，受两岸连接村镇高程制约，绿汁江大桥桥面合理高程约为1569.337m，正好从深切峡谷中部穿过。面对高650m、自然坡度70°～80°的陡峭地形，大桥设计舍弃了传统的双塔悬索桥方案，主缆架过玉溪岸的塔顶后一跨飞越绿汁江峡谷，经缆洞穿入绝壁，由新型组合索鞍支承并转向，锚固于山体的隧道锚中，形成了独特的单塔悬索桥结构，突破了高空绝壁建桥的工程禁区。与邻近开阔地带的绕避方案相比，可减小主跨435m，节省投资5亿元。

2.边坡零开挖

悬索桥隧道锚施工，通常在山体正面修建施工便道，通达工作面后开挖隧道锚洞室。楚雄岸山体高达650m，其正面为绝壁，无法修建便道通达隧道锚开挖面，现场考察后最终决定采用迂回战术，先将施工便道绕至山体侧后方，然后修建施工横洞进入山体内部，再向外开凿缆洞、向内开挖隧道锚，实现了边坡零开挖，最大限度地保护了绿汁江峡谷的壮美原始地貌和丰富的野生动植物资源。

3.新型免维护组合索鞍

缆洞内设置索鞍支墩，基于主缆的支承—传力—锚固需求，墩顶采用集“主索鞍”“散索鞍”功能于一体的可滑动组合索鞍。鞍体承担支承主缆、转索和散索的功能，鞍体下设置的滚轴组实现鞍体纵向滑动，使主缆水平力自平衡，避免索股滑移，最终将主缆缆力顺畅地传递到后方锚体上，满足了大桥主缆转向、索股分散锚固、索股抗滑移等各项要求。

4.艰险山区桥梁防落石冲击成套技术

绿汁江大桥西岸桥面从山体中部穿入，桥面上方为320m高陡绝壁，岩壁落石是威胁桥梁结构与行车安全的首要因素。

建设者对陡峻边坡落石防灾高度重视，对坡体进行高精度三维激光扫描和高清无人机摄影，对重点区域进行核查，查明了坡面岩体节理的空间分布、相互切割及咬合状态，采取“局部松散块体清除＋重点防护区域点状独立锚索＋全坡面主动网＋分段被动网的立体全覆盖”边坡防护措施，防止大型块体掉落冲击桥梁结构的风险。同时结合坡体防护设置情况，判定潜在局部风化碎落块体的位置及体量，开展动态仿真分析，确定局部碎落块体的运动轨迹及对桥面的冲击作用，有针对性地设置高耗能抗冲击柔性棚洞，避免碎落块体直接冲击桥面结构和行驶车辆，从而保证桥梁结构与行车安全。

5. 320m高空的高效吊装

利用山间河谷空地布设钢箱梁临时加工厂制造钢箱梁节段，节段制作完成后采用缆索吊机进行起吊安装。桥面距谷底钢梁起吊区高差达320m，为世界最大起吊高度，采用缆索吊机作为架设钢梁的主要起重设备，额定吊重180t，共设20根主索，设置2台天车，牵引与起重卷扬机采用22t摩擦式卷扬机，单体卷扬机容绳量达到3300m。项目研发了可适用于整体式与分体式钢箱梁的多用途轻型吊具，吊具与钢梁的连接受力模式采用拉压式，充分利用了钢梁自身的横向抗弯能力，使得吊具轻盈、灵活，实现标准节段每天3段的高效安装。

（四）项目价值与意义

大桥的建成通车大大改善了偏远地区交通状况，两岸城镇通行时间从110分钟缩短至5分钟，减少绕行26公里，减少二氧化碳排放52400吨每年，促进了当地少数民族地区的经济发展，已成为当地标志性建筑。

项目首创的新型免维护组合索鞍、人字形异型加劲梁、高陡边坡零开挖施工方法、防落石成套技术等展现了建设者独特的工程智慧，以保护生态的方式突破了高空绝壁建桥的工程禁区，最大限度保护了绿汁江峡谷的自然地貌和野生动植物资源，达成了人、桥梁与自然环境的和谐统一。

绿汁江大桥项目以融合环境和功能需求为根本，设计的单塔悬索桥结构优雅独特，达成了工程方案与生态环境的完美融合，创造了绝壁上的桥梁工程奇迹，标志着山区峡谷桥梁建造技术的重大进步。

金华-义乌-东阳市域轨道交通工程

(一)项目概况及意义

金华—义乌—东阳市域轨道交通工程是浙江省中部地区重要的大容量公共交通工程,分别连接了金华市、义乌市和东阳市。金义东市域轨道交通工程线路总长107.17km,其中地下线28.311km,过渡段总长约4.638km,高架线长约71.704km,山岭隧道线长约2.517km。全线共设站31座,含地下站14座、高架站17座。新建塘雅车辆段、官塘停车场、槐堂停车场和后宅停车场。本工程设计最高行车速度120km/小时,车辆采用市域B型车6辆编组,初步设计批复总投资为346.83亿元。

金华是历史文化名城,义乌是世界小商品之都,东阳是世界木雕之都及影视文化名城。金义东市域轨道交通工程由金华—义乌和义乌—东阳两段线路组成,两线在秦塘站呈双岛四线同站台换乘,具备金华—义乌—东阳方向的贯通运营条件,是中国一次性建成里程最长的市域轨道交通工程。

交通先导是“破散促聚”的重要引擎,金华—义乌—东阳市域轨道交通工程的通车,构建了金华、义乌、东阳“1小时快速便捷交通圈”,极大地加强了区域人员通勤、文化交流、经济贸易和旅游往来,是助力城市与乡村500万民众共享共建、共同富裕的民心工程,并为分散式布局城市的大容量公共交通工程在“高质量建设、经济、绿色”方面提供了示范。这是一条穿越浙中大地的大容量轨道通勤线、一条打破丘陵分隔重塑格局的经济线、一条串联城市乡村促进共富的民心线。

2022年8月30日,金义段开通初期运营,同年12月28日,义东段首通段开通试运营。2023年,金义东市域轨道交通项目荣获菲迪克优秀工程项目奖。

(二)设计理念

本项目线路长、车站多、投资大、社会影响大,关注度极高。工程设计有着因地制宜、因城施策的特点，可以概括为以下三个方面：

1.综合选线，耦合城市格局

金义东市域轨道交通工程沿线串联了金华市中心、多湖商务区、金东区中心、南站高铁新城、中欧生态工业园、综合保税区、菜鸟小镇、义亭中心、义乌中心、义乌国际商贸城、东阳木雕城、东阳市中心、横店镇等核心区域，串联节点多，覆盖地域广，功能全面。线路“串珠成链”，带动了沿线产业互联互通和资源共享，实现中小城市的“多规融合”及城市群的“规划共绘”。

2.无缝衔接，多层次一体化

金义东市域轨道交通工程是全国首条一次性衔接5座高铁站和一座机场的线路。线路连接了金华站、金华南站、金义站、义乌火车站、横店高铁站共5座高铁车站，实现了城市区域与国家干线铁路的互联互通，同时还预留了接驳金华义乌国际机场的高架区间工程条件，以实现综合交通枢纽的立体多层次一体化发展；提前谋划城市交通和道路接驳，建成通车时，全线各站点做到公交站点全覆盖，新增公交接驳线路9条，调整公交线路局部走向41条，站点配套市政道路提前实施完成，并利用桥下空间建设3座“P＋R”停车场。

3.高架车站，造型独具特色

高架车站的设计广泛征求民众意见，采用了“一区一景”＋“特色站”的理念，共计呈现了9种不同风格(路侧2座)。在金华段，高架站以“书韵金华”为主题，在义乌段则以“编织未来”为主题，在东阳段以“古韵新风”为主题，分别展现了金华的人文特色、义乌的商贸文化和东阳的工匠精神。其余的特色站点则结合了当地区域和周边建筑的特点、站型特点，达到了与周边环境和谐共生的效果。

(三)项目成果

1.绿建融合，技术材料创新

全线推行绿色建造，立足于新型技术和新型材料的运用，多项技术处于国内领先水平。系统采用装配式混凝土建造技术运用于高架车站外立面、地下车乘客出入口、紧急疏散口和无障碍出入口中；采用UHPC新材料运用于高架车站外立面，减少了用钢量，提高了幕墙的耐久性；盾构管片设计引入预埋滑槽技术，采用高分子材料疏散平台及扶手；采用智能照明控制系统、智能升降式控制器的LED厂矿灯；采用35kV分散供电方案，因地制宜地利用了沿线电力资源。

2.经济合理,提供工程示范

技术经济指标为3.24亿元/公里,为省内同期同类市域铁路造价最经济项目之一。本段线路长、工程量大、车站及区间的工法较多,针对以上项目特点,概算编制通过研究定额适用范围、确定计价原则等多种手段,高质量完成概算编制,为同类型项目建设提供了科学依据,推动二三线城市轨道交通的可持续发展。

3.因地施策,工程型式多样

地下区间长约32.4km,采用明挖法、矿山法、盾构法、顶进法等多种工法穿越了平原、丘陵、山岭多种地貌,其中3次下穿金温铁路、沪昆普铁、沪昆高铁等国铁股道群;2次下穿金华江、武义江等市内主要河流;2次以不同断面形式的矿山法穿越山岭;1次下穿金丽温高速公路;7次下穿双龙大桥、李渔桥、宗泽立交桥等重要市政桥梁;4次下穿金兰小区、雅苑等房屋建筑群。

区间桥梁总长度约74.1km,穿越城市既有及规划城区,边界条件复杂。其中2次上跨东阳江主河道,2次上跨甬金高速公路桥梁,多次跨越二环东路(235国道)、疏港快速路等重要公路和市政道路。

(四)综合效益

1.互联互通,实现网络运营

为满足金华市区、金义新区及义乌组团与东阳、横店客流的直达性,减少旅客换乘次数,本工程在金义段、义东段各自组织交路的基础上,组织开行跨线列车,秦塘站采用双岛四线同站台换乘,金华市区客流可直达义乌市区,也可以直达东阳;义乌市区客流可直接到义乌火车站、东阳。全线共3个交路,并采用开行大站快车和站站停的运输组织模式,实现多个方向的互联互通和直达性,推动金义东同城化建设,金、义、东1小时都市圈,并将居民出行效率提升近50%。

2.公铁共建,集约城市资源

城市通道资源宝贵,本工程涉及4次与李渔路、国贸大道、商城大道、阳光大道采用公铁合建,分别是万达广场站与东市街市政隧道的地下一层合建,国贸大道和绣秦明挖区间共通道1.5Km改造后合建,商城大道与国际商贸城站、浙四医院站及前后明挖区间共通道3.4Km合建;商场大道与浙江高架区间共通道1.5Km并行建设。此外,通过合理优化高架、隧道区间方案,多处为远期市政预留工程实施条件。

3.站城一体,建设同步发展

强调轨道带动沿线区域发展理念,TOD项目与主线工程同步策划、同步设计,同步实施或预留节点。结合工程特点,同步建设2处与车站附属相结合物业开发,预留车辆基地和停车场上盖工程,预留秦塘站站点上盖工程。此外,预留与周边地块连接条件多处,谋划建筑面积约150万平方米。其中车辆基地盖上开发建筑面积约36.7万平方米,为浙中地区之最。

4.以人为本,提升运营服务

合理制定限界标准,同时采取扩大隧道断面及设置洞口缓冲结构措施,解决了列车高速驶入洞口或高速运行在区间隧道内引起的隧道及车厢内空气压力明显波动问题,提高了司乘人员的乘车舒适度;在我国长三角地区首次实现了全线网范围内各站点同时启用人脸支付过闸功能,极大提升了通行效率;列车车厢座椅布置进行了改进,增加了横向座位布局,以提升部分乘客长距离乘车的舒适度;车厢内的照明和通风得到优化,照明光源采用柔和处理,车顶折身照明避免了直射灯光;在金义东全线推行"强弱冷车厢",同车不同温,满足乘客对轨道交通车厢温度的差异化需求。

附录

中咨协会已发布行业标准

中国工程咨询协会已发布标准目录

编号	标准项目名称	标准编号
1	工程咨询 基本术语	GB/Z 40846－2021
2	电网规划环境影响评价技术规范	T/CNAEC 1001－2020、T/CEPPEA 5005－2020
3	水利水电工程全过程工程咨询服务导则	T/CNAEC 8001 - 2021
4	输油管道工程项目可行性研究报告编制指南	T/CNAEC 0201－2022
5	输气管道工程项目可行性研究报告编制指南	T/CNAEC 0202－2022
6	地下水封石洞油库工程项目可行性研究报告编制指南	T/CNAEC 0203－2022
7	民用建筑无障碍设施评价标准	T/CNAEC 1304－2022
8	下穿既有铁路工程安全性评估技术规范	T/CNAEC 0501－2023
9	灌区农田退水生态净化工程方案编制技术导则	T/CNAEC 0202－2023
10	液化天然气接收站工程项目可行性研究报告编制指南	T/CNAEC 0203－2023
11	地方政府专项债券实施方案编制指南	T/CNAEC 0204－2023
12	政府和社会资本合作(PPP)项目绩效评价工作导则	T/CNAEC 0205－2023
13	重大项目社会稳定风险评估规范	T/CNAEC 0506－2023
14	配电网规划后评价技术规范	T/CNAEC 0107－2023 T/CEPPEA 5031－2023
15	配电网规划项目评估导则	T/CNAEC 0108－2023 T/CEPPEA 5032－2023
16	电子政务项目咨询服务规范	T/CNAEC 0209－2023